走向善治

——上海市社区治理实践案例选编

陆晓春 主编

中共上海市社会工作党委
上海市社会建设委员会办公室

文匯出版社

目录

有了平台 自治功能发挥更有效

社区管理离不开居民参与

打造自治品牌 推动社区和谐

整合资源 共同治理

创新机制 共建共享

序

中共上海市社会工作委员会书记
上海市社会建设委员会办公室主任　陆晓春

在改革开放深入开展的新时代，党的十八大及十八届三中全会胜利召开，首次以中央文件的形式提出了“治理”一词，并将治理提升到国家战略层面，指出“全面深化改革的总目标是完善和发展中国特色社会主义制度，推进国家治理体系和治理能力现代化。”提出“创新社会治理”的全新理念，在改进社会治理方式、激发社会组织活力、有效预防和化解社会矛盾等方面既为我们创新社区治理指明了方向，也给我们推进工作给予极大鼓舞。为此，上海市社会建设委员会办公室组织编写《走向善治——上海社区治理实践案例选编》一书，通过上海这几年来对社区治理的鲜活实践案例，展示近年来上海社区治理成效，推动建立现代社区治理体系建设。在本书的体例结构、章节划分和个案选择上，我们以社区治理为主线，以实践案例为线索，以居民群众的反映为评价结果，力争做到可感、可学、可用。

按照全球治理委员会的界定，治理是各种公共的或私人的个人和机构管理其共同事务的诸多方式的总和。它是使相互冲突的或不同的利益得以调和并且采取联合行动的持续的过程。我们认为社会建设的基本目标是实现社会“和谐”，作为社会的基层，社区和谐是社会和谐的基础。上海市在推进社区建设上起步较早、成果颇丰，从20世纪80年代起，上海市委、市政府多次召开街道工作会议，城区工作会议和社区工作会议，部署社区服务和社区管理，强调服务和自治。进入新世纪，上海在继续完善居民自治的同时，根据城市地域面积小、人口多的大都市特点，发挥了上海“两级政府、三级管理、四级网络”的体制框架优势，探索社会化服务的方式方法，逐步健全基层综合服务管理平台，通过多种方式，尤其是借用社会力量协调人民群众各方面各层次利益诉求。

为进一步适应经济社会进步，更好地促进社区和谐发展，2011年，上海召开社区工作会议，提出将社区定位在街道和居委会两个层面，实行街道层面的“共同治理”和居委会层面的“居民自治”相结合的社区建设思路，以区域化党建、网格化管理和社区委员会为抓手，注重社区共治的平台建设，通过共治强化社区公共管理和服务。预示着上海正在步入社区共治和居民自治相结合的社区治理新阶段，而社区治理的最终目的是实现整个社会的善治，正因为如此，本书的书名就用了“善治”和“社区治理”的概念。

更加注重激发社会组织和社区居民的积极性，增强社区治理的动力，弥补政府力量不足。当前，不管是社区研究者还是基层工作者，都困惑于社区治理中的诸多推进事项中，相对于政府的热情，社区居民的参与热度是低了点，激发居民的热情显得“心有余而力不足”，这是我们在参与社区治理中必须重视并要解决的问题。社会建设说到底就是做群众工作，在社区中整合服务资源，创新服务方式，打造服务品牌，把事关居民群众切身利益的工作做细、作实、做好，满足群众多层次，多样化的需求就是最现实的群众工作。做好群众工作的基础就是群众能够参与进来，社区居民主动积极地参与，将给社区治理带来源源不断的动力，只有居民主动参与，才能真心的对政府和社会组织推进社区工作提出意见和建议，也只有在与群众的交流中掌握群众最需要什么，政府和社会组织最应该做什么，这样的社区治理既节约成本，也能持续推进，更能受到群众欢迎。本书所选取的社区治理案例正是出于对这一问题的考虑，希望在日后的不断探索实践中，能够从理念和思路、机制创新、搭建新的平台上下功夫，从不断的总结经验中提炼出能够在全市范围内移植和复制的方式方法。

更加注重形成稳定的制度化公共空间，让多元主体能够积极参与社区治理，在体制机制上有所创新。党的十八届三中全会指出“适合由社会组织提供的公共服务和解决的事项，交由社会组织承担。支持和发展志愿服务组织”，社区治理的主体可能包括政党或政府组织、驻区企事业单位、社会组织、社区居民的全部或部分，这些主体以共同需求、共同利益、共同目标为纽带，他们在推进社区治理中是相互依存的，在发挥作用上以其职能分工而相互依赖，针对社区治理过程中面临的问题时，可能涉及治理主体的全部或者部分，不管是共治还是自治，都必须考虑具体行为推进的公共空间。已故著名社会学家陆学艺教授生前一直强调“社会建设就是要建设社会”，建设社会就需要搭建能够促进社会建设的制度化空间，本书的编写过程非常注重这一点，比如选取地通过区域化党建平台创建的公共空间和通过社区委员会形成的公共空间的案例，在实际工作中，正是这些公共空间将社区内的党组织、政府机构、大学、社会组织和个人凝聚在一起，通过协商、合作的方式整合区域内资源，解决面临的共同问题。公共空间是实现社会治理，长久稳定发挥作用的必要条件，我们需要将这种公共空间制度化，只有制度化的公共空间才可以保证参与治理的各方主体能够对区域内关心的议题积极参与，协商共治，实现体制机制上的创新。

更加注重发挥专业人才在社区治理中的作用，搭建专业化的组织平台，适应上海经济社会发展转型。从目前社区治理的趋势来看，社区服务开始转向专业化、综合化。其主要特点是：对参与社区服务的主体要求越来越专业化；提供服务的手段和方式越来越多元化、综合化；对服务效果的评价也需要通过第三方参与评估。随着时代进步和分工进一步精细化，社区人群需求的复杂、多元和专项，不按照专业化方向发展就没有出路，大而全小而全的服务提供者将难以生存。专业化的服务需要有一大批专业知识和专门的技能的人才，社区服务人才是社区发展的重要基础之一，上海近些年，在专业人才培养、引进上不懈努力，向前迈了一大步，但相对于上海经济社会转型发展而言，还难以满足需求，难以适应发展要求，为此，需要搭建更多专业化的组织平台和聘用更多的专业服务人才，才能使我们的社区治理更有成效，社区的群众能够得到更多更好的服务。

编写本书的灵感来自于2013年上海市社会建设委员办公室面向全市推出的“市区联动”推进社区基层治理创新的工作方式，本书选编了上海各区县在基层社区治理方面成功探索的优秀案例，这些案例源于对基层社区问题实际解决为导向，具有原创性、草根性、实践性、可复制性，有着较大的指导意义，我们的目的就是想让这些案例能为推进基层社区工作和开拓创新实践思路提供借鉴和帮助，最大程度发挥上海基层社区治理实践探索的成效。

本书对案例的章节基本按照问题导向安排，第一章主要是针对解决社区治理中的体制机制不顺问题的案例；第二章到第七章涉及解决上海社会发展面临的就业、上学、养老、物业管理、来沪人员融入、城中村管理和社会矛盾化解等问题成功探索的案例；第八章是有关居委会人才培养的成功案例；第九章是有关社区服务方面的一些成功探索；考虑到未来发展的趋势，第十章主要提供社区建设中弄堂和楼道治理方面卓有成效的一些做法；第十一章到第十四章涉及社区自治中的方法创新、平台建设、居民参与管理和自治品牌建设等；第十五章和十六章是通过机制创新、整合社区资源，用共治的方式开展社区治理。

本书所选择的案例定位为优秀，这里的优秀就包含了创新，是指找到解决问题和思考问题的新主意新办法，对于创新，我们的理解也较宽泛，有些案例反映的创新实践是在全国层面来看的，有些案例则仅限上海市范围内，更有些案例是在某些区县内部的创新。

在本书编辑过程中，得到了上海市各区（县）社会建设领导小组办公室的倾力相助，得到《文汇报》等报刊媒体的大力支持，在此深表谢意，也希望本书的成果能够为上海市推进社区治理工作、为专家学者的研究提供有益借鉴，如此才不负大家的辛劳。

2014 年 5 月

ZOUXIANG SHANZHI
——上海市社区治理实践案例选编

走向善治

党建引领下的治理新机制

白领驿家：白领的家

聚焦白领需求

当前，我国的社会结构已发生深刻变迁，社会利益关系也随之发生了改变。在国际静安建设的进程中，随着经济社会快速发展和现代服务业深入推进，社会结构由封闭向开放转变，社会的开放性、流动性大大增强，社会服务管理对象出现深刻变化，从事现代服务业的白领群体快速增长，截止2010年底，楼宇白领近20万人，百幢重点楼宇的税收贡献率达到75%以上，“楼宇经济”已成为静安区主要经济形态。由于“两新”组织作为区域经济的一支重要力量不断得到壮大和发展，党的基层工作由区属向区域不断发展，“两新”组织及其从业人员——白领群体已日益成为政府工作的重点和主要服务对象。这些变化，既为新形势下社会领域党建工作与群众工作创造了新的机遇和条件，也提出了新的考验和挑战。面对社会转型期的新形势和群众工作新特点，围绕区域发展的定位，针对白领群体的特点，贴近白领的爱好、趣缘与需求，创新服务、凝聚白领群体的工作模式，进一步做好社会领域党的建设工作，探索符合时代特征的群众工作新方式，仍然是当前的一项十分重要的任务。

为此，静安区立足区域产业特点和民生需求，以“白领驿家”服务载体为抓手，通过社会化、项目化运作方式，聚焦需求、提供服务，来凝聚松散性、流动性较强的白领群体，进一步提高社会领域“有序、可控”的组织化程度，为区域“楼宇经济”发展增添活力，不断提升党在社会建设中的引领力、感召力和凝聚力。

服务白领生活

在区委、区政府的支持下，“白领驿家”作为一家民办非企业单位于2009年底注册成立，配备4名专职工作人员和240平方米客服活动中心，采用经身份核定可免费入会的会员制组织方式。该机构由静安区委组织部、区社会工作党委负责培育孵化和具体业务指导，以“尚班·乐活，在静安”为口号，以“组织白领、服务白领、凝聚白领、服务社会”为宗旨，以“不是一家人，不进驿家门”

为服务标准，以《白领驿（一）家人》作为社团主题歌，切实加强对白领群体的服务和凝聚。

关注需求，探索构建贴近白领生活的服务载体

“白领驿家”成立后，为增强服务的针对性和有效性，其通过对区域内白领群体的兴趣爱好和服务需求的调查研究，设计出“心灵驿站、白领学堂、白领公益、白领文化、白领医家、运动休闲、生活时尚、玩转地球”等8个活动板块。在此基础上，从各板块会员中遴选出活动板块及其下设社团的负责人，开展日常联络协调事务；开通专门的网站、BBS论坛、客服电话、手机短信平台、微博和QQ群，用于信息发布和交流互动。随着白领骨干体系和沟通机制的完善，“白领驿家”的组织化程度大大提升，从而也为扩大党建覆盖面奠定了良好的工作基础。

针对白领群体希望便捷、实惠的服务需求，“白领驿家”在静安区有关部门和社会各界的支持下，积极整合区域服务资源。截至目前，已整合健身、购物、娱乐等各类商户500多家，为“白领驿家”会员提供“优惠折扣”、“绿色通道”等专享待遇。静安区政府还以区府常务会议的形式，推动区文化局、区商务委等有关部门积极整合服务白领的公共资源，一起统筹到“白领驿家”平台。

树立品牌，探索推进项目化的运作服务模式

“白领驿家”通过组织开展白领群体喜闻乐见的活动项目，以服务品牌集聚“人气”，以公益品牌动员“人力”，在服务过程中引导白领群体追求健康向上的生活方式，具有较强的时代感和社会责任感，如同磁场一样吸引白领群体向其靠拢。根据策划安排，“服务白领的实事项目”被“白领驿家”列为重点工作项目之一，主要包括白领交友、心理缓压、楼宇公共服务平台、法律援助等6个方面。如，聚焦白领交友难的问题，逐步形成“在活动中沟通、在参与中交流、在互动中了解”的“缘来驿家人”的交友品牌。在实践中，注重活动方式的多样性，以“相约二号线”为“剩男剩女”搭建多种类型的交友平台。注重大众化与小众化相结合，每月举行2—3次小型交友活动，以“凝聚白领的特色活动”来确保交友成功率，如桌游（捉友）、郊游（交友），“缘来‘酒’是你”品红酒交友派对，杭州二日真人CS游戏拓展旅游，杭州西山采杨梅二日游等，通过活动拉近白领之间的距离，增进相互交流与了解，从而达到交友的目的。富士康员工跳楼事件发生后，“白领驿家”与心理学专家等专业力量合作，开展心理咨询、拓展训练等活动，帮助白领舒缓精神压力，不断完善缓压品牌“驿家心SPA”。又如，与有关街道合作建立本市首个商务楼宇公共服务平台——“凯迪克大厦白领驿家服务站”，引入餐饮、邮局、干洗等专业机构，为该楼宇3000多名白领提供“一站式”配套服务。

白领群体在获得服务的同时，也在“白领驿家”的积极倡导下踊跃参与各类公益活动。针对国内自然灾害频发的情况，“白领驿家”将“引领白领的时尚公益”列为重点推进的工作项目之一，积极打造爱心接力、爱心捐款和爱心书屋“公益也时尚”的工作品牌。如静安特大火灾，白领驿家及时启动应急机制，共发动白领募集资金近 50 万元；开展了“绿色世博、低碳生活”静安白领 flash 大赛，宣传倡导环保理念；组织为静安区困难家庭儿童举办“DIY 蛋糕制作”活动；每周为困难家庭送菜等活动，切实提升了“白领驿家”的公益品牌形象。此外，通过制定实施“会员卡公益积分”等激励办法，于年底公开评选“年度时尚义工”，对公益积分高的会员给予免费体检等奖励，进一步鼓励会员积极参加公益活动。

加强党建，不断增强党在白领群体中的引领作用

静安区在构建“白领驿家”载体的过程中，始终坚持“潜移默化、为我所用”的原则，积极拓展“两新”组织党建工作覆盖面，努力增强社会领域党建工作的有效性。目前，在“白领驿家”8 个活动板块内，已形成 10 多个根据生活需求或兴趣爱好组建的白领社团，构成“白领驿家”的活跃力量和“神经末梢”。按照“跳出党建抓党建”理念，“白领驿家”积极创新社会领域党建组织设置，逐步探索“在 10 多个白领社团中建立临时党支部、在 8 个板块建立党总支、在‘白领驿家’总部建立党委”的党建工作新架构。静安区委高度重视在这一新架构的探索过程中物色和培养白领社团组织骨干，强化政治引领的组织资源，使传统工作对象由党员、入党积极分子拓展至更大范围的白领群体。

发挥白领影响力

探索构建了服务白领群体的工作体系架构

“白领驿家”以服务白领群体为出发点，采用政府支持、社会化运作、公益性服务的运作模式，察民情、解民忧，围绕“服务白领的实事项目”、“凝聚白领的特色活动”、“引领白领的时尚公益”，使白领群体得到实惠，感受到了党和政府的温暖。成立第一年就发展了 3 万多名会员，举办了 200 多项活动和大型服务，为 15 万多人次白领提供了互动、互助、自治的交流平台，在一定程度上提高了白领的生活品质，优化了区域商务软环境，初步形成了“生活、活动、公益”的社会服务体系，进一步增强了区域发展的核心竞争力。

初步形成了凝聚白领的青年社团发展氛围

“白领驿家”整合区域资源，以服务凝聚白领，满足白领多样化、个性化的需求为目标，逐步形成了以白领需求、爱好和趣缘为纽带的各类白领社团，初步形成了游泳、篮球、插花、美容、桌游、戏剧等16个白领俱乐部，白领社团人数达到近2000人，实现了从地缘向趣缘发展的活动态势，为吸引更多的社会力量（社团）的融入提供了土壤。

进一步提升了党在社会领域的影响力

“白领驿家”的创立改变了传统的“两新”组织党建工作模式，在党的工作理念上，突破了“两新”领域党建工作思路，体现了“跳出党建抓党建”的工作理念；在党的工作对象上，由党员、党组织向全体白领拓展，扩大党在社会领域的渗透力；在党的工作方式上，由命令式、任务式向吸引式、凝聚式转变，体现了以白领为本工作理念；在服务对象上，由以往强调服务“两新”组织向服务“两新”白领转变，通过服务“两新”组织的最基本元素——白领员工，来间接地服务“两新”组织，从而推动“两新”组织的发展。

（静安区社建办供稿）

探索社区党建 加强社区管理

黄浦区五里桥社区有8万余人口，辖区面积3.09平方公里。社区（街道）党工委下属130多个党组织，党员5000余名。近年来，五里桥社区（街道）党工委坚持以科学发展观为指导，以社区党建为引领，创新社会管理，按照中央提出的“完善党委领导、政府负责、社会协同、公众参与、法制保障”的社会管理格局，在实践中形成了“组团式服务、民主化管理、区域化支撑、群众性评议”和“工作保障机制”的社区（街道）党组织“4+1”工作法，为新时期基层社会管理和公共服务开辟了一条新路。

“组团式服务”在群众工作中凝聚人心

社区（街道）围绕服务群众、做群众工作这一基层党组织的核心任务，积极开展全面覆盖、各方参与的“组团式服务”，建立起经常性直接联系服务群众工作机制。“普遍走访”让群众工作从特定对象拓展到全体社区成员，“组团服务”让群众工作从街道机关干部、社工单打独斗变为社区各方集体行动。由此建立起更为体系化的群众工作机制，以“上门走访——了解诉求——解决问题——及时反馈”为一个完整的工作流程，整合力量、上下联动、共同参与，群众工作上升到一个新的阶段。在组团式服务中逐步探索出“四带”走访方式：带着责任走，各级党组织负责人率先走访，用实际行动带动团队成员化解群众急难愁；带着熟人走，发挥社区民警、党小组长、楼组长、文体团队负责人等人员作用，通过“熟人带路”，提高走访服务的入户率；带着服务走，送上《联系服务一本通》，为居民家庭提供8大类49项组团服务和资源；带着任务走，用好《民情日记》、《民情信息》、《民情手册》，及时记录走访情况，做好诉求收集整理工作。社区2700多名组团服务成员每年对3.6万户居民家庭进行普遍走访，收集民情信息3.8万条，提供组团服务4万余人次，为群众解决了大批燃眉之急，使一些特殊家庭得到贴心服务。

“民主化管理”在共治自治中凝聚共识

社区（街道）以管理创新突破体制瓶颈，依托部门联动、上下分工、干群互动、社会协同，以“三站式”直通车为载体，探索建立由基层党组织领导的充满活力的基层群众自治机制，畅通民需民意、及时回应解决群众诉求，力求需求在一线掌握、问题在一线解决、矛盾在一线化解。第一站：责任区层面以“短、平、快”方式促进社区矛盾就地化解。“短”即通过面对面的直接走访，“零距离”了解反映群众诉求；“平”即通过“草根会议”如弄堂议事会、居民议事日等平民化形式，依托群众自身力量，开展自助互助服务，协商化解纠纷；“快”即第一时间了解群众诉求，第一时间提供服务资源，第一时间化解社区矛盾。以250户居民家庭为单位，将社区划分为127个责任区，每个责任区配置一支由街道机关干部、社工、党总支委员和居委会成员、区域单位党员、群众骨干等5类人员组成的服务团队，通过划块明责、组团聚力、普遍走访、亮牌承诺，每年至少走访一次责任区内所有居民家庭。第二站：居民区层面以“三会一代理一公约”促进基层民主自治。“一代理”即由居民区党组织、居委会、群团组织等出面代理，帮助群众反映正当诉求，维护合法权益；“一公约”即运用居民公约等居民自治自律形式，培养社区共同意识。对居民反映的诉求或矛盾，居委会5个工作日内予以办结或答复，不能办理的填写《群众诉求转接单》并上报街道。第三站：街道层面以“五会”配“五制”搭建社区共治平台。现场办公会配套领导包干制，街道领导包片带队现场实地办公；社区事务综合调处会配套诉求转接制，定期召开由场、院、所、办行政主要负责人参加的调处会，对居民区上报的诉求立项协调，限定责任单位一个月内处理反馈；民生实事提议会配套民生实事项目征询契约制，每半年召开民生实事提议会，广泛征询意见，在项目完工后对其后续维护保养签订契约；矛盾排查分析会配套社会稳定风险评估制，定期召开矛盾排查分析会，对重大事项进行社会稳定风险评估；服务群众促和谐议事会配套社情民意月报制，每月编制《社情民意报告》，召集区域单位党组织负责人、人大代表、党代表、政协委员以及社区贤达，对街道党工委、办事处工作提出建设性意见和建议。“三站式”群众诉求矛盾回应解决机制已成为社区普遍使用、群众普遍认同、社会普遍参与的工作模式，90% 的基层民众诉求在当年获得了妥善解决。

“区域化支撑”在整合共享中凝聚资源

面对社区海量、多样的需求，社区用更加开阔的视野谋划基层党的建设，加强统筹协调，整合组织资源，不断提高党建工作整体效应。在更为灵活的党建体制中，社区（街道）党工委统筹协调，驻区单位、新经济组织和新社会组织共同参与，一方管理，多方治理，形成资源整合型的社区（街道）党组织新型领导方式。社区（街道）党工委一方面将区域化党建作为重要资源支撑，组织辖区内 92 家央属、市属、区属驻区单位党组织建立驻区单位党组织联席会议，并建立“社区——单位”双向服务项目认领机制和在职党员到社区报到服务等项目，把各种党建资源导向社区。另一方面，党工委还做强社会支撑，通过建立社区委员会和社区代表大会的“一委一会”、成立社会组织服务中心、发展群众团队等形式，最大限度地整合区域资源。区域化党建工作通过条块联动、组织联建、党员联管、活动联搞、服务联作、资源联用，实现共建目标、共建机制、共建载体、共建资源、共建网络的统一，开辟了党组织领导社会的新方式。

五里桥社区（街道）党组织“4+1”工作法坚持以党建为引领，以联系服务群众为抓手，搭建民主共治的平台，拓宽创新发展的渠道，走活服务群众的路子，努力把党的工作贯穿到社会管理的各个方面、各个环节，把党组织的政治优势、组织优势和密切联系群众的优势转化为管理服务优势。充分发挥基层党组织引领服务群众、反映群众诉求、化解社会矛盾的重要作用，通过“组团式服务”建立党组织、党员联系服务群众的工作体系，通过“民主化管理”推动社区共治和居民自治，通过“区域化支撑”探索形成资源整合型党建工作新模式，通过“群众性评议”建立以群众满意不满意为导向的工作评价反馈机制，把人民群众紧紧团结凝聚在党组织的周围，构建起和谐文明的社区环境。

（黄浦区社建办供稿）

五区联动打造“书香”社区

杨浦区五角场街道地处上海东北部，高等院校多、驻地部队多、商厦楼宇多、企事业单位多是街道特色，辖区内有复旦大学、上海财经大学等8所高等院校，南京政治学院上海分院、上海空军指挥所等部队，有“两院”院士23位，高校在校师生10余万。社区、校区、园区、营区、商区“五区联动”，氤氲成大学习、大教育、大文化格局，涵养了一个“书香”五角场。

社区校区互学联动，教育资源巧整合

五角场社区学校充分利用社区内高校多、人才密集的优势，建立社区教师信息库，聘请驻区高校的各类专业人才25人担任任课教师。

复旦大学博士生讲师团义务为社区居民举办各类专题知识讲座50余场，听众逾万人；由复旦、财大等5所高校大学生组成的精神文明巡访团，既当“啄木鸟”、又当“报春鸟”，为社区建设建言献策；街道与7所高校共建的“阳光同伴俱乐部”等实习基地，让大学生在为社区居民提供培训、咨询和服务的同时得到锻炼。

由北茶园小区退休教师自发组建的“园丁助学工作站”，可谓互学联动的标杆。年逾七旬、退休在家的高级语文教师仓喜卿，听说小区里有许多学生因家境贫困请不起家教，就发动小区里6位老师一起成立了“园丁助学工作站”。在居委党总支的大力支持下，工作站顺利开张。由于不熟悉现在的教学情况，仓老特意回原工作单位借了新教材、新教辅，为孩子们制定全新的教学方案。

社区营区联学联情，教育形式多样化

街道开展与驻区部队以“知识拥军、科技拥军、文化拥军”为主题的各类学习交流活动。举办“书香飘军营”五区诗歌诵读会；每年为辖区部队送图书，累计送书3000多册；开展“流动图书快餐车”进军营活动，方便部队官兵购书；为部队官兵开设“百万家庭网上行”专修班，至今已有2000多人次参加了培训，合格率达99%。同时，部队的专家教授经常进社区为居民作形势任务报告；海军医学研究所的市科普教育基地免费为社区青少年开放；部队文化干部为社区一年一度的文化节创作节目。街道辖区内的国定消防中队定期为社区“上门送服务”，在小区门口摆摊义务磨刀等，方便居民。通过军地共同努力，街道已经连续六年荣获“上海市双拥模范街道”称号。

社区园区商区帮学联谊，教育网络全覆盖

街道先后建立了职工流动学校、职工书屋和职工文化活动中心；聘请复旦、财大等高校专家、教授组成的教师队伍，走进企业、商务楼宇、钢贸市场，开展岗位培训、技能竞赛、学术沙龙等学习辅导活动；建立“缘聚五角场”青年俱乐部，在白领青年中开展“以书会友、读书交友”活动，吸引近 300 人参加。

街道目前已与复旦大学体育部及新闻学院、上海财经大学、上海远程教育集团等高校实现设施资源的共建合作，高校的操场、会场、图书馆、学术讲座等都免费向社区和居民群众开放。此外，社区文化中心实现常年免费开放，辖区 32 个居委会活动室、54 个健身苑（点）、13 所中小学、创智天地、江湾体育中心、四平科技公园等设施、场地等，也已实现有序开放。目前，社区教育场地资源共享率达到 90%，社区教育网络资源覆盖率达到 90%。

（原载 2011 年 12 月 11 日《文汇报》，作者：袁松禄）

“同心家园”笑声多

这里是繁华的上海市中心，高楼林立，车流不息。在静安寺街道美丽园居民区，记者发现了一个小小的餐厅，中午，在附近楼宇里工作的年轻人和小区里的居民，高高兴兴地到这里排队买饭。菜香扑鼻，笑语盈盈。这里的餐厅饭菜做得可口，价格也便宜，为大家带来了很大方便。

在房价高昂的上海市中心，要想在白领聚集的商务区开一家便民餐厅，可不是一件容易的事。静安寺街道美丽园居民区却办成了这件难事——2011 年，由美丽园居民区共建理事分会牵头，美丽园大酒店等单位共同行动，租借联恒商务楼底层，开设了美丽园爱心食堂，一举解决了社区周边员工 1200 多人吃饭难、居民买菜难的问题。

这是静安寺街道开展区域化党建工作以来取得的实效之一。自2007年起，静安寺街道党工委开展了同心家园区域化党建的试点工作，打造了一个以居民区党组织为核心，各类成员共驻共治、共建共享的党建、经济、生活共同体。

完善社会运行机制，以区域化党建打造和谐家园

什么是“同心家园”？上海市静安区静安寺社区（街道）工作委员会副书记郑英豪解释说，“同”，即认同；“心”，即以党组织为核心；“家园”，即社区共同体。打造“同心家园”，就是通过倡导主流的价值取向，使社区成员增强对社区的认同感、归属感，把社区建设成和谐社区、亲人社区、幸福社区。

为建设“同心家园”，静安寺街道提出了优化组织设置、体现区域特点的工作思路。在居民区层面，探索建立区域性、多元化的居民区党总支领导班子。

记者在美丽园居民区了解到，当地党总支将专职党群工作者、民警、区属单位党支部书记吸收为党总支委员，实现班子成员构成的多元化和广泛性。确立了联席会议议事决策机制，由居民区党总支牵头、居民区各党支部和驻区单位党组织共同参与，实现区域内事务的交流、协商、共抓；还确立了社区物业管理党建联建机制，每月定期召开物业党建联建联席会议。又成立了物业党建联建党支部，共同研究、协商物业管理工作。

过去，美丽园居民区李老师家的下水道一遇到下雨天就堵塞，一堵还要堵上好几天，李老师苦不堪言，虽多次向物业反映，但其所属单位始终无法彻底解决。在美丽园同心家园党建工作站成立后，李老师抱着试试看的心态来这里反映情况。了解详情之后，负责接待的同志马上召集美丽园大酒店的维修工程师一同上门查看，找到症结，并制定了详细维修方案，一周之内就把问题解决了，而且没收任何费用，让李老师感动不已。

为建设“同心家园”，静安寺街道还提出了实行双重管理的思路，把“两新”党组织纳入居民区党总支，让楼宇专职党群工作者融入居民区，大家都在居民区党总支领导下开展工作，很多条件成熟的还被选入居民区党总支担任委员。

培育发展社会组织，为社区居民提供优质服务

近年来，“同心家园”里的笑声越来越多，越来越响。

静安寺街道的老年人口比例超过28%，空巢老人逾千人，是一个典型的高度老龄化社区。针对政府难以包办社区养老问题的实际，静安寺街道1999年先行试点，创建了老年生活护理援助中心，后转制为以带头人徐青凤名字命名的“青凤老年生活护理服务社”，成为静安区为老年服务的一个知名品牌，目前护理员

队伍已发展至700余人。青凤老年生活护理服务社建立以来，已为近80000人次的老年人提供上门护理及家政服务。一些摆脱了上班与服侍长辈两难困境的中青年居民表示，青凤服务社真是起到了“护理一个人，解放一家人，帮助一群人”的作用。

静安寺街道不断优化社会组织发展环境，激发社会组织内生动力，扩大社区综合帮扶覆盖面，实现政府托底、社会救助和慈善救助的无缝对接，形成关注困难群体的“恒温机制”；建立了6个乐龄家园服务站、2个助餐点和1个老年人日间照料中心，形成关爱老年人群的“温馨机制”；成立了全市首家阳光助残社工师事务所，形成关怀弱势人群的“阳光机制”……

社会组织的健康发展离不开党组织的引领。2007年，街道成立了社区组织联合会，并同步成立了党总支，大家反复讨论社会组织党建工作的开展方式，争得面红耳赤。最后大家统一思想：只在成熟的社会组织内建立活动型党组织，或者通过党建联络员开展工作。社会组织党建不在于组织关系的转移，重要的是怎么发挥作用。

“同心家园”里的笑声告诉人们，只有真正“从群众中来”，才能有效“到群众中去”。静安寺街道在建设“同心家园”过程中，既培育发展了社会组织，又为社区居民提供了优质服务，为新时期的党建工作开辟了一条具有借鉴意义的新路。

（2012年11月02日人民网）

助业助学离不开社会力量参与

“少儿驿站”：解决双职工家长后顾之忧

孩子放暑假了，一些双职工家长和外来务工者却多了一桩心事：孩子在家没个伴，可出去又实在放心不下。临汾社区少儿驿站作为一家由街道自己孵化的民间非盈利组织，今年已是第5个年头举办“暑期欢乐营”了，他们的宗旨就是解决家长的后顾之忧，帮助孩子建良好的学习和行为习惯。

孩子们在暑期欢乐营里找到快乐了吗

“我在这里交了许多朋友”小玥是一名小学二年级的学生。今年已经是她第二次来“暑期欢乐营”报到了。笔者见到她时，她正埋头读一本童话书。“我喜欢来这里，还认识了许多朋友。”小玥用“小大人”的语气说，如果一个人呆在家里，就只能看看电视，连一个说话的人都没有。

翻开“暑期欢乐营”课表，活动还挺丰富——早上8点来了，先做半小时操，舒展筋骨。接下来，就是读书做功课时间。有什么不懂的问题，随时可以请教志愿者。吃过午饭睡过午觉，就是兴趣活动时间了，可以绘画，也可以手工制作，还可以参加礼仪、安全讲座。最让孩子们高兴的是，还能大家一起看动画片，什么《猫和老鼠》、《丁丁历险记》都是他们看不腻的。下午5点，是家长们来接孩子的时间，孩子们总是相约着“明天见”，再高高兴兴回家去。

临汾社区及周边居住着许多外来务工人员，“暑期欢乐营”里90%是外来务工人员子女。孩子们在暑假期间有个好去处，让这些家长安心了许多。

“1+X”模式

作为一个公益服务项目，临汾社区少儿驿站的“暑托班”，是从“晚托班”衍生而来。几年前，小学生放学时间提前了数小时，引发了双职工家庭低龄学生放学后无人托管的社会问题。一些市场化的托管费用昂贵，广大工薪阶层无法承受。2008年，临汾社区“社代会”的居民代表提出了这一问题，得到了街道党工委的重视。“没有现成的社会组织，我们就自己培育一个。”2008年5月，由街道社区事务工作站创办，从事非营利性社会服务活动的“少儿驿站”应运而生，创立了公益性晚托服务。同年 7 月，暑托班也开始招生。

“少儿驿站”一开始“生意”并不好，来咨询的人多，但真正肯把孩子送来的只有十几人。项目引进了专业社工，融入专业的社会工作方法开展少儿服务。少儿驿站采取“1+X”模式，“1”即督促、辅导学生自觉完成作业，培养学生良好的学习习惯，纠正学生的坐姿、阅读习惯等；“X”即绘画、智力游戏、阅读写作及礼仪品德教育等学生综合素质培养。“少儿驿站”还为每个学生制作了成长跟踪记录表，内容甚至细化到“当天脸上有没有挂着笑容”、“有没有主动整理兴趣小组的器材”……

就这样，逐渐在家长中有了口碑。晚托班从一所学校扩展到了三所学校，暑托班也从最初的 20 人增加到今年的 77 人。很多家长甚至呼吁开设寒托班。

“还想再上暑托班”

小晨今年小学毕业，这个暑假最遗憾的事情就是“不能去暑期欢乐营了”。他从小学三年级开始，每年都参加少儿驿站的暑托班，这里就是他的另一个“家”。他不舍得这里的朋友，也不舍得这里的志愿者老师。

少儿驿站采用请聘、自荐、推荐等方法招募，建立了一支以社区退休教师为骨干的志愿者队伍。该项目还与上海大学爱心学院建立了合作关系，一方面活力四射的大学生带来了丰富多彩的兴趣课程，另一方面也使大学生有机会参与到社区公益活动中来。

尽管志愿者津贴算起来比钟点工还少，但志愿者们显然不是冲着钱来的。有的志愿者退休后，想充实晚年生活，还有的做了一辈子老师，就是喜欢和孩子们在一起。每天早上，志愿者们都会提早 15 分钟到来，生怕有急事的家长先把孩子送来了。户外活动时，还会细心检查孩子们的鞋带，以防意外发生。

（原载 2012 年 7 月 28 日《解放日报》，作者：孙晓）

“创业汇”：汇商汇智汇普陀

近年来随着创业形势的发展，创业服务对象整体层次不断提高，创业指导服务必须满足各行业、各层次的需求。基于此，2010 年，普陀区创建了“创业汇”

综合性创业资源市场，旨在为意向创业者提供一站式获取创业要素，为初创型企业提供一站式获取商业、政策、人脉等资源的有效载体，让公共开业服务机构走进创业者。

汇聚资源 服务民生

整合资源，打造创业服务新格局

该市场的创建以区创业者协会为运作主体，以“社会团体主体运作、政府政策指导、社会各方共建”为主要特点，以综合创业资源展会为主要载体，以专题创业资源发布活动、创业论坛或沙龙、官方网站信息平台为日常服务形式。市场创建与公共开业服务部门的各项扶持载体相辅相成，以最终实现“扶持创业创好业，成功创业促就业”。

汇商聚人，形成规模化资源市场

通过主题会展平台、信息发布平台、日常服务平台等立体式的运作模式，“创业汇”现已形成了以“汇政策、汇商机、汇人脉、汇服务”等四大功能为体系的综合性资源市场。“汇政策”，汇聚注册登记、融资、税收、用工等各方面的扶持政策，为成功创业降低成本，帮助创业者顺利迈出创业第一步。“汇商机”，通过举办各种专题展会和官方网站，帮助创业者了解商机信息。“汇人脉”，通过举办主题沙龙，使创业者结识更多来自各行业的朋友，成为秀产品、谈业务、交朋友的好去处。“汇服务”，通过汇聚专家指导、法律服务、媒体宣传，为创业者提供强大的后盾支持，帮助解决创业途中遇到的问题。

拓宽渠道，打造全方位宣传平台

通过创办“创业汇”官方网站、“创业汇”微博、“开业服务短信平台”，在第一时间帮助创业者获得最新的“创业汇”活动及政策信息、服务信息、交流信息等各类信息。

汇出成果 创新发展

主题突出，“创业汇”成效显著

自2010年7月市场启动以来，已陆续举办了2场综合性创业资源展、10场创业资源服务专场活动、20余场主题讲座，为10家创业型企业策划主题企业周活动，与多家媒体合作推出“创业汇”系列特别宣传活动，各类活动中接待创业者和意向创业者3000余人次。随着官方网站的建设完成，网上“创业汇”的概念将受众范围进一步扩大，目前网站累计流量突破4万人次，注册“汇员”达

500余人，通过“创业汇”平台找项目、找合作、找资金的理念正在被创业者所接受，“创业汇”综合性创业资源市场这一创业服务新品牌正日益形成，为创业者和企业搭建的这一交流合作平台正受到社会各方的关注。

多赢共进，实现创业扶持新模式

“创业汇”综合性创业资源市场的建立较好地促进了各类创业资源的集聚，在服务区域经济发展的同时又有效推动促进创业带动就业工作，实现经济发展与促进就业的双赢共进。

集思广益，开辟创业扶持新渠道

“创业汇”是创业者拓宽创业视野、捕捉商机信息、了解行业发展趋势的信息集散中心，是展示创业项目成果、寻求商业合作、获取人脉资源的交流互动平台，是帮助初创型企业提升企业形象与市场竞争力的产品交易市场。在创业的各个阶段，都有“创业汇”的全程参与，体现了自助、互助、扶助的创业氛围。

（普陀区社建办供稿）

“四点半课堂”：服务农民工子女

青浦区盈浦社区（街道）蓝天民办小学是一所农民工子女学校，学校规模不大，一共16个班级，806名学生，35名教师。2007年6月建立了党支部，现有8名党员。学校党支部发动党员团员教师成立了志愿者队伍，积极开展“创先争优学雷锋”活动，通过开设“四点半课堂”，为农民工子女学生服务，一年以后，参加“四点半课堂”义务补习的学生已达1.5万人次，受到了学生、家长以及社会各界的一致好评，切实收到了成效。该项目荣获了2012年上海市“两新”基层党组织、党员无私奉献社会特色项目奖。

集思广益 开设“课堂”

深入调研，广泛征求意见

学校发现下午三点半放学后，滞留在学校的或者是家里无大人照看的学生不在少数，且这些大多是作业拖拉、学习成绩较差的学生。党支部针对这些状况，首先在全校组织开展了调研，基本摸清了滞留学生的人数，掌握了他们的思想、学习等状态。其次，党支部进一步加强思想引领作用，发动党员立足本职岗位、履行社会责任，关心学生的学习和生活，充分发挥党员在推动发展、服务学生、凝聚人心、促进和谐中的作用。此外，通过召开校务会、主题班会、座谈会、广播会、家长会等形式，在校方、教师、家长代表中广泛征求意见，基本达成了共识，为开设“四点半课堂”（下午 3：30—4：30）奠定了良好的基础。

全员参与，开展志愿服务

学校党支部成立了一支由党、团员教师组成的志愿者队伍，结合学校争创学习型、创新型党组织，积极开展创先争优活动，为困难学生开展志愿服务。开设“四点半课堂”，就是把放学后无人照看的学生留下来，由党、团员以及教师志愿者义务为他们补习，辅导他们完成作业。刚开始，一个年级开设一个义务补习班，每个教师要负责 30—40 名学生，因此对学习较差的学生效果甚微。党支部又发动党员教师发挥先锋模范带头作用，开展“一帮一”结对服务，由每个党员教师与学习较差的学生开展“一帮一”结对活动，通过一个小时的补习以及“一帮一”结对辅导，帮助学生逐步养成良好的学习习惯，稳步推进学生成绩的提高。在党员们的带头下，广大团员青年教师都加入了“一帮一”结对队伍中，基本形成了你追我赶的良好氛围。2012 年上半学期，已扩展到了 16 个班，每个班安排 20 名学生，专门由 2 名教师进行辅导，每周补习人数就达 900 人次。

健全制度，落实工作责任

为进一步规范“四点半课堂”的运作，提高工作效率，党支部建立了相关的制度，即：“三固定、一跟踪”。固定时间、固定地点、固定人员，结合开展党员承诺践诺活动，落实工作责任制，采用包干负责的方式，每位志愿者教师具体负责 8—10 名学生的补习；每位教师除了每天记载这 8—10 名学生的语、数、英作业完成情况，作业书写整洁状况、作业准确率、学习上补缺补差等方面的情况，每周一次向校长室、党支部作跟踪汇报，进一步分析原因，总结经验，提高成效。

“四点半课堂”有成效也有思考

一年多的生动实践，开设“四点半课堂”以及开展志愿者服务已转化为党组织以及广大党员团员教师共同价值取向和自觉行动追求。引领全校教师立足岗位作贡献、履行社会责任，党员教师立足岗位实际发挥作用、承诺践诺志愿服务，履行责任奉献社会，推动了学校的教学质量的提高。教师们一致认为，开设“四点半课堂”，虽然是志愿服务，只要学生、家长受益了，再苦再累也值。

（青浦区社建办供稿）

安置一个人 温暖一个家

“想要一份收入在3000元左右的工作，最好是文职，离家不要太远……”毕业于上海邦德职业技术学院的小陈说着自己的职业诉求，临汾社区闻喜路555弄居委的“助业展翼小屋”里，助业志愿者吴阿姨耐心地记录着小陈的要求。据吴阿姨介绍，小陈已是第三次来到“展翼小屋”，每次志愿者都会根据她的实际情况和工作反馈，结合她的特长，介绍更合适的工作。

展翼小屋：爱心编织就业服务网

这样的“助业展翼小屋”在临汾路社区共有18个，覆盖了临汾路街道的18个居委。近年来，针对社区青年的无业、失业等状况，临汾路社区创新机制，尝试社会就业服务的项目化运转，成立了闸北区第一家以民营资本运作，立足社区公益就业服务的民办非企业单位——临汾安吉乐助业服务所。“助业展翼小屋”社区服务网络正是临汾安吉乐助业服务所的一个重要项目。

据安吉乐助业服务所项目部主任朱玥介绍，自2010年以来，服务所借助临汾路社区这个平台已经服务待业、失业青年2700多人。18个社区服务网点的几十位志愿者，两年多来用爱心编织了一张临汾社区的就业服务网络，闸北区临汾路街道劳动科副科长王洪良在接受记者采访时说，“帮助人在困难中就业、推动人在就业中发展，是我们的助业理念。”

在安吉乐的服务对象中，有不少社会特殊群体，有刑释人员、边缘少年、特困人群，这些特殊群体由于自卑心理，往往十分抵触与社会接触，服务所志愿者们不厌其烦地开展工作，将他们拉回到职场上。

头发变黑：“问题青年”踏上正途

“我很自豪，因为我的头发现在又变成了黑色的了。”小李郑重地说。

“第一次看到他，印象最深的就是他的头发，红一绺黄一绺简直无法形容。”看着小李现在的样子，朱玥笑着对记者说。

小李的父母早年离异，父亲是生意人，除了每月给予颇丰的生活费外，没有太多时间去关心爱护他。正处成长期的小李很早就在社会上“晃荡”，结交了一帮狐朋狗友，头发的颜色也由少年的黑发变成了一头红黄相间的烫发。职校毕业后，他仍每天在社会瞎混，父亲为此操碎了心，一头黑发渐渐变白，教导却无济于事。

无奈之下，小李的父亲找到了“展翼小屋”，希望能给儿子找份正当工作。“要想让他走上正途，好好工作，并不是简单找个岗位给他就可以了。”朱玥告诉记者，“这样的孩子由于从小缺少关注，才走到了这一步，我们首先要做的并不是给他找工作，而是跟他交心。”

为了与小李“交心”，助业志愿者齐老师制定了“单对单指导”计划。每周一三五与小李进行一次面谈，二四六打电话到他家里关心询问。渐渐地，小李与齐老师建立起了信任，他把齐老师当成了“大哥”，凡是齐老师说的，他都听得进。

“大哥介绍我到闸北区房产交易中心工作，我十分高兴。我问他去工作需要注意点什么，他说首先要把头发变黑。”小李说。

现在的小李已是房产交易中心的一名工作人员，一身西装革履，一头油亮的黑发显得格外精神，他父亲的脸上也渐现笑容。正是安置了一个人，温暖了一个家。

走出家门：“宅男”变身助业志愿者

小姜在安吉乐做助业志愿者已两年有余。“别看他现在满怀热忱，为社区青年就业问题终日忙碌，两年前，他曾是一个不肯出门的宅男。”朱玥笑着介绍。

2009年，小姜大专毕业，由于没找到合适的工作一直闲在家里，只在网上投投简历。然而每次投递都如泥牛入海，一去不回。久而久之，原本性格开朗小姜变得内向，成为了一名“不肯出家门”的求职者，小姜的家庭本就困难，祖孙三代挤在一间60平方米的房子里，加上小姜长期没工作，生活更是陷入困境。

居委了解到小姜家的困难，想起了办法。“要想让小姜这样的宅男就业，必须先让他从家里走出来。”志愿者王阿姨颇有感触。在几次居委组织的演讲活动中，王阿姨发现小姜其实口才很好，便马上通过“展翼小屋”给他介绍了一份婚礼司仪的工作。这份充满正能量的工作，不仅使小姜走出了家门，而且让他一展沟通协调的能力。

2010年10月，小姜加入临汾安吉乐助业服务所成为一名志愿者。现在，他已是“安吉乐”的骨干成员，并把这当一份事业来做。小姜说：“在帮助他人同时，我找到了自己的价值所在，那就是用爱心去帮助每一个失业者，温暖每一个家庭。”

（原载2012年11月21日《文汇报》，作者：田宇）

体验近在身边的“危险”

在新江湾城社区繁密的绿化、纵横的街道和整齐的住宅楼中间，政和路1011号新江湾城社区服务中心二楼，坐落着上海市首家社区安全体验中心——新江湾城社区安全体验中心。

从服务中心一楼大厅通往二楼体验中心的楼梯，别致有趣，让人好奇、着迷，跟随着楼梯上蓝色和绿色的小脚丫地贴，来访者被一路引导到中心的各个安全主题馆；楼梯一边的扶梯是常见的不锈钢扶手，而另一侧则是一道贴墙蜿蜒缠绕的白色尼龙安全防护网，上面还挂满了火警标示、道路安全标示、禁烟标示及自然灾害等级标示等彩色小图标，一直挂到楼梯的顶端。

特色安全早教受欢迎

11月12日下午2点半，复旦科技园小学三年级的杨老师带着自己班上的29名同学来到社区安全中心，上一节45分钟的《市民防震减灾常识》培训课。

“同学们，在地震心理学上，有一个‘12秒自救机会’，就是说，地震发生后，若能在这12秒内躲到安全的地方，就有自救的机会。”体验中心的培训师郑老师戴着耳麦，向综合体验室里“排排坐”的小学生们讲解地震避险逃生技能。

“谁知道刘翔110米栏的纪录是多少？对，12秒88。那我们大家在这12秒钟里能跑多远呢？往哪里跑比较安全？什么是安全‘三角地带’？跑前带些什么东西？平时又应该注意准备一些什么呢？地震过后怎样进行自救和呼救呢……”郑老师打开家庭急救包，一样一样地详细讲解，结合文字、视频和图片等资料和孩子们热烈互动，有的孩子碰见自己了解的知识就争前恐后地举手抢答、还抢着上讲台“指认”、回应。

班主任杨老师说，“学校多是书面知识，比较少有直观接触防灾减灾知识的机会，有的学生是由家长带到科技馆了解这方面内容的。现在学生轮流过来上安全知识课，课程内容每学期也不同，他们像玩儿一样开心。”

新江湾城社区安全体验中心2011年底由新江湾城街道投资，在社会组织——上海杨浦启步科学育儿指导中心协助下建成，委托启步负责日常运营和管理。

自成立之日起，安全体验中心就向全社区开放，每周开展两次避险逃生综合技能培训；学期中间的每周一下午和周五全天，社区内五所幼儿园和中小学在中心开设定点课堂；每个季度这里还会安排主题活动，例如消防逃生、地震逃生、溺水自互救……

其实，社区安全体验中心最着力打造的明星项目是儿童安全早教课程，这在全市还是第一家，主要针对0—3岁儿童及其家长，在早教课程中安排了科学安全早教的内容，教授家长一些基本的儿童急救技能，包括儿童气道异物的紧急处理、外伤的紧急处理等，周三、周六和周日开课，在社区最受欢迎。

社区居民只要点击搜房网上新江湾城社区板块进入或通过“新江湾城安全体验中心”新浪微博网上预约就可来上课；社区计生办也向全区居民发放了“安全早教券”，居民可凭券到中心上课。

六大主题体验室

600多平方米的社区安全体验中心共分为六个主题板块：消防安全体验室、自然灾害民防室、家居体验室、综合体验室、综合减灾图书室以及减灾知识大讲坛。

在近200平方米的减灾知识大讲堂，工作人员正忙着摆置桌椅和音响，“这里又要开讲座了，我们以前邀请过专家来为居民宣讲食品安全方面的知识，来的人很多；新江湾城的工地多，我们就请来建筑专家，为农民工和工程负责人讲解工地安全注意事项，都特别受欢迎。”启步派驻安全体验中心的负责人李娜介绍说。“目前，所有课程已经培训了近5000人次。”

下午的地震防灾课之前，新江湾城街道办负责人和安全体验中心工作人员，围在一起讨论和试戴中心新购进的两付醉驾体验眼镜，新江湾城街道办事处副主任江静雯和她的同事们分别试戴过轻度和重度醉驾眼镜后，建议多购进几付轻度型的，“让更多的人能够感受酒驾的害处，因为很多人觉得少喝些开车不会出事，但其实危害很严重，今后，通过这个课程，从我们社区的居民做起，提高这方面的安全意识。”

醉驾课只是中心筹备的新课程之一，“我们正从主题和专题两个方面深化社区安全体验中心的课程。一方面将教学内容更加具体化，增强体验性和直观性；另外，拓展、细分不同年龄段、不同特质人群的安全体验内容，涵盖更多的居民及其多元的安全体验需求。”启步科学育儿指导中心主任马梅告诉记者。

在运作方面，除了启步团队，新江湾城社区安全体验中心还充分组织、调动社会各类专业人才，招募了稳定的志愿者队伍，有消防员、社区医生、社区武装部民防员、红十字会工作人员、交通警察、煤气公司员工、上航空乘人员等等。

江静雯说，“这种讲解加实训的安全体验经历可以提高居民的安全意识，增强自我保护能力；社区建设和发展，为居民服务，就要保障各方面的安全，一千人受训和体验，将来不幸有一个人遇到了安全威胁，那我们对一千人的投入也值了！”

（原载 2012 年 11 月 21 日《文汇报》，作者：李静）

为特殊人群开启新航程

在田林十村，大家都知道，37 号是徐汇区宜山菜市场。然而，大多数居民可能不知道，菜场 5 楼有个看上去“毫不起眼”的民办非营利性机构——“播爱新航就业服务社”，专门从事社区矫正人员和刑释解教人员的就业服务。

早在 2010 年世博会前夕，在徐汇区司法局的指导下，新航社区服务总站徐汇工作站联合徐汇区社会帮教志愿者协会成立了“播爱新航工作室”。去年年中，在“政府主导推动，社团自助运作，社会广泛参与”的理念指引下，由工作室晋级而来的“播爱新航就业服务社”揭牌成立，旨在通过公益项目社会化运作，探索“就业—培训—帮教”一体化模式，有效缓解特殊人员就业中普遍存在的“稳岗难、培训难、大龄无技能人员推荐难”等问题。

截至目前，服务社接待两类人员就业登记 224 人、安排面试 341 人次、成功推荐上岗 166 人、组织 24 人参加定向培训一次。

就业难？用爱心来加码

去年冬天，原籍云南的刘沐（化名）在上海刑满释放后，无脸回老家见年迈父母，在走投无路的情况下找到了服务社。他属于典型的“三无人员”——无家可归、无业可就、无亲可投。

播爱新航就业服务社的社工黄思镇见到穿着单薄的刘沐，第一反应是将自己身上的羊毛衫脱下来给他穿，并联系好位于徐汇龙吴路上的某物流公司，让刘沐去当跟车搬运工。没多久，物流公司的人跟黄思镇“打小报告”：不能再要刘沐了，因为很多同事嫌他一直不洗澡。于是，黄思镇又设法联络到一家能提供食宿的公共浴室。不到半年，刘沐从里到外都像换了一个人。

据新航社区服务总站徐汇工作站的项目督导朱庆章介绍，服务社现已形成四个特点：就业推荐专业化、就业途径多样化、就业培训定向化、跟踪帮教常态化。像刘沐这样的“三无人员”，先统一安排到“播爱中途之家”，统筹解决食宿、劳动等问题，再通过岗前培训，最后推荐到合适的用人单位。

培训难？明确双方意向

在服务社提供的三项服务中，除就业帮教、招工用工外，劳动培训是其中重要一环。在特殊人员就业登记或上岗初期，通过简单劳动，如字画装裱、画框定制、防盗门维修等，培养他们的劳动观念，考察其劳动能力、工作态度及人际交往，以此作为岗位推荐和人岗匹配的重要依据。

从徐汇区职介所转接过来的金驭（化名）就是劳动培训服务的受益者之一。走出大墙之后五六个月，他一直没有固定工作，要么邋里邋遢地去面试，要么上班时间无故打断上司讲话，要么装“老大”欺负外来务工人员……

到了播爱新航就业服务社以后，社工帮金驭做面试辅导，陪他理发买衣服、再去新单位面试；岗前培训期间，着力培养他的纪律意识，与其家人合作，督促按时上下班；用心改善人际关系，提高工作抗压性。不到一个礼拜，金驭凭着块头大、身体好的优势，很快找到了一份冷冻食品仓库保管员的新工作，一干就是两年。用人单位称，看中的就是金驭身体强壮。

伴随合作企业越来越多，服务社现在还专门开展了“定向培训”，即用人单位意向合同签订后，服务社根据企业性质，通过集中培训分散就业、分散培训分散就业等方式，提升特殊人群的岗位技能，降低企业用工成本。

帮教难？坚持跟踪干预

特殊人员成功就业后的半年内，服务社还与就业单位每月联系一次，重点人员每周联系，坚持跟踪干预，及时了解其工作表现，配合企业做好管理工作。

宋英（化名）年少叛逆堕落成“瘾君子”，从戒毒所出来后，经常独自到服务社学习字画装裱。黄思镇瞧着这姑娘伶俐，推荐她去某超市当理货员。大半年以后，表现积极的宋英得到赏识，被调去当收银员。黄思镇听到消息，立即跟单位沟通，希望将宋英调回原岗位。他解释：“戒毒人员自控力相对薄弱，不能让他们直接接触价值不菲的钱物，否则，很有可能再次‘复吸’”。

自2005年就开始从事特殊人群帮教工作的黄思镇说，服务社现在有了两大明显的变化：以前是“硬塞人”给企业，现在企业主动来要人；原来总是到处联络企业挖掘岗位，现在我们既要兼顾企业的用人需求，又要考虑人岗匹配，并做好跟踪帮教常态化工作。

现今，服务社已设立多项周详的就业帮扶及培训计划，有效填补了当前“无面向特殊人群就业服务的专门机构、无面向特殊人群的专门岗位、无面向特殊人群的定向企业、无面向特殊人群就业的专业服务”的空白。

徐汇区司法局安置帮教工作科科长周文庆说，“浪子回头金不换”，如果社区矫正人员和刑释解教人员能拥有一份稳定的工作，他们就不太容易再走上违法犯罪之路。特殊人群也是社会的一分子，希望有更多人帮助他们重新融入社会、回归正常生活。众人多一份爱心，社会就多一份安宁。

（原载 2013 年 6 月 19 日《文汇报》，作者：付鑫鑫）

社区假日学校

张庙街道泗塘六村是上世纪建造的老式小区，小区困难群体多、困难学生多。居民区党总支在日常的走访过程中，经常会听到一些家长提到：“孩子成绩不好又不听话，我们上班忙根本管不了他们。”“家里条件不好，孩子平时缺乏自信，成绩也总是上不去。”“我们父母双方工作都是三班倒，一到放假孩子根本没人管。”面对这些着实让家长们头疼的事情，居民区党总支感到“只有解决每家每户的小事才能真正解决居民区的大事”。因此，党总支立刻行动起来，充分发挥居民群众自治、自我服务的工作模式，召开联席会议，积极倡议搭建一个志愿者服务平台，成立“社区假日学校”，帮助那些困难家庭学生以及偏差生。

党总支一声令下，大家纷纷行动起来，物业公司提供了学校场地，一些骨干党员也加入了志愿者队伍，就这样由居民区党总支牵头、社区居民群众自行管理的“社区假日学校”正式开张啦！

自成立两年多来，随着关爱助学帮扶行动的推进，假日学校也面临过志愿者缺乏、帮扶形式单一等各种问题，但是在党总支的支持协调下，假日学校不断探索创新，寻求突破，把好事做好、做实。

凝聚志愿者队伍。居民区党总支深知志愿者老师队伍的建设对“社区假日学校”的运行十分关键。为此，依托前期人口普查、组团式联系服务群众等工作基础，对小区学习成绩较好的在校学生、退休教师、尤其是小区内的党员队伍进行了梳理，并派骨干楼组长上门争取支持。通过思想动员、宣传引导，社区内越来越多的居民群众感觉帮困助学非常必要，越来越多的志愿者感觉这是好事、善事，志愿者队伍逐步壮大。大家充分利用这个平台，努力发挥自己在学习方面的特长，积极参加助学服务工作中来。有的师范大学的学生志愿者利用寒暑假主动编排课程，教孩子们各种兴趣内容；有的退休教师延长学校时间，把那些放学没人管的孩子聚在一起，统一指导完成学校作业。社区一位学生小冯从小被溺爱，养成了一些坏习惯，学习一直上不去，是学校的偏差生，假日学校的志愿者们主动上门，每周五放学后把小冯接到辅导站，轮流指导他完成作业，还经常与他谈心，帮助他改正坏习惯，终于小冯小学顺利毕业考入了中学。

因地制宜开展助学活动。社区内学生面临的困难各不相同，有家庭经济困难的、有身体不便的、有厌倦学习的、有自卑失去信心的，等等。针对这些自身不同情况和各自需求，泗塘六村居民区党总支及时进行梳理，分别采取一对一帮教、辅导站集中助学、联合社区单位助学等多种形式的助学帮扶活动，使每一个助学对象都能得到最贴心的服务、最受益的帮助。社区内每一位志愿者也感觉自己的学习专长有了用武之地，在助学帮扶中得到尊重、得到满足，实现了自身人生价值。在志愿者的关心和帮助下，社区卫生服务中心与小区困难学生小曹签订了帮扶助学协议，每年为其提供助学金，假日学校的志愿者与其一对一帮教，在志愿者的鼓励下，小曹不仅考上了大学，还光荣地成为了一名学生党员，学校的支部委员。

积极统筹社区资源。在“社区假日学校”的运行过程中，居民区党总支充分发挥社区群众自我管理的自治能力，引导居民志愿者主动参与社区服务，把一家之事变成大家之事。社区党总支还依托与虎林三小的共建资源，定期安排社区假日学校与其开展活动。利用社区民警加强对社区学生安全教育。同时社区假日学校还开通新媒体，利用博客、微博等平台加强与社区困难学生和偏差学生、社区青少年的沟通与交流。在大家的共同努力下，泗塘六村没有发生一例社区青年学生的犯罪行为，大部分偏差学生的学习成绩有明显的提高。

两年多的时间，先后100多名学生从泗塘六村“社区假日学校”顺利“毕业”。正是因为一批批志愿者的辛勤努力和无私奉献，一名名孩子在“社区假日学校”这个大家庭中成长、蜕变，孩子好了、家庭和睦了、社区温馨了，居民们小小的居委变成了孩子们大大的学校。

（宝山区社建办供稿）

专业力量助推老有所养

健众护理站

家住眉州路的倪老太曾患脑梗，日常生活由女儿照顾。5 月下旬的一天，杨浦区大桥街道健众护理站顾护士接到倪老太女儿的电话，她因下周一上班，无法照顾老母亲，预约护理站专职人员下周一上午 10 点上门为倪老太打点滴，并看护她 1 至 2 个小时。在杨浦区大桥街道，越来越多的老人可以足不出户安享健众护理站提供的专业医护服务。记者了解到，大桥街道试水这一模式将近两个月，已有约 300 人次预约并接受护理站服务。

截至今年 4 月底，作为新老混合型城区的大桥街道有 60 周岁以上户籍老人近 2.6 万，占户籍总人口的近 23%，其中，80 岁以上高龄老人 5503 名，独居老人 822 名，70 岁以上纯老家庭 772 户。如何解决居家老人医院标准服务缺乏和子女无暇照顾的双重尴尬？如何在社区内消化部分居家护理需求？在街道党工委、办事处及社区卫生服务中心支持下，有望填补医院、护理院和养老院之间空白地带的大桥街道健众护理站应运而生。

记者在杭州路广杭苑小区“广杭家园”三楼看到，健众护理站与大桥街道为老服务社工师事务所、大桥街道义工俱乐部等民非机构“比邻”坐落于此。街道这样安排，旨在更有效地聚集资源，让护理站能共享各种相关资源。

据了解，取得国家执业资质的医务人员，加上 15 名由街道居家养老服务中心输送的、持上海市红十字会培训合格上岗证的首批护理员，构成护理站的“主力”阵容。菜单式收费服务条目包括为不便去医院的患者进行输液、翻身、褥疮等基础护理，给居家老人、慢性病患者和其他需求人群提供生活照料、日间看护和应急援助等服务。“社区医院 + 护理站双管齐下的模式，有利于提供目前医疗机构无法满足的、多层次公益性的延伸健康服务，从而完善社区卫生服务与基础护理的服务链。”大桥街道和社区卫生服务中心达成共识。

开展家庭基础护理及健康延伸服务，离不开丰富的医学专业知识与医护经验。一旦发现护理对象身体有异常状况，及时协助转介医院诊疗至关重要。顾护士给记者举了个例子。不久前，一位 85 岁老人的儿子打来电话预约看护。顾护士一进门首先询问病史，得知老人呕吐 3 天并直呼头晕。经例行检查测量，老人血压、血糖值都偏低。凭借多年经验，顾护士判断老人病情有变化，当下劝告家属带老人去医院复诊。当天老人就被送到初诊医院，规避了延误治疗的风险。

“主管护士对申请人的身体机能、认知能力、家庭状况等进行测定评估，明确护理服务内容、方式、周期、支付标准。服务目标实现，未出现新情况，便可终结周期护理；病情一旦变化，就需要及时转介进行诊断治疗。”这既是护理站的服务规范，也不妨看作家庭医护领域的一个谨慎注脚。

（原载2010年6月16日《文汇报》，作者：王呈恺）

社会化管理居家养老服务员队伍

社区居家养老服务，是以家庭为核心、以社区为依托，依靠专业化的服务，为经济和生活自理困难的居家老年人，提供以生活照料等为主要内容的社会化服务。居家养老服务自2004年开始实施至今已有10年。过去，崇明县堡镇居家养老服务员岗位由政府提供，这种“福利”就业模式，造成部分人对岗位工作不珍惜，出现了出工不出力、服务时间不足、服务质量不到位，做事“三天打鱼、两天晒网”的情况。政府承担了既是运动员又是裁判员的双重角色，不利于政府对居家养老这支队伍的管理。按照县政府关于《加强“万人、千百人就业项目”整合管理试点工作方案》要求，堡镇率先探索试点对居家养老服务项目实行社会化管理，减少政府风险以及招工、退工等不必要的麻烦，实现政府职能的归位；同时增强服务人员的危机意识，提高队伍的组织管理水平及管理效能。通过社会化、市场化手段，堡镇居家养老服务不仅完成了稳定队伍、平稳过渡，更实现了管理规范、质量提高、各方满意的良好态势。

居家养老的堡镇实践

成立民办非企业单位

经过镇党委、政府班子领导研究讨论后一致认为：选择一家劳务派遣经验丰富、熟悉劳动法规、擅长人力资源管理、诚信度高、抗风险能力较强、具备接盘能力的经营主体至关重要。经过几轮筛选、甄别，符合上述标准的堡镇社区服务社进入视线，并在2012年8月正式全盘接手全镇居家养老社会化管理工作。堡镇社区服务社属民办非企业单位，目前有198名服务人员，965名被服务对象。该社区服务社始终坚持贯彻以科学的制度管理人，以优质的服务感染人，以和谐的团队凝聚人，以健康的文化鼓舞人，以优势的品牌吸引人，本着“以人为本、为民排忧解难”的服务宗旨及“服务对象就是我们的亲人”的服务理念，为老人提供送餐助浴、卫生保洁、康复护理、心理辅导、社交聊天等生活照料。

成立居家养老服务工作指导站

指导站由镇事务办主任及敬老院院长等相关人员组成，主要职能是从事居家养老服务对象的评估、对民非工作的指导和考核、协调与县居家养老服务中心的关系、做好居家养老统计工作等。指导站认真履职，成为政府联系服务社的桥梁，有效提升了全镇的居家养老服务质量。

签订协议书，制定规章制度

围绕提高居家养老服务质量，堡镇社区服务社对原有管理体制进行整合。首先，通过签订协议、合同等办法，明确管理机构、服务机构和服务对象的权利、义务、责任；确立组织架构，“总经理——项目经理——组长——服务员”的网络权责分明，理顺了管理体系；其次，社区服务社制订了15项规章制度，其中包含服务员的岗位职责、考核细则、工作要点、组长的岗位职责、服务员的奖惩制度和特殊事件的应急预案等。新的奖惩制度规定打破了以前“干好干坏一个样、干与不干一个样”格局，社区服务社根据每日综合评分和服务质量汇总，着重奖励优秀服务员，激励服务员的工作热情。同时，对于违反制度的服务员，第一次警告整改，第二次罚款，第三次下岗再培训。再上岗后，如再次违反将解除劳动合同，完全依据《劳动法》等有关法律法规操作。

出台年终考核办法

满意度测评在90～100分（满意度测评随机抽查），季度、年度考核平均分在90～100分者，以198名服务员为基准数，以每人每月20元为标准，实施奖励；满意度测评低于90分，季度、年度考核平均分在80～89分者，以每人每月15元为标准，实施奖励；79分及以下者，不予奖励。

社会化管理结出硕果

员工危机意识、服务意识普遍增强，服务质量明显提高

居家养老服务社会化管理，不仅是简单的队伍整合调整，最重要的是激发了服务员积极性，增强了员工危机意识、服务意识，提高了服务质量。在居家养老服务的工作岗位上，他们坚持“四要三到位”工作准则：四个要——户要走到、人要见到、情况要摸到、工作要做到；三个到位——补贴对象要准确到位、服务质量要督查到位、优惠政策要落实到位。服务员以热情的服务态度、优质的服务水平和周到的服务方式得到了被服务对象的肯定和认可，赢得了群众的好口碑。

打造企业文化，塑造服务品牌

堡镇社区服务社在坚持传统服务理念的前提下，努力建设一支“待人热情、服务周到、严守纪律，老人满意”的服务员队伍，树立服务社品牌，把居家养老服务打造成一块金字招牌。居家养老服务是一项造福于民的民心工程，不要做秀造势一时，而要长久送福于老人，让老人体会到党的温暖和政府的关怀，让有需要的老人老有所依、老有所靠，“做善事、积善缘、得善果，把爱传递给千家万户。”这是该服务社的企业文化宗旨。

实现政府职能归位，实现政社良性互动

居家养老社会化管理打破了由政府提供公共服务的单一渠道，将公共服务类型与社会组织类型进行理性组合，创造性地在居家养老中建立了财政资金购买服务、社会组织提供服务、居家老人享受服务的政府购买养老服务新途径。将政府获取资源的优势与社会组织递送服务的优势结合起来，一方面克服了非公共组织在资源配置上的无效性，另一方面克服了政府在微观管理和激励机制上的无效性。

（崇明县社建办供稿）

网上敬老院

在上海中心城区，几乎每个街道都会为新增养老床位而犯愁。虹口区欧阳路街道这方面的矛盾尤其突出：辖区面积 1.67 平方公里，老年实有人口逾 2 万，老龄化程度达到 28.4%，是全国平均水平的 2 倍，高出全市平均水平 1/4。如何缓解社会养老服务供求失衡的矛盾？如何充分利用现代技术和社会资源更好地为老服务？欧阳路街道另辟蹊径，创办了全市首家网上养老院。

网上养老院创办一年来，通过整合社区内的社会资源，依托欧阳生活社区服务网，欧阳路街道那些无法进入社会养老机构、但有社会养老服务需求的老人不出家门就享受到了养老院的标准服务。

没有围墙的敬老院

天气转凉，关节炎复发导致行走不方便，家里的冰箱却空了，怎么办？家住吉祥路的独居老人叶老伯打开电脑，登录“欧阳生活社区服务网”，进入“网上敬老院”，点击“生活服务”板块中的“我要购物”，填写了自己想买的蔬菜。第二天早晨8点，叶老伯家的门铃响了——三角地菜场的工作人员把老人订购的蔬菜送上了门。

在欧阳社区，像叶老伯这样在家享受养老院式服务的老人已逾千名。社区党工委书记潘明云告诉记者，欧阳路街道辖区面积仅有1.67平方公里，其中还包括偌大的虹口足球场和鲁迅公园，场地资源十分紧缺，全社区拥有固定床位的敬老院不过三四家。去年，街道对社区内5000多名老人进行调查，发现了一大批"夹心层"老人，他们身体还不错、生活能自理，但需要诸多社会支持。能否"建造"一个没有围墙的敬老院，让他们在家就能享受到专业服务？

创新思路催生创新举措。通过运用现代网络技术、整合社会服务资源，2010年9月，"欧阳暖夕阳"网上敬老院应运而生。这是一座没有围墙的敬老院。辖区内60岁以上的老人，都可以通过网络、电话申请"入住"。借助实有人口数据库，网上敬老院为每一位"入住"老人建立了一份包括住址、年龄、身体状况、兴趣爱好、联系方式等内容的电子档案，以便提供个性化服务。

上网就能"点单"

敬老院开在网上，服务内容却一样不少。网上敬老院能为老人提供生活照料、医疗保健、应急援助、精神慰藉等4类服务，包括送餐、代购、理发、扦脚、小修小补、养生讲座、心理咨询、文体活动等50余个项目。每位"入住"老人都可根据自身需求进行选择。社区老人樊绍栋的老伴做完心脏搭桥手术回家休养，他上网"点单"希望提供上门巡诊服务。第二天，社区医生就上了门。此后，社区医生每周三次定期上门巡诊，平时通过热线联络，有紧急情况随叫随到。虽然子女远在国外，老两口的心里却踏实得很。

"入住"网上敬老院的老人，散居在社区各个角落。为了保证老人的安全，敬老院打出"科技牌"：志愿者每天在网上"敲门"问候，独居老人还免费获得一个"智能居家宝"，如果老人家中发生煤气泄漏等意外情况，或老人12小时无应答，连接"居家宝"的监控系统就自动报警，老人家属、志愿者和居委干部也会收到紧急短信。今年6月12日晚，独居老人周银莲家中煤气泄漏，十几分钟内，老人家属、敬老院工作人员和居委干部就全部赶到现场，避免了一起悲剧。

背靠社区单位

开在网上的敬老院，背后依靠着丰富的社区资源：社区里50余家社会单位和社会组织相继加盟，为网上敬老院提供餐饮、物业、家政、医疗、家电维修等多项服务。街道通过共建、补贴、购买服务等多种方式，确保各项为老服务保持低廉的价格，有两家理发店和医疗便民服务车还为老人提供免费服务。街道还以政府购买的方式委托乐家社工事务所定期跟踪评估这些商家的服务质量，倾听老人需求，拓展服务项目。

每天上午10点，乐家社工邵佳麟都会准时出现在宝楼馆饭店的厨房。宝楼馆承接了网上敬老院50余位老人的午餐供应。邵佳麟的任务就是监控每天的饭菜质量，并负责将饭菜送到敬老院的集中就餐点。中午11点，饭菜准时摆上餐桌，红烧鸡脯、葱花萝卜、清炒卷心菜外加一碗贡丸粉丝汤，老人们吃得津津有味。邵佳麟拉过椅子坐在老人身边。“味道很不错，要是油再少点就好了。”“卷心菜最好切得再小一点。”老人们的意见被他一一记在本子上。

发现老人们怕冷清，乐家便与社区文化活动团队沟通，联手建立了“夕阳红”俱乐部、“咏梅”拳操队、“天鸥”旅游团、“银艳”编织社、“舞之缘”舞蹈队、“乐乐”摄影小组……丰富多彩的老年文化活动，把平日里独居在家的老人“引”出了家门。

（原载2011年11月14日《虹口报》，作者：龙钢、邵珍）

“康乐家”：政府的好助手

在社会转型期，社区已成为各种社会利益的交汇点，各种社会组织的落脚点，各种社会矛盾的集聚点，以及人与社会的交融点和社会生活的支撑点。黄浦区瑞金二路社区老龄人口达29.6%，如何提高公共服务的保障能力和均等化水平，努力为居民群众提供便捷化、专业化的公共产品，不断满足群众多样化公共服务需求是社区面对的迫切课题。正是在这种情况下，社区公益组织“康乐家社区服务发展中心”应运而生。

及时有效转变街道职能。瑞金二路社区（街道）党工委和办事处积极寻求破解之道，本着“掌舵而非划桨”的理念，贯彻政事分开、管办分离、政社合作的原则，运用政府购买服务方式，有效配置服务资源，创新社区服务模式，积极扶持、成功培育了龙头性、标杆性的社会公益组织“上海康乐家社区服务发展中心”。目前，“康乐家”依托“962100爱老热线”呼叫中心、老年信息库、服务网站，整合100多家社区社会服务合作单位，联合1300多名志愿者，搭建起线上线下互补、各种资源呼应的社区生活公益服务平台，开设了居家养老、家政服务等

40多个服务项目，年服务达30多万人次，先后被评为2012年“芯世界”全国公益创新奖、全国民政系统优质服务品牌、市民政系统优质服务品牌、市先进社会组织、市巾帼文明示范岗。“康乐家”秉持非营利原则，出色地承担了为老服务、帮困救济、便民利民等社区服务职能，迅速成为街道的好助手。

保障健康有序发展。街道秉持“以人为本”核心价值观，从贴近社区实际、贴近百姓需求出发，为“康乐家”健康发展和有效运作提供完备的基础条件，包括提供社区生活服务中心、社区综合服务楼共5000余平方米的服务、活动场地，每年拨款150余万元作为“康乐家社区服务发展中心”运作资金。街道在制定发展规划、进行制度设计、优化人力资源、规范运作管理、完善绩效评估等方面给予帮助和支持，既确保正确运作方向，又激发内生动力活力，增强其主体意识、进取意识。同时，街道根据市、区有关促进就业扶助政策，对“康乐家”录用就业困难人员、青年就业人员给予政策上的补贴和奖励，鼓励“康乐家”提供更多就业岗位，培养出更多社区服务专业人才。

打造立体服务平台。“康乐家”成立于2008年，现有专兼职工作人员100多人。在成立和发展的四年多历程里，本着“求助无小事、服务零拒绝”的理念，构建了以主体服务设施为枢纽腹地，以16个社区公益站为基层支点，包括社区爱心超市、老人日托所、便民服务队、流动服务车、爱心集市，门户网站、呼叫中心等线上线下互补、各种资源呼应的社区服务立体网络体系。推出了老人送餐、消费品代购配送、家政服务、心理咨询、家庭营养顾问、母婴护理、专业保姆、“喘息式”服务、“消费者牵手生产者”等细分化、专业化的特色服务业态和项目。通过着力打通辖区行政资源、市场资源、公益资源和单位资源之间互通的渠道，联手社区、社会100多家合作服务单位，形成了覆盖全面的“生活百事通”功能，成为上海乃至全国有影响力的社区服务、养老服务品牌。

从实践效果来看，一方面，政府指导职能得到了进一步强化。过去，街道陷于大量社区服务的具体事务，很多时候“做的较多，筹划较少”。现在，街道有更多的时间和精力去研究分析，从更高的标准整体规划社区服务。另一方面，社区服务水平得到了进一步提升。过去，街道受限于精力、经验、理念等不足，社区服务水平提高相对较慢。现在，通过“康乐家”承接，充分发挥社会组织的特点，提供了更为专业的社区服务。2013年，“康乐家”将在现有基础上，进一步扩展服务内容，推动升级发展，重点做好“完善962100爱老热线、建立老年健康生活馆、拓展手拉手社区福利超市、推出志愿者公益卡”等四个项目工作，将社区公益性社会组织“康乐家”继续做大做强。

（黄浦区社建办供稿）

“养老院式”服务送到家门口

家有老人怎么办？自己老了怎么办？老龄化，是每个人都要面对的现实问题。在全国，平均每3个人中就有1个老人。到2050年，我国独居和空巢老年人将占54%以上。

在上海，老龄化的问题更加严峻，因为上海不但是全国第一个进入老龄化社会的城市，也是目前全国人口老龄化程度最高的特大型城市。一边是老人面临生活、医疗、精神慰藉等重重困难，一边是中心城区寸土寸金，养老院、医疗机构“一床难求”，如何求解这个高难度的“不等式”？

从今年年初开始，静安区政府重点工作项目中推出“乐龄家园”的“升级版”，率先在本市于部分小区试点“乐龄生活圈”，尝试通过完善居家养老服务的方式，让服务围着老人转。

助老服务有了“后援团”

在静安寺街道的愚谷邨，上世纪30年代建造的新里挤出100多平方米，近日挂上了“乐龄生活馆”的新招牌，吸引了不少老人前来“尝鲜”。

家住愚谷邨小区的唐大爷在家中新添了一个“一键通”的电话。和普通电话不同，在这部电话上，常见的生活服务项目，如助餐、洗澡、居室打扫、康复护理等，都设置了快捷键。老人只要一按相应按键，在“乐龄生活馆”的平台服务人员就马上接到“订单”，并委托“后援团”为他“调兵遣将”，安排上门服务。

“我家住在3楼，老式房子楼梯又暗又窄，上下十分不方便，哪怕出去理个发都很麻烦。有了这个‘一键通’方便多了。”唐大爷说，自己有什么需求，只要按电话按钮，就有工作人员接听电话，马上安排服务人员，和他约好时间上门服务。

唐大爷家还有个特殊情况，他和老伴是孤老，一个87岁，一个85岁。老伴戴阿姨因为几年前患了老年痴呆症和帕金森病，生活已经完全无法自理。

为此，“乐龄服务圈”的“后援团”之一——社会组织青凤老年生活护理服务社根据唐大爷家的情况，派来受过专门护理训练的护理员马乐勤。她不但要负责搀扶老人上厕所、为老人洗澡、喂药，还要为她做康复训练，按摩手脚肌肉，经常陪老人聊天。如果看到老人精神不好，则要马上为她量血压、吸氧。根据唐大爷家孤老的情况，他们两人可以获得每人每月300元的政府补贴，用于购买居家养老服务。

记者了解到，目前在静安寺街道，已经根据“乐龄生活圈”生活照料、医疗康复、文化娱乐、安全保障、精神慰藉、法律援助的六大功能，梳理出各类服务项目57项。“后援团”包括乐龄家园、蔬菜公司、社区便民服务网点、华东医院、社区卫生服务中心、区图书馆、煤气公司、区法院等上百家企事业单位和社会组织。

失能老人谁来护理？

青凤服务社负责人方佩儿告诉记者，前几年，服务社里每天都有家政员坐着等工作，如今不但不再出现这种情况，还需要通过朋友、亲戚到农村“拉人”出来，农村劳动力逐年减少。尤其是针对失能老人的专业服务人员十分稀缺。

根据调查显示，我国城市部分失能和完全失能老年人约3300万人，是世界上失能老人最多的国家。而目前国内的老年护理员主要由护工或保姆担任，她们大多来自农村或乡镇的“临时工”，文化程度低，只能为老人提供简单的生活照顾。

“前段时间，我们和华东医院、市老年学会培训了一批老年护理员，主要针对癌症、中风、骨折、糖尿病、老年痴呆等常见病的护理康复。培训出来的30名护理员马上被一抢而空，但这样经过专业培训的人员只占护理服务人员的一成左右，远不能满足市场需求。”方佩儿表示。

为此，“乐龄家园”升级为“乐龄生活圈”的重要部分，就是在生活照料和医疗康复项目的设计中，探索建立为失能、失智、高龄重病老人提供专业的居家护理，让老人在家也能享受养老院或者医疗机构的专业护理服务。

在胶州路的一户居民家中，记者见到了一位因为母亲生病、特地从加拿大赶回来的许先生。他表示，在加拿大，老人年纪大了多数进养老院，医疗费用由政府承担，护理费用则由自己承担。尽管国外养老院条件较好，但由于养老院中和朋友家人分离，老人精神上比较孤独，患老年痴呆症的比例较高。中国的独居和空巢老人多，如果能探索出一套适合中国国情的居家养老模式，让老人不必离开自己生活习惯的社区就能安心养老，将是件造福社会的大好事。但如何提高服务水准，让居家养老服务达到专业养老和医疗机构的水平是居家养老的难点。

期待居家养老“绿色通道”

此次“乐龄生活圈”的试点选取了静安寺街道的愚谷邨小区和南京西路街道的陕北居委，前者覆盖面为两个居民区，后者为一个居民区，试图通过软件的优化和硬件的改造，把老年人相对集聚的里弄、大楼、小区，打造成服务便捷、环境友好、氛围和谐、适宜老年人居住的“温馨家园”。新模式试点半年，效果如何？记者为此回访了部分老人。

家住愚谷邨的80岁老人汝兆坤身体较为硬朗，“我根据‘乐龄生活圈’提供的菜单式服务，选择了自己需要的一些项目。发现这些项目也并非都是‘大锅饭’。”比如近期老人肠胃不太好，乐龄服务站的工作人员便为其安排了一位家政服务员，上门做些清口的饭菜，帮忙打扫家中的卫生。社区医生在接到老人身体不适的消息，也马上赶往他家，为其量血压、听心肺，并告诉他独居老人日常保健应注意的问题。

南京西路街道则对现有的服务资源重新梳理，将其分为有偿、低偿、无偿三大类服务。“依靠政府有限的资源肯定满足不了广大居民的要求，必须充分利用社会资源。为此在这三大类服务中，无偿针对生活困难的弱势群体；低偿由政府部门和社会机构‘谈判’，争取优惠的‘团购价’，是多数人可以享受到的服务。”街道负责人介绍。

家住静安城的朱大爷便是典型例子。去年6月，朱大爷脑溢血发作后，因为医院“一床难求”，半年左右转过9次医院。每月要支付近1.5万元的医疗费，其中自己承担10%，即1500元左右。出院后仍要奔波于医院做康复训练，受累不说，经济负担也不轻。

“乐龄生活圈”推出后，政府部门和社会机构合作，推出低偿的上门护理服务。市场价120元每小时的康复训练，通过政府“团购”，只需要80元左右。现在，朱大爷只需要每周3次在家接受康复护理即可，1个月的费用仅在八九百元。

记者到他家时，只见来自社会机构福寿康的专业康复师金香正在为他做康复训练。老人躺在床上，由康复师为他做被动运动，从肩关节到肘关节、到腕关节；上肢运动做完，老人又转移体位，坐在凳子上接着做康复训练。“我刚来时，老人还无法独立坐在椅子上做康复，现在已经能自己坐着了。”

金香介绍，对于脑出血等后遗症而言，90天是康复的黄金期，6个月是最佳时期，超过半年之后，康复的效果就明显降低。但对于很多居家养老的老人而言，往往因为医院排队挂号难、路途遥远等因素错过了康复的最佳时段。

“这样的康复上门护理大大方便了我们这种行动不便的老人，也节约了医疗资源，如果能够纳入医保，肯定能吸引更多的人选择这种居家护理方式。”朱大爷希望政府部门能够为居家养老开出更多“绿色通道”。

（原载2012年11月21日《新民晚报》，作者：宋宁华）

没有围墙的养老院

“没有围墙的养老院”，其核心就是让老年人在社区养老也能享受到和养老院同样的服务。周家渡街道是浦东“最老”的街道之一，60周岁以上老年人占户籍人口28%，且街道养老服务资源相对较少，为此，街道想方设法，充分整合社区各类为老服务资源，运用科技手段和信息技术，积极探索社区养老服务新模式，让90%以上的老年人不出家门也能享受到生活照料、医疗护理、精神慰藉等与机构养老同样的服务。

建设一个平台，让科技助推社区养老。周家渡街道先后投入资金200多万元，建立一个技术含量高、覆盖对象广、服务功能全的社区为老服务信息平台。该平台以社区老人为服务对象，以居家养老服务员、家庭医生、社工等为老服务人员及相关服务单位为服务提供者，以远程监控、移动通信、GPS定位等先进技术为支撑，以962200、96890两大热线以及固定电话、腕式定位手机等终端设备为载体，实现对老人的远程关爱、健康监测、自动报警、应急救助等多项服务。

构建两大网络，让服务突破院墙限制。依托社区服务中心，构建以居家养老为基础、以“十助”为主要内容的社区居家养老服务网络，全面提供助洁、助餐、助浴、助行等生活起居服务。加强政社合作，先后与乐耆、新途、伙伴聚家、心爱服务社等社会组织开展项目合作，为社区老人提供更加专业化、标准化的居家照料、康复护理、心理疏导等服务，构建以社会组织为主体的社区关爱和服务网络，力求做到“老人不离家，服务送到家”。

优化三项服务，让老人安享幸福晚年。优化生活起居服务，委托专业组织管理为老服务队伍，定期开展专业技能培训，提高为老服务水平；探索推广老人互助小组，发动党团员、低龄老人与高龄、病残老人开展结对服务；实施老年家庭无障碍设施和安全性改造工程，方便老年人日常生活。优化健康医疗服务，全面建立社区老人健康档案，推广家庭医生责任制。优化精神文化服务，积极培育书法、绘画、声乐、舞蹈、健身操等老年文化团队，经常性开展节庆展演、文化交流、休闲健身等各类活动。

（浦东新区社建办供稿）

真心如意 做实为老服务

普陀区真如镇，一座有着近八百年历史的古镇，由于没有土地资源，经济基础较差，呈现“五多一少”的现状（五多：流动人口多、贫困人口多、老龄人口多、独居老人多、重病大病多；一少：便民服务资源少）。真如镇社区服务中心作为一家服务型机构，多年来始终坚持以人为本的理念，围绕老年人“老有所养、老有所乐、老有所教、老有所学、老有所乐、老有所为”这个目标，急老人所急，想老人所想。以服务老人，提高老人生活质量为根本出发点为本镇老年人提供了各种服务，并在全镇上下形成了敬老爱老的良好氛围。

率先在全国提出居家养老新理念——打造没有围墙的养老院

真如镇是第一个在全国提出“打造没有围墙的养老院”理念的街镇，2007年《人民日报》曾头版头条以此为题作整版报道，在全国引起巨大反响。为做好全镇居家养老工作，社区服务中心创新思路，提出了“养老不离家，服务送到家”及六助（助医、助行、助洁、助浴、助急、助餐）居家养老服务，实行365天随叫随到上门服务。目前全镇共有2750人纳入社区服务中心以“六助”为主要内容的范围，老人只要拨通安装在家里“安康通”(专为60岁以上老人安装的免费求助电话）或社区服务热线，就可享受社区提供的上述服务。近年来，真如老年人接受服务的人次呈明显增长，在“六助服务”中，“助餐”服务上升人次最为突出，从2007年8月起实施为社区老人送餐服务，至13年5月已累计送餐100140客。为解决全镇高龄、独居、纯老家庭以及生活需要照料的老年群体的日常用餐难问题，在镇政府的支持与帮助下，新建成真西一居老年食堂并于6月正式运作，深受老年人欢迎。

积极探索社区为老服务新模式——网格化覆盖、站点化布局、菜单化选择、社会化运作

真如镇社区服务的“四化”管理新模式率先在全市得到推广：将全镇划分为七大网格、并在每个网格内布局一个至多个集事务办理、文化娱乐、日间照料、就医康复等功能的社区服务点，老人们在十分钟的步行范围内，便可享受到餐

饮、医疗、心理咨询等养老服务，大到生病求医，小到生活琐事，都能及时得到解决。通过打造“10分钟公共服务圈”进一步实现了“六助”服务，逐步扩大了为老服务范围，丰富了为老服务内容，为老人提供更细心、更周到的服务。

依托“循环生活进社区，变废为宝汇大爱”品牌项目 开辟助老服务新途径

真如镇社区服务中心依托网格化管理的渠道，以点带面，创设出“循环生活进社区，变废为宝汇大爱”主题活动：通过中心牵头，36个居委会每月20日将废品回收变款后注入服务慈善基金，并通过与老龄委联手，每月拨出部分资金向老人发放理发券30张，价值为600元；洗衣券20张，价值为500元，为困难老人能就近理发和熨烫衣服提供方便；慈善超市还引进了为老服务专柜，解决了老年人生活用品（纸尿裤）的购买问题；在重大节日前期，中心及下属月星慈善超市联合老龄委、共建单位出资购买慰问品，慰问辖区内社会老人、孤老、独居老人。

率先在全区成立便民服务“大篷车”队 探索为老服务送到家

“民有所呼、我有所应”，真如镇社区服务中心以居民尤其是老年人的生活需要为出发点，于2005年成立了一支既有一技之长，又能热心公益事业的志愿者队伍，拾遗补缺，专门为居民提供日常生活中的小修小补服务，几年如一日，深受大家的欢迎，被称为“居民区里的大篷车”。这支服务队每月定时定点到各个小区提供包括家电修理、雨伞修理、钟表修理、磨刀、上门开锁、心理咨询、药理咨询、法律咨询、测量血压、便民理发、绿化养护等多方面，并为社区年老体弱、行动不便的老年人提供上门服务，解决了老人的日常生活所需，受到老人子女的一致好评。

探索志愿者服务长效机制，培育义工典型，为老人提供优质服务

真如镇推行社区志愿者注册制度，实现注册社区志愿者3974人，并逐步形成了多形式、广覆盖、立体化的服务模式：志愿者与社区孤老、空巢老人签署“守望相助”协议，担当老人日常生活的联络员、咨询员、护理员，主要提供老年人精神慰藉、配药、家务料理、医疗咨询、健康检查等服务。社区志愿者于节日或不定期对独居老人、空巢老人、社会老人等特殊人群进行慰问关怀，平日里定期上门询问生活情况，发现困难，及时给予帮助；定期组织老人开展法律援助、健康咨询、健康检查等服务活动；定期走进辖区内敬老院，为入院老人送去温暖和关怀；定期依托社会组织带老人免费到苏州东山、西山等地旅游……助老

志愿者大力弘扬“奉献、友爱、互助、进步”的志愿精神，不断开拓工作领域，以社区志愿服务为新的增长点和着力点的志愿服务活动正向着持久、规范、制度化的方向发展。

（普陀区社建办供稿）

“晚晴”颐老服务

松江区泗泾镇中西居民委员会是典型的开放式老城厢居民区，集中保存了泗泾传统水乡市镇的河桥格局，反映了传统水乡居民生活风貌。辖区内60岁以上老人856人，占户籍人口的30%，其中90岁以上高龄、独居及纯老家庭老人等近300名。关爱老年人、残疾人等弱势群体，是中西居委会的一项重点工作。为了做好这项工作，从2011年起，居委会开展了“晚晴”颐老服务活动，通过为老志愿者服务队，开展帮困结对、安全检查、邻里互济、理发服务、老年大学、“晚晴”茶室等活动，营造了敬老、爱老、助老的氛围，达到有效开展居民自治的目的。

“晚晴”颐老服务项目：对辖区77户（154人）纯老户、75户（77人）独居老人、16户（16人）90岁以上高龄老人、53户残疾家庭进行上门评估，根据他们的生理、心理及经济等状况建立档案，为他们建立联系册，内容包括老人自身信息、家人的联系方式等，并定期更新内容。根据评估内容，志愿者以就近方便服务为主，对纯老户、独居老人、残疾家庭、高龄老人结对，与周围邻居互济，做到每周电话问候两次，掌握老人生活动态，对其中的90岁以上高龄老人、残疾老人等困难特殊老人做到每月上门两次，提供精神慰藉或生活服务。为纯老户、独居老人、残疾老人、高龄老人每季度上门给予“安全检查”服务。发动有一技之长的志愿者在一定区域内为符合条件的老人提供免费理发，要求做到“事事有记录，事事有回复”，通过沟通与引导，鼓励老人走出家门，参与社区活动，建立起和衷互济的良好睦邻关系。邀请专业人员、退休的教授、法律工作者、学校教师、专家对各居民区的老人每季度举办一次讲座，内容包括时事、生活、医疗和法律等，如：家和万事兴、保护老年人合法权益、家庭文明礼仪、老年人冬季、夏季进补须知等。每周一开设社区医生进社区服务，为老年人提供量血压、测血糖服务。利用空中老年大学每周二开设老年远程教育班。结合活动，不定期开展书画、编结工艺、盆景花卉、面塑工艺、微雕工艺、十字绣、烹饪班、摄影、剪纸、戏曲、舞蹈、拳操、老年网上行等活动。依托老年活动室为阵地，为老年人就近提供丰富多彩的娱乐活动，每天开展常规活动，如：乒乓室、棋牌室、健身点等。开设“晚晴”茶室，每周举行一次固定活动，开展“品茶、看报、聊天”为主题的活动。举办主题性活动，如：迎中秋、庆重阳，老年健身系列比赛、举行老年人游园活动等。通过主题性、系列性活动，进一步丰富社区老年人的精神文化生活。

通过开展“晚晴”颐老服务活动，建立了一支为老、助老的志愿者队伍，在实践和探索中摸索出了一条结对助老、关爱服务的新途径，逐渐形成了敬老、爱老、助老的良好社会氛围，达到了有效开展居民自治的目的和成效。

（松江区社建办供稿）

情暖空巢

“能不能帮我们呼吁一下，子女不能因为有了志愿者就安心做‘甩手掌柜’，老人们也盼望着子女能常回家看看。”记者近日在闸北区彭浦新村街道采访“情暖空巢”服务项目时，多位志愿者不约而同提及这一话题，“房子装修得再漂亮，没有亲情做伴，老人依然觉得孤独无助。”

最纠结：老人说“你比子女还亲”

志愿者郑慧萍“结对”的是小区里一位90岁的老人。“一开始，想要为他打扫房间，老人都会忙不迭说‘我来’；问他有什么要帮忙的，老人总说‘蛮好的’。”了解到老人退休前也曾是开车的一把好手后，同样会开车的郑慧萍找到了“切入口”，共同的话题一下子拉近了两人的距离，老人向郑慧萍吐露心声，五个子女都不同住，平时忙于工作，无暇常来，最多打个电话问候，“都找不到个能说话的人。”

3个多月的时间，老人打开心扉，把郑慧萍当成了自家人，“有一次，老人当着她女儿的面，说志愿者比女儿还亲。这是老人对我服务的肯定，但回去后，心里不是个滋味。”郑慧萍坦言，聊天的时候，老人提及最多的是自己的子女，“每每听到老人主动为子女辩解‘工作忙、事情多’时，总觉得有些心酸。”

“爱心服务怎能替代骨肉亲情！”志愿者虞瑞娟说起一桩让她很是“纠结”的事。在她楼里有一位独居老人，儿子把房间装修得极好，但老人住了两年多，被小偷光顾了3次，“她怕得要死，但儿子每次都是匆匆来、匆匆回。”老人说儿子事多，不想麻烦他。虞瑞娟只得给老人出了一个主意，床旁准备好一个铁制脸盆，晚上如果听到什么动静就敲脸盆。虞瑞娟再跟楼上楼下的邻居打好招呼，听到声音就赶到她家……

最舒心：老夫妇没再住过医院

“情暖空巢”服务项目的志愿者，是退休了的社区居民，他们服务的对象，是没有纳入政府居家养老服务补贴的80周岁以上空巢老人，提供的服务囊括日常照顾、心理慰藉、安全检查。

通过项目跟踪和问卷调查，87%以上空巢老人认为，项目开展很有必要，志愿者对他们的帮助很大。

吴应辰、黄翠英老人，常年卧床，每年要进出医院几次，甚至还接到几次病危通知。志愿者沈华琴与他们老两口“结对”后，不但自己定期上门嘘寒问暖，还带动做医生的女儿帮老人打针。一年多的时间，老夫妇没有住过一次医院，没有发生一次病危。

“关爱今天的老年人，就是关爱明天的自己。”志愿者彭菊华不仅自己随叫随到，还发动丈夫做起了“志愿者助理”。“我服务的这位老伯伯今年85岁了，家里没有热水器，冬天洗澡都要到外面去，我不放心，就让丈夫陪他去。”老人家里的电视遥控器三天两头坏掉，丈夫成了义务维修员。“我希望通过我们的努力，让‘情暖空巢’变成爱心接力棒，等我老了，也会有志愿者来照顾、关心。”彭菊华说。

最期待：子女、社会、政府同携手

由于成效显著、社会口碑好，“情暖空巢”服务项目先后获评上海“十佳社区志愿服务项目”等荣誉。闸北区民政局相关负责人表示，该项目缓解了一部分空巢老人的孤独感和寂寞感，鼓励他们走出家门、融入社区，提升其生活质量。也探索引导了低龄老人为高龄老人服务、实现志愿者与服务对象的有效衔接，在社区内形成了不同年龄群体成员互动的局面。

对于多位志愿者提及的问题，记者注意到，该项目确也考虑到了空巢老人子女的现状，大多是50年代以前出生，有的已步入老年，由于自身身体状况、家庭生活、居住条件、经济能力及工作等方面的原因，他们在照顾父母时有心无力，做不到经常性照看，无法满足空巢老人心理慰藉的需求。项目的实施，也旨在为他们减轻一部分时间、精力及经济上的压力。

“缓解并不意味着义务推诿。”项目承接方、闸北区彭浦新村街道老年协会会长崔根祖表示，他们对志愿者反映的情况，进行了探讨、分析，“志愿者通过针对性的服务，为老人排解养老烦忧，但子女才是老人的第一责任人。我们希望子女、社会、政府能够共同给力，让我们的老人安享晚年。”

（原载 2012 年 5 月 10 日《解放日报》，作者：谈燕）

做好物业 促进和谐

不找物业 做自己的大管家

众和新苑小区物业费标准12年未变。两年前，物业公司合约到期，业主们找不到愿意接受这个价格的新公司；他们一咬牙：不找物业，自己当管家。

收回社区公共财务管理权的业主们，在居民区党支部的引领下，有序组织小区物业管理的各项事务。结果，物业费没有上涨，小区物业还在2年内积累下30多万元经营结余。但更重要的是，对社区事务的亲历亲为，让业主们对“家园”的感情更加深厚。

只要一名物业经理

杨浦区江浦路街道的众和新苑小区有11栋楼，包括28层高的商住两用楼和11层高的多层住宅楼，小区共有产权房398户。

建成10多年，众和新苑的物业费始终没上涨：商住两用的高层每月每平方米1.2元；多层住宅楼每月每平方米0.78元。2010年小区选举产生新一届业委会，当选为业委会主任的管荣良先后找了5家物业公司，“一家都没谈下来”，其中一家公司表示，高层物业费不能低于1.5元，多层不能低于1元。

业主们不同意提高物业费。有人建议，索性不要物业，自己来管理小区。

“没听说哪个社区不要物业的，自己管怎么管？没有现成的办法可参照。”尽管疑虑重重，这个提议还是被全体业主通过了。

“业委会和居委会不可能充当物业，谁来招聘和管理保安保洁人员？出现工伤等等情况，风险谁来承担？”居民区党支部牵头召集居委会、业委会多次座谈，最终决定由业委会招聘一名物业经理，实行“业委会领导下的物业经理负责制”。

众和居民区党支部的上一任书记傅春娣被业委会相中——她在小区工作多年，对居民们都很熟悉，离任以后被众和隔壁的小区聘用，参与物业服务工作。业委会一致同意后，管荣良打出“感情牌”，把傅春娣请回众和新苑担任物业经理。

业委会不具有法人资格。按照上海市住宅物业管理规定，由业主自行管理物业的小区，可以委托具有资质的机构对管理费用、专项维修资金、公共收益等进行财务管理，并根据委托财务管理合同开通专项维修资金账户。“除了这条，法律对‘自行管理’没有更细的解释。”管荣良说，“也就是说，找到可以委托其进行财务管理的机构，是业委会动用维修资金的前提。”业委会把这个规定通俗地理解成“物业挂靠”，找了一家物业公司，以每月2500元费用，委托他们进行财务管理。

两年经营结余30万元

“你们的管理能改进改进吗？”“你们就给这点钱，还想怎么改进？”这样的对话，在业主和物业公司之间绝不罕见。

物业费偏低导致服务不理想的状况不难理解；但是，物业费不涨，社区管理真的没法改进吗？众和新苑的业主代表吴志道不这么认为：“小区实行自主管理两年，不仅管得比过去好，公共财务也有了超过30万元的节余。”

众和新苑入口处，张贴着一份约两米宽、一米高的财务公告，用表格详细罗列了小区上季度每个项目的收支费用，数字精确到小数点后两位。“以前物业公司账目不清，业主非常不满，并且因此质疑业委会监督不力。”管荣良说，“自主管理后，信息公开是头等大事。”

“物业说了算”是包干制物业管理最容易引起业主不满的地方。众和居民区党支部书记李宪芳告诉记者：“以前物业使用维修基金，经常按照急修项目列支，事前不告知业主。业主们要等收到维修基金账单才知情。”现在，业主大会公约规定，凡使用经费在1万元以下的项目，需由业委会讨论决定，1万元以上的项目由业主大会决定，物业管理人员的雇用则经业主代表大会通过。业主代表大会还请了两个从事会计工作的居民担任财务监督员。

管荣良的“财权”仅限于两桩事务：小区有老人过世，业委会代表全体居民送花篮；小区有人得重病住院，业委会代表居民前去看望——这两个开销业委会主任可以签字拍板，其他事情都得集体商议。

“收入方面，小区资源有限，除了物业费、停车费、广告费，没有其他开源的空间，但在节流方面我们做得很好。”管荣良说，知情权和监督权“回归”后业主们重拾主人心态，花起钱来也有一种主人般的“吝啬”。

吃力活也能叫动保安

去年，多层居民楼中有住户发现家中自来水泛黄，打听后知道很多住户有同样遭遇。居委会和业委会联系自来水公司检修，发现自来水管早已老化，有必要全面改造。

“改造管道要对小区路面‘开膛破肚’，影响到每个居民进出，还妨碍私家车主停车，未必每个业主都同意。”物业经理傅春娣挨家挨户上门征询，获得绝大部分业主支持，有人还建议“索性把路也修修”。

“水管改造和路面维修期间，小区157辆私家车停在哪里？谁也没本事找出这么大场地来。”李宪芳说，在以前，这类无人可解的症结多半会使工程搁浅。如今业委会充分发动集体智慧，请江浦路街道和交通队联系协调，在水管改造的一个半月内，允许私家车晚间停在附近车辆往来较少的唐山路。这期间，小区保安加值夜班，在唐山路轮流巡逻，确保没有一辆车子受损。

如此“吃力活”，为什么叫得动保安？傅春娣告诉记者，小区的保安、门房是街道介绍的“4050”人员，保洁和绿化人员都是外来务工者，众和新苑给他们开出高于平均水平的工资，交齐社保，并提供很多福利——比如免费提供8元一顿的中午饭，为前后门岗安装空调，逢年过节奖励慰问等。“保安、保洁工作者在这里工作得很开心，乐意为业主们服务。”

工程期间，业委会跟自来水公司达成“君子协定”：他们帮助施工队解决一部分住宿、饮食，施工队同意由业委会自行购买钢筋、水泥、石头等材料。最初预算3万的项目，最终只花了1.7万。

“自治管理的好处，不只是让物业服务更完善，还让业主之间产生了自家人的感觉，小区的人文环境也变好了。”业主代表赵慧敏对众和新苑的改变非常满意，今年10月，她在小区买了第二套房，“看来看去，还是我们这里环境好”。

（原载2012年12月17日《文汇报》，作者：钱蓓）

各说各理的矛盾僵局如何解

闸北区临汾街道属于老工人新村，房屋成分复杂：有售后公房，有零星或成片商品房，有动迁房，也有不少系统房或叫单位房。甚至一个小区里，也会因建造年代不同，房屋性质各异，导致一些物业矛盾相互交织。因为同属一个物业公司管理，商品房业主担心维修基金被人“占便宜”，看到隔壁老公房“平改坡”，心理不平衡了：“他们的房子刷过了，屋顶做过了，为啥我们的房子不整修？”

面对种种物业难题，多年来，临汾街道着力于建立“四位一体”社区物业管理新模式，明确责任主体，搭建沟通平台，建立协商机制，探索出一整套将社区物业管理纳入社会综合管理的有效办法。临汾街道党工委书记姜伟成说，这种模式依法理顺了党总支领导、居委会自治管理、业委会依法运作和物业公司专业服务之间的相互关系，提升了社区物业管理的水平，化解了物业矛盾。

一站两室：担当打破僵局角色

在物业管理的所有关系中，业主（业委会）与物业公司，是一对主要矛盾。而矛盾的主要方面，常常脱不开个“钱”字。

比如，关于维修基金的使用，当涉及电梯大修之类的较大工程，造价到底多少才合理，双方常争执不下。多年前，临汾街道引入了第三方服务，在业委会工作站下，设了法规政策工作室和审计审价工作室。前者，是为小区业委会咨询法律法规难点；后者，是为小区维修、改造来核定“市场价”的。

阳曲路470弄小区，是上世纪90年代初建的动迁房。然而，3幢楼房维修基金却一分也没有。原来，当初业主与开发商有个协议，房价的2%作为维修基金留存，但开发商一直没付钱，留了尾巴。经向法规政策工作室咨询，发现开发商早该一次性付清。于是，街道出面派人找到了开发商上级单位，一周后，对方终于将109万元维修基金打入业主大会专门账户。

在汾西路241弄小区，有一年，绿化凉亭不小心被焚毁。找物业来修，物业公司报价6万多元，业委会认为价开高了，双方僵持不下。于是，找到审计审价工作室，重新审价报了3万多元，这下，物业公司不愿意了。但因为有了第三方机构核价，协商有了依据，街道再跟业委会商量，总要给物业公司赚点钱吧，一来二去，双方最终达成一致。

事实上，物业公司所承担的“保安、保修、保洁、保绿”职责中，大多数业委会对其中的专业知识并不熟悉，要维权却不懂法规，想谈价又怕被斩。而由临汾街道独创的“一站两室”是个社会化组织，由政府来购买服务，因其地位“中立”，所提供的物业建议，大多能为业委会所接纳，又能得到物业公司的配合，担当的是物业纠纷中“打破僵局”的角色。

从2008年成立至今，临汾街道“一站两室”已接受街道派单371起，指导了17个小区业委会组建换届，协调解决了300多次物业矛盾。市房管局物业管理处处长忻一鸣说，社会第三方组织，为破解物业难题提供了专业支撑，成了推进小区综合管理的“助手”、维护业主合法权益的“帮手”、促进物业管理规范运行的“推手”。

业委会研究会：交流管理智慧

在很多小区，代表业主与物业公司打交道的，是业委会。而由业主大会投票产生的业委会，本身常成为另一个矛盾焦点。

业委会被投诉，常见矛盾有三类：一是业委会选举。有的程序不对，有的人没选对，一部分业主认为“业委会不能代表业主利益”，之所以被选上，是因为与物业公司有勾连，或与街道关系好；二是物业公司选聘。业委会代表全体业主与物业公司签约，碰到收费标准等问题，各家就说各家话，很难意见统一。而有的物业公司不公布小区公共收入账目，也导致业主认为业委会不作为，甚至是“拿了好处”；三是维修基金使用。物业公司要用钱做事，一定额度下由业委会批准即可，超出额度的预算，须经业主大会表决。有时是业委会想做好事，比如大楼粉刷来美化小区环境，但有的业委会擅自主张，没走程序，业主就认为是“业委会乱花钱”。

同一件事情，一部分业主同意，却遭另一部分业主反对，这种现象在上海10800个住宅小区中，时常会发生。虽然小区物业管理有法可依，但业委会履职、沟通能力的高低，往往决定了物业纠纷能否妥善解决。

场中路1177弄小区是1999年入住的商品房，共有211家住户。十年来，0.6元/平方米物业费一直没变。前几年，物业费收缴率还比较高，到了2009年，作为前期物业的紫嘉公司终因不堪成本负担，表示退出管理。2010年3月，业委会与全体业主重新协商物业费调价方案，经业主大会表决，57%业主同意涨价。虽然投票通过了，但反对的业主仍有意见。最后，现任业委会委员全体退出。

刚换届选出的业委会，只得重新再选。于是，让一些热心小区管理的业主报名担任换届选举小组的成员，同时大家又推选了一位为人热心、办事公允的党员业主出任业委会主任。最终，通过合法程序和协商沟通，物业费由0.63元/平方米调整到0.85元/平方米，小区减少两名保安，找到了另一家物业公司来接盘。

临汾街道办事处主任张劲松介绍，街道有35个自然小区，目前共成立了32家业委会。为了提高业委会素质，多年前，街道就成立了“业委会研究会”，成员都是各家业委会主任。事实上，物业难题之所以难解，大多因为是小区个案。有的是历史原因造成，有的是法律法规需逐步完善，但是，破解难题的“钥匙”，往往在业委会手上：对上，要服从街道的指导监督；对外，要善于与物业公司协商；对内，要取信于广大业主。“业委会研究会”是一个学习、交流平台，每年还要开年会交论文，让业委会主任们一步步提高自身素质，一些物业纠纷也因此大事化小、小事化了。

党员小组：春风化雨润无声

如何让党组织发挥在物业管理中的作用？临汾街道用“党建联建”方式，走群众路线，化解了不少经年难解、矛盾交织的物业问题。

临汾街道在所管小区的32家业委会中，改选或换届时，有意识引荐党员加入业委会，达到3名党员以上的，就成立党员小组。目前，已有25家业委会建立了党小组。一方面，业委会作为街道指导监督下的业主自治组织，有时也会“脱轨”，这时，党小组就能起到情况沟通作用，将一些矛盾消灭在萌芽状态；另一方面，党员业主遇到涉及自身利益的物业问题时，守原则、讲党性，不容易走极端，有助于矛盾的化解。

爱建新家园小区，一共有50名业主代表，其中党员代表19名，占比38%。5年前，小区业委会成立了党小组，在居委会党总支的领导下开展工作，与业委会其他成员沟通协调，研讨物业管理重大事项。业委会主任陈洁说，党小组长对本楼的业主比较熟悉，身在其中也能了解矛盾症结，沟通解决起来容易多了。

汾西路261弄阳曲小区，2005年进行了房屋大修，总面积10万平方米的工程，费用超了预算，到2006年结算时报价774万元。业委会认为工程价有水分，不愿付工程费，双方剑拔弩张。怎么来解决？街道一起帮助查问题、找原因，发现超预算的部分未经业主大会表决同意，而一些项目实施监督也不到位。但是，双方“公说公有理、婆说婆有理”，一时矛盾难解，部分居民反应也很激烈。

于是，街道充当“老娘舅”，请业委会工作站站长浦德瓦带队来审计审价，组织小区的党员小组积极介入，由工程投资方、物业公司、业委会和部分业主代表，前前后后开了12次会，将问题化成8大类16项，一一解扣。最终经反复协商，工程费核定为693万，降低了81万。一桩拖了几年的物业纠纷，终于化解。

（原载2012年7月18日《解放日报》，作者：何洛先、张奕、任翀）

安居乐业“新家园”

老式小区设施破旧没人管、安全管理隐患多，居民怪物业公司不“给力”，怎么办？物业公司出力赔钱不讨好，提高收费很困难，陷入恶性循环而进退两难，怎么办？业主对业委会不了解、不信任，业委会组建难，换届选举矛盾多，怎么办？

近年来，不少老式小区的物业管理矛盾日益突出。如何创新社区管理方式，争取妥善化解这些矛盾，已成为一个社会热点话题。2011年10月，凉城新村街道率先尝试引进第三方公益性社会组织“新家园建设与合作事务所”参与社区管理工作，为解决上述矛盾开辟了一条新的思路。半年多来，“新家园”运作得如何？取得了哪些值得借鉴和推广的经验？带着这些问题，记者再次进行了走访。

“‘新家园’是公益性社会组织，主要在小区业委会的组建、换届改选，以及售后公房物业服务达标补贴等领域发挥第三方专业机构的作用，并通过政府购买的方式来参与社会管理服务”，新家园事务所所长周励力介绍说，“从这段时间的工作来看，业委会的组建和换届工作是目前许多小区矛盾比较突出的问题。”

位于广灵四路的水木年华花园小区建成后一直都没有成立业委会，物业公司和业主间经常会因为停车不规范、物业维修费等问题产生矛盾。得知这一情况后，“新家园”主动联系了该小区20多位业主代表，召开了38次社区座谈会，并前后20余次总计发放了近500份小区公示公告。经过努力，今年3月底，水木年华花园小区终于成立了由7名委员组成的第一届业主委员会。“新家园”也由此“一炮打响”，赢得了广大社区居民的信任与欢迎。

据了解，在海叶新苑、科艺、科兴等小区的业委会换届改选过程中，“新家园”与物业公司、居委会代表们一起解读相关的法律法规，还特地邀请房管局的工作人员和金融机构的专家，为大家做全面的政策培训。不少业主表示：“有专业人员帮助我们把好程序关、政策关，我们觉得心里有底了。”

在为业主提供专业服务的同时，“新家园”还为一些经营不善的物业公司找到了一条重新发展的道路。“不少物业公司都面临着物业费收缴率低、人工成本增加等问题，陷入了入不敷出的窘境”，周励力解释道，“为此，‘新家园’专门制定了售后公房物业服务达标补贴方案，对达标的物业公司进行资金补贴，这样不仅能激发物业工作的积极性，也能确保广大业主的安居生活。”

据悉，汶水东路上一个老式小区的物业公司就是靠着这项新补贴走出了困境，在“新家园”的协调下，小区内的停车难问题得到了有效缓解，门卫保安增加了巡视次数，小区内的陈旧设施也开始逐一换新。该物业公司负责人坦言：“自从‘新家园’介入后，我们和业主之间的关系融洽多了。”

据统计，“新家园”成立至今，已完成3个小区业委会的组建和13个小区的业委会换届工作，并协助有关部门化解了10余起小区综合管理方面的矛盾，还为5个小区牵线搭桥，重新引入了物业管理公司。周励力透露：“年内，‘新家园’将有望完成凉城新村街道39个小区的售后公房物业服务达标补贴工作，并逐步推出专项的物业矛盾化解服务。”

有了“新家园”的引导和协调，业委会成立了，业主放心了，物业管好了，物业公司赢利了，诸多“业”方，终于皆大欢喜了。

（原载2012年6月7日《虹口报》，作者：张雯理）

“农民别墅”的物业管理

城市化进程加快、动拆迁力度加大，大量自然村居民原有居住格局被打破了，逐步向市民转变，成为城市人。这一社会现象在嘉定区安亭镇也同步上演，沤象、泰顺、陆巷社区正是2004年安亭大动迁时，12个村村民离土而形成的3个农民集中居住区，但新问题也随之而来，成立业委会和收缴物业费尤为困难。

2010年安亭镇政府进行摸底调研，培育成立以居委牵头，村委、居民共同参与的社团组织——安亭镇方群服务社，招聘专业管理人员，将这3个别墅小区的物业管理工作从居委工作中分离出来，移交社团统一管理。

社区各设物业服务小组

从安亭镇了解到，沤象、泰顺、陆巷3个社区刚开始时尝试使用正规物业公司，但由于村民多年来养成的生活习惯及管理模式，新居民无法适应“我出钱，你服务”的物业管理模式。此前一直由居委代管小区，这一模式也带来了一系列弊端，比如居委干部无法全身心投入到社区精神文明建设中；居民也不能享受到专业的物业管理服务。

如何提高农民别墅小区的管理水平，使居委、物业、业委“三驾马车”齐头并进，发挥出三位一体的工作合力？安亭镇方群服务社应运而生，顾名思义，为了“方便群众”；同时，这块集中居住区属方泰镇，也有“服务方泰群众”涵义。

据悉，方群服务社所需费用，由相关行政村按居民户数比例分摊为主导、政府托底为辅。安亭镇在地区办设物业负责人1名，指导监督服务社日常工作，方群服务社在沤象、泰顺、陆巷各设1个物业服务小组，配备1名组长，负责该社区的物业管理，方群服务社成员由保洁、保安、维修工等90余人组成，为3个社区 6 个小区的 1932 户居民开展物业服务。

定期测评保洁保安服务

物业管理是别墅社区管理的重点。安亭镇结合社区实际，在物业队伍重新调整的基础上，制定行之有效的管理考核办法，进一步加强“三保”人员的考核责任制度，除了制定工作职责、奖罚制度、考核规章外，方群服务社还参照城市居委物业管理要求，实行属地化物业人员的选择，既有利于居民参与社区自治，也有效解决了小区部分失业、无业人员的再就业问题，人员的工资待遇按照市有关规定发放。

安亭镇结合社区实际，居委组建由社区干部、物业人员、社区居民组成的考核小组，抽查、检查相结合，定点不定时督察小区保洁、清洗、保安；制定相应的月度考核表，邀请居民代表每月底无记名测评所在区域 1 个月内保洁情况，以区域为单位排名考核名次，听取群众意见，让“三保”工作公开接受百姓监督。安亭镇充分利用现有教育培训资源——安亭成校，对服务社员工开展培训，并与各职能部门加强合作，做到同管理、同考核，此外，定期召开物业人员座谈会、礼仪讲座等，提高业务素质和文化素养。

以陆巷别墅小区为例，其居民涉及星明、星光、赵巷、光明、黄墙、漳浦、先锋 7 个自然村，社区总户数 683 户，常住人口近 2600 人，小区占地面积 39 万平方米，绿化面积 10 多万平方米。几年来，陆巷社区设 1 名物业管理专职干部具体负责、社区干部分片责任制、“三保”人员区域划分制三级网络管理机制，把抓手延伸到小区每一角落。目前，陆巷社区物业人员 28 人，其中保洁人员 10 人、保安人员 18 人，从今年 4 月起，对社区内保洁保安人员进行重新调整与重组，提高这支队伍的岗位业务综合能力。

打造安全文明居住环境

去年，在安亭镇政府的支持和资金投入下，3 个社区按区域大小均安装了监控设备，包括红外线报警系统、电子围墙、巡更仪等，完善小区的技防物防设施，为方群服务社的日常保安工作提供了硬件支持。比如陆巷社区基础设施尚不完善，小区有 25 个出入口，多数与自然村落相接，有些地方无法封闭，居委会因地制宜，从减少小区出入口着手，组织居民开展协调会、听证会、评议会，在听取民意的基础上，保留 18 个出入口，并定时定点开放部分出入口。今年以来，陆巷小区加强保安定时巡逻执勤，对小区围墙进行更换改造，26 个摄像探头全面分布，逐步向封闭式管理靠拢。

此外，针对乱种植、乱饲养、乱堆物现象，服务社与专业绿化管理公司签订合同，由其对小区绿化进行专人管理，对社区内历年难以根除的部分“三乱”现象、不文明行为、陈规陋习等，联合绿化公司、保洁进行地毯式整治，不定时召开群众研讨与评议会，并以文明户评比为契机，与村居联动，营造文明优质的社区环境。在陆巷社区，居委与沪上绿艳物业管理公司签订绿化管理协议；今年4月，社区在7个组建村的支持配合下，拆除了39户违章搭建棚。

（原载2012年11月21日《文汇报》，作者：许旸）

一毛钱工程

虹口区旧住宅小区数量众多，物业管理矛盾长期困扰售后公房住宅小区：由于物业收费低、服务成本逐年举升，物业企业入不敷出，长期靠削减人员维持，服务质量难以保证；与此同时，不少居民因不满物业服务水平而拒缴物业费，导致物业公司日常运作艰难，形成了恶性循环。

因此，2010年起，虹口区委、区政府把改善售后公房小区物业管理作为关系到广大中低收入居民切身利益的民生工程来抓，通过“政府出大头、业主贴一点”的方式建立了物业企业达标创优奖励的长效机制——“一毛钱工程”，由旧小区居民每月出资约0.1元/m^2补贴服务质量达标的物业管理企业。此项目经过欧阳路街道试点、虹口全区推进，已成为解决售后公房物业管理企业收支倒挂窘境、提升售后公房小区物业服务水平、形成物业、居民、业委会共同参与小区物业管理良性格局的有效机制。

主要从以下几方面探索推进：

一是以改善小区居住综合环境为突破口，为社区居民主动参与“一毛钱工程”打好基础。针对旧小区居住环境较差、物业公司无力整治的现状，由街道出资在小区安装电子告示屏、高层建筑消防水泵、修整绿化等基础设施，改善小区综合环境，为居民自愿参加“一毛钱工程”创造条件。

二是以达标补贴准入为手段，引导物业企业规范服务。通过设置达标准入门槛，引导售后公房住宅小区物业企业实施“三化”服务承诺，即：服务内容规范化，在社区公共秩序维护等8个方面细化明确47项服务内容；服务标准指标化，设置设施清洁频次、巡岗时点要求、有效投诉率限制等量化指标；资金使用透明化，规定物业企业必须定期公开公共收益、维修资金账目等物业服务项目运作资金收支状况，接受业主监督。

三是以“政府出大头、业主贴一点”为方式，建立售后公房物业达标差额补贴。补贴经费来源主要由政府补贴和居民出资两方面组成，政府和居民出资比例约为3∶1。居民出资分为两部分：一是个人“掏腰包”，来源为略微提升保安、保洁费用，二是业主公共收益补贴，来源为适当提升停车费计提物业费比例。全部费用将用于对达标物业公司和物业管理人员的补贴、奖励。

四是以居民满意度为核心，建立“达标创优奖励”长效机制。开展行业监管、居委会业委会考评、业主满意度测试三个方面综合评定，依据评定结果确定达标。

（虹口区社建办供稿）

发挥居民自治 破解物业矛盾

崇明县城桥镇金珠小区是拆迁安置小区，地处东引路西侧、高岛路北侧，湄洲路东侧，由东西两区组成，东侧中瀛建德，西侧文宸花苑，小区占地面积大，小区楼宇多数为拆迁商品房，小区内居民人口众多、来自的地域不同、其中老人占比例高，外来流动人口租住率高，小区前期物业频换，物业管理成效不足，居民怨言诉求诸多，业主与物业时有新增矛盾，特别是物业公司违规清理居民区化粪池事件为导火索、居民与物业企业关系一直不顺畅。

鉴于以上情况，居委提出思路，只有实行居民自治，让居民自己来管理自己的事情，才能真正符合社区居民内心愿望、及时化解社会矛盾、推动基层民主建设，从而畅通民意表达渠道，使社区不和谐因素及时得到解决，最终建成和谐美好的社区家园，促成和谐社会的构建。

建立共商共建沟通关系

受开发商委托，物业管理的国昕物业是去年底接管东西两区物业的，由于前期几家物业管理的诸多因数，小区物业处于半瘫痪状态，物业管理脱节、居民拖欠物业管理费情况较为普遍，物业部门与居民的矛盾日益突出，原有的日积月累的矛盾一直没有缓解，一些居民的要求没有兑现，就以此作为理由拒缴物业费。

特别是物业公司违规清理居民区化粪池事件，造成60位居民的群体上访事态，为此社区与在得到有关部门的支持下，组织居民，共商共量，组建小区业委筹备会，建立了专业对话平台，组织居民进行沟通，建立联系，寻找问题的突破口，使小区业主了解接受社区居民自治对他们的意义。

了解居民和业主需求

对小区业主的需要和问题的评估是解决问题的关键。首先社区广泛征求对已存在的小区问题的意见和建议，还专门发放书面征求意见书。通过调查了解的情况、上门做思想工作，对业主的意见进一步统一，及时建立业委会，由业主自主管理和监督物业部门，对强烈反对建立业委会的业主进行思想疏导，动之以情、晓之以理，规范物业公司管理工作和强化物业公司服务理念，对以前存在的尖锐问题，由物业公司给予说法和处理意见。

促进居民自治

为了促使首届业主委员会的选举工作达到公开、公平、公正的规范程序，社区成立筹备委员会全面指导选举工作的进展，并得到相关部门的指导与协调，以便各项选举工作有章可循，一批居民信得过的热心人“上岗”成为业主代表，一致推荐业主代表中几位有号召力、有责任心、有能力的居民选进了小区业委会，作为业主的代言人，新的业主委员会接下来的工作进程就一切顺理成章。新的业委会广泛征集居民意见，先后多次召开听证会、协调会等业主会议，探讨改进物业服务的办法，要求开发商对5年来多项公共区域设施进行维修保养，为广大业主节省了近50多万的维修费用。

（崇明县社建办供稿）

无论您来自何处 到这里都是一家人

统筹管理 倾情服务

江桥镇位于上海市西郊、嘉定区南部，全镇面积 42.8 平方公里，现有 16 个行政村、35 个居委会（包括 6 个筹建组）。作为典型的城郊结合部，近年来，随着城市化进程的加快，大量来沪人员来此务工和居住，目前已达 17.7 万左右，是户籍人口 6.8 万的 2.6 倍。来沪人员在对江桥镇经济社会发展起到积极作用的同时，也带来了诸如社会治安、就医就学、计划生育、违法搭建、环境卫生等众多社会问题，尤其是社会治安问题最为突出，对构建和谐农村、和谐社区提出了严峻挑战。

通过实践和摸索，江桥党委政府感到：仅仅依靠人口、综治、公安等部门的“强制管理”，难于使来沪人员真正融入当地，必须转变管理理念，创新管理模式。为此，江桥认真贯彻市、区关于加强人口综合服务和管理的有关精神，并逐步探索建立了“党建引领、群团联动、自我管理、多元服务”四位一体的来沪人员综合服务和自我管理工作体系，为打造“平安江桥”、构建和谐新农村，营造了更加稳定、更加安全、更加有序的社会环境。

在探索中自创模式

到目前为止，江桥镇“四位一体”的新村（居）民自我管理体系建设经历了三个阶段，从 2004 年太平村先行先试进行探索，2005 年在全镇启动建立新村（居）民党支部等群团组织建设，到 2011 年启动 28 家单位开展推广试点工作，到 2013 年 5 月份启动新村（居）民自我管理体系建设全覆盖工作，通过党建、组织、制度、机制等多方面循序渐进的创新探索，统一了新村（居）民管理理念、管理网络、管理制度、管理项目，并搭建了丰富多彩的服务平台和活动载体，规范引导来沪人员“自我教育、自我管理、自我服务、自我提高”，江桥的具体做法主要体现在以下几个方面：

发挥“党建引领”作用

在江桥镇党委的统一领导下，依托镇社会工作党委，各村、社区党总支（党支部）把来沪人员中的党员骨干组织起来，建立新村（居）民党支部（党小组），健全了基层党建体系，充分发挥党组织的战斗堡垒作用，着重突出三个引领：思想引领，通过开展学习交流和教育培训活动，引领和引导新村（居）民不断强化政治意识、民主意识和法制意识；组织引领，由新村（居）民党支部统揽各类管理功能，建立新村（居）民管理委员会、新村（居）民代表会议、新村（居）民理事会，完善组织架构，健全领导机制，并统筹引入多种社会资源，为来沪人员提供了管理服务的组织网络；活动引领，结合“三会一课”等组织制度，组织新村（居）民党员参加“创先争优”等主题活动，让他们在异乡发挥党员的先进模范作用；结合“大小联勤”工作，组织和引导来沪人员了解、关爱和提升自我，发挥自我监督、自我管理的作用。

立足“群团联动”优势

通过联合工青妇及社会组织、服务团队等群团组织，把工作重心向基层下沉，加强组织凝聚，开展网格化、枢纽式的服务管理。主要体现三个优势：喜闻乐见的载体优势。依托“异乡风采”活动品牌，定期举办来沪人员才艺展示、体育健身、技能比赛等多项文化娱乐活动，为来沪人员建立更具亲和力、归宿感的“精神家园”。贴近群众的组织优势。充分发挥新村（居）民纠纷调解室作为基层人民调解第一道防线功能，加强法制宣传教育，把矛盾化解在萌芽状态。扶危助困的心理优势。积极发挥新村（居）民群团组织的互助功能，从广大新村（居）民的就业、健康等问题入手，做好帮扶弱势工作。

搭建“自我管理”平台

通过建立新村（居）民党支部（党小组）、新村（居）民代表会议、新村（居）民管理委员会、新村（居）民信息管理服务中心等组织架构，初步搭建了新村（居）民“自我管理”的平台，并逐步建立了“四联动、五统一”的工作机制，使得组团式服务、社会管理联勤、精神文明建设等相关工作能在这一平台上有效地开展。“四联动”，即村组联动、村居联动、村企联动、村所联动，最初由太平村首创，镇党委政府在这一基础上，在全镇来沪人员居住较为集中的区域专设77个分站，依托227名综合协管员等基层工作力量，重点探索推行“统一新村（居）民管理服务理念，统一新村（居）民管理服务网络，统一新村（居）民居住协议管理，统一新村（居）民管理服务项目，统一新村（居）民党团组织管理”的“五个统一”管理新模式，建立“联合分站式管理”、“楼组化管理”等拓展模式，逐步将广大新村（居）民纳入到属地化管理体系中，努力做到“底数清、情况明、资料全”，为高效推进社会治理打下基础。

坚持“多元服务”联动

针对来沪人员的多元化需求，注重整合党委政府、社会组织、企事业单位、社区等多方资源，大力提升基本公共服务均等化水平。在就学服务方面，江桥镇加大资金投入，改善校舍、扩招生源，依法保障新村（居）民子女享受免费义务教育。在医疗服务方面，对来沪人员全部实行门诊费全免和药品零差率政策，每年为超过5000名外来已婚育龄妇女提供免费计生指导和体检服务。在就业服务方面，针对无业来沪人员开设了钳工、电工、家政服务等近10门技能课程，每年有2000多人学后上岗。在居住服务方面，在太平村和封浜村集资1000多万元建造了“新村民家园”，并开展房屋租赁免费代理服务，进一步规范房屋租赁市场。在精神文化方面，通过扶持创办“来沪建设者活动俱乐部”等社会组织，成功打造包括声乐舞蹈、征文演讲、体育竞赛等内容的文体活动品牌，每年吸引数万名群众踊跃参加，增进了新老市民的沟通交流，潜移默化地净化了社会风气。

在实践中体现创新

“四位一体”管理服务模式自推广以来，初步取得了“管理更加科学、生活更加文明、关系更加和谐、环境更加友好”的社会综合效应，推进了社会管理体制创新和基层党建体系建设，稳固了劳动力资源的“蓄水池”。具体可概括为三个注重。

注重机制完善，提升试点效果

“四位一体”模式的效率源泉在于不断优化机制建设，通过探索高效、灵活、柔性的工作机制，确保试点推广工作的有序、稳妥进行，减轻运行阻力和摩擦。一是联动合作机制。强化上下联动，即“上”发挥好组织、领导、政策、法规的作用，“下”发动老百姓广泛参与；加强里外合作，即“里”重点在新村（居）民中培养和树立他们自己的“群众领袖”，“外”吸纳中介机构和职能部门等共同参与管理。二是资源整合机制。坚持条块结合，不仅整合人口、综治、计生、司法、公安、卫生、环境等“大联勤”部门的条线资源，而且依托村、居委等块上资源，合力推进试点工作。三是分类指导机制。根据村、社区的人口分布、财力状况、人员配备等资源情况，探索出不同的流动人口管理模式机制。例如，在全镇16个村中，11个村实行以太平村为典型的“村组化”管理模式，5个村实行以幸福村为典型的“分站式”管理模式，35个社区实行“楼组化”管理模式。四是区域协作机制。根据国家关于流动人口推行现居住地和源头地管理相结合的要求，江桥镇加强与区内、区外、外省的沟通和协作，积极签署双向合作协议，做到联动有效、齐抓共管。

注重人文关怀，提升参与意识

“四位一体”模式的价值核心在于展现人文关怀和服务，促进来沪人员从被动接受转向主动参与管理，提升来沪人员的参与意识和社会融入意识，使其切身感受到“第二故乡”的真情关爱。一是称谓上拉近距离。把来沪人员当作自家人，亲切地称作“新村民”、“新居民”，鼓励新老村（居）民相互尊重、相互帮助，并按照“一家人、一条心、一个共同目标”的要求，把来沪人员的管理纳入全镇的社会管理和基层管理体系，切实增强了他们对江桥的亲切感、归属感和主人翁意识。二是议事上鼓励参与。积极改变来沪人员被动接受管理的现状，通过在各村建立“党员议事会”、“农村小纪委”、“五个让”民主管理制度和“五步工作法”等机制和平台，吸纳新村民党支部书记和新村民代表列席村两委会议、村民代表大会等重要会议，鼓励新村民党员和新村民参与村里事情的商议和决策，吸纳新村民参与治安巡逻、环境整治、保洁护绿等村级联勤工作。部分居住在社区的外来人员，还可以参加所在社区的民主选举。三是文化上促进融合。江桥镇党委以文化为切入点、以娱乐为抓手，通过创办集才艺展示、征文演讲、体育健身、技能比赛、培训咨询、管理服务为一体的“异乡风采”系列文化活动，开通了“心理疏导热线”，满足大批“漂泊异乡”从业人员的精神文化生活需求，帮助其塑造和谐、健康、向上的心态，产生了较强的文化融合效应、价值认同效应和社会凝聚效应。

注重管理创新，建立长效机制

“四位一体”模式的活力源泉在于与时俱进、勇于创新，尤其是通过理念、体制、机制等方面的创新，着力建立长效管理体制。一是体系设计和制度完善相结合。在试点推广过程中，江桥镇就组织领导、工作原则、实施步骤、工作内容、职责分工、工作要求等方面进行了体系化的设计，确保“四位一体”模式推广工作有序进行。同时，江桥镇加快推进民主管理制度化，重点完善新村（居）民管理制度、新村（居）民自我管理办法、新村（居）民管理监督考核细则等相关工作制度。二是自我管理与组织管理相结合。在自我管理上，注重“以外管外”，新村（居）民代表大会通过了《新村（居）民自我管理办法》，做到“自我管理、自我教育、自我监督、自我服务”，使广大新村（居）民对居住地产生了亲近感，增强了江桥对来沪人员的接纳性。在组织管理上，侧重于新村（居）民自我管理组织体系的构建、规章制度的出台、基础信息的采集和分析，注重新村（居）民文明习惯的养成和教育。三是政府推进与社会参与相结合。江桥镇十分重视政府的推进作用，在“深化试点、推广典型”过程中取得了不小的成效，但也出现了一些不和谐因素，有的甚至导致了党群、干群关系的恶化。在这种情况下，单纯用组织化的手段去管人管事，已出现了一些问题和障碍。而引入社会化的力量参与管理，往往更有效、更容易使人接受。为此，江桥镇积极吸引社会力量参与，按照“十进江桥”的目标，即党建、宣传、法律、平安、文化、体育、医疗、卫生、管理、服务等进入江桥、进入社区、进入农村，与市、区 18 家单位实现了结对共建，有力推动了来沪人员社会化管理进程。

（嘉定区社建办供稿）

要管理更要服务：把“外地人”当作“自家人”

浦东新区高桥镇是一个本地户籍人口与外来人口“倒挂”的地区。来沪人员为本地区的经济发展带来了活力，也为地区的社会管理和社会稳定提出了挑战，加强和创新社会管理的新机制，成为一项重要而紧迫的任务。近年来，高桥镇针对企业、居民区、农村来沪人员的不同情况，有针对性地创新社会管理，使本地人与“外地人”呈现“融入、融洽、融合”的良好局面，来沪人员的违法犯罪率年年走低，有力促进了社会和谐。

在大型用工企业内，成立居住地人民调解委员会

2008 年 2 月，高桥镇在全市率先成立了居住地人民调解委员会，由高桥镇司法所、入驻高桥镇的山东省临沂市“平邑县劳动服务公司”和上海韩明志律师事务所合作组成。在调解工作室里，无论是员工打架拌嘴之类的“小事”，还是遇到劳动权益受损之类的“大事”，都能在第一时间得以解决。2008 年以来，调解委员会共与来沪人员谈心 1000 余次，排摸苗头 850 余起，调解纠纷 321 件，调解成功率达 100%。

“平邑公司”有 1200 名集卡司机，全部是外来务工者。在几年前的上海集卡司机群体事件中，“平邑公司”司机无一参与，有力维护了上海各港口的运输秩序，这里调解委员会功不可没。事件发生前，调解委员会便获得了有关信息，于是立即深入基层查找信息来源，排摸不稳定因素，协助公司制定了员工“不谣传、不轻信、不参与、不起哄、不围观、不影响正常工作”的“六不”应急预案，从而稳定了职工的情绪。

在外来人口高度集中的村宅，采取针对性管理措施

屯粮巷村本地常驻村民只有 100 多人，而暂住的外来人员却有 2900 人，私房

出租户100多户，出租房间达250间，村容、村貌脏乱差，治安、刑事案件时有发生。屯粮巷村委会提出要把农村当作城市来管。2008年起，村委会先后投入450万元，建造围墙及门卫室，配备人员实行24小时监管，使原本开放式的农村住宅变成了封闭式小区。村宅封闭后，进出的车辆有了登记记录，以前民用电线常常被盗的现象没有了；进出口24小时有人“把关”，闲杂人员乱设摊没了门路；道路宽敞整洁了，乱堆乱放现象也大为减少。

南塘村面积0.9平方公里，来沪人员2000多户，本地村民仅有几百户，村民小组有25%属于厂中村，75%属于城中村。南塘村决定采取“以房管人”的办法，于2008年成立由治保、调解、计划生育工作人员和外口管理、综治协管员以及社区民警组等组成的“综合工作站”，负责“搜房”，及时掌握所有房子出租信息和外来人口动态信息。同时，由房东与承租人签订房屋租赁协议书，明确权利与义务，一旦出租房“出事”，房东难逃责任。一些不务正业，图谋不劳而获的人，再也不敢住进村里。

在居民小区内，实行“五同四化”工作法

陆凌新村共有本地居民294人，而来沪人员达到1200多人。前些年，本地和外地居民关系紧张，治安案件和居民纠纷时有发生。面对来自五湖四海的来沪人员，2006年起，高桥镇在陆凌新村试行“五同四化”工作法。

“五同”，就是把来沪人员视作新居民，实行同宣传、同管理、同服务、同学习、同教育。居委吸纳他们参与小区的各项学习教育活动，文化体育活动、社会公益活动和帮困救助爱心活动，将来沪人员融入到小区生活的各个方面。同时推荐外来人员担任楼组长，共同参与社区管理。

“四化”，即对来沪人员实行制度化、规范化、细心化、人性化管理。所谓制度化，就是建立来沪人员登记、验证制度，强调来沪人员必须进行暂住地登记和计划生育登记，且每季度进行一次查证验明；规范化，即在居委会设立来沪人员咨询窗口和办证、验证窗口，随时接受咨询、办证；细心化，即通过楼组长、志愿者两个层面，时常进门“唠嗑”送关怀，掌握动态，联系感情；人性化，就是加大帮助来沪人员的力度，凡家庭有困难的，患重大疾病的，居委干部均上门探望、问候。

通过“五同四化”工作法，陆凌新村的“外地人”成为“自家人”，本地居民享有的“待遇”，他们全都有。小区文化设施全面向他们开放，镇里举办歌咏比赛，也会邀请他们参与。本地和来沪人员还成为了好邻居，“外来娃”没人带，本地邻居会帮忙。大家互相照顾，亲密得就像一家人。

（原载《改革》杂志，2012.1）

“新浦江人”为居委会自治给力

“三多”社区新思路

健全社区共治体系，推进居委会自治能力建设是加强新形势下社区建设的有效手段，是创新基层社区社会管理的重要基础。尤其是随着城镇开发、建设的发展，大批来沪人员导入，给上海的开放建设增添了新的血液，带来了生机和活力。但也造成了居住环境复杂、脏乱现象环生、不稳定隐患潜伏，给社区管理工作增加了压力。

如何发挥居委会自治功能的作用，综合社会资源，调动来沪人员的主观能动性，使他们融入社区、服务社区、奉献社区，几年来，闵行区浦江镇进行了探索和实践，取得了一定的成效。

鲁汇居委辖区内的11个小区都有30多年的历史，楼房比较陈旧，公共设施也逐年老化。居民区内还有许多私房，根本没有物业管理，常常这家水管漏水、那家下水道不通，都纷纷找到居委要求帮助解决。居委人手少，又缺乏维修队伍，虽说大多帮助解决了，但也只是缓兵之计，无法从根本上解决困难，导致了邻里之间矛盾多、居民埋怨多、居委干部“救火多”的三多现象。针对上述问题，居委会面对现实，多次召开研讨会，大家认为要破解老小区维修、维稳工作的难题，必须要加强居委会自治能力的建设，充分发挥新浦江人的作用。

新浦江人参与社区治理

发挥专长，参与自治

去年鲁汇老街高压线路故障，导致130多户居民的500多件家电不同程度受损，居民情绪十分激动，要通过上访向供电部门讨个说法。居委干部一面及时进行劝解并向上级部门联系，一面调动、利用“小崔家电”新浦江人为民服务团队的专业力量，连续三天三夜突击抢修。经过努力使500多件电器恢复了功能，迅速化解了矛盾，维护了社区稳定，充分显示了新浦江人团队参与居委会自治的优越性。

有一年的5月，闸航路2595号施姓家具店连日地面水汪汪一片，家具浸泡在浅水中，水还漫延到整幢楼的其他店铺。店老板们怨声载道，向居委反映要求解决，居委向隶属的房管部门反映也未能解决，居民牢骚满腹。新浦江人“博成水电”的张博成闻讯前往救援。他细心查找，终于揭开了漏水的秘密，原来是家具店地下的总管两处细缝漏水。他用钢凿凿开地面坚硬的水泥地，截去漏水的破管换上了新管。忙碌了一天，终于解决了漏水之忧，可他不收分文。

小区里时常发现楼道的防盗门不是栅子掉了就是门铰链破了，存在严重的安全隐患。“小魏装潢”随叫随到，到现场不计报酬修好。居民们高兴地说：鲁汇居委有了这支团队参与自治，老百姓得了实惠，小区平安维稳工作也有了保障。

树立典型，引领自治

马开阳是“新浦江人”团队最早发现、最早为民服务的队员。马开阳思想要求进步，渴望加入党组织，2007 年 6 月他向居民区党总支递交入党申请书，从入党积极分子到预备党员直至 2010 年 7 月正式批准为中共党员。居委在政治、思想生活上、总是关心帮助他们。

居委讨论决定由他与另一名在部队入党的“新颖窗帘”老板朱红兵负责团队日常工作。榜样的力量是无穷的，在两名党员的模范行动带动下，团队的凝聚力、战斗力更强了，为民服务的信心更足了，在马开阳的提议下，团队设立了专项基金，给更规范、完善、周到的为老服务提供了保证。

真诚相待，凝聚自治

俗语说，尊重他人，就是尊重自己。鲁汇居委视“新浦江人”为自己的家人，使他们感受到了在社区的认同感和归属感，更坚定了他们为民服务的信念。任广青是山东鱼台人，在上海读大学，学的是广告设计，2003 年在鲁汇帮别人打工，3 年后自己创业。因为没有上海户口，女儿入公办小学很难。居委知道了，由组织出面跟浦江三小领导沟通，终于如愿以偿入了学。夫妇俩十分感动，买了中华牌香烟和水果来道谢，但居委婉言谢绝，任广青十分感激，他说：在上海创业，孩子留在老家不放心，带在身边又没人照顾，孩子长大了上学是个大事，居委把我们的事解决了，说明组织把我们当自己人，今后一定要以更好地为民服务实际行动来回报社会。

真诚相待能化解矛盾，促进社会和谐。一次，家电老板小崔被外来创业的同行妒忌而寻滋打伤，对方两名肇事青年被送进了闵行看守所。当时，小崔的情绪非常激动，黑龙江的表哥、张家港的胞哥都获悉赶来要求司法机关追究责任，要求判刑。居委知道后立即买了礼品上门探望和安慰，并深入细致地开展人性化的化解工作。“本是同根生，相煎何必急”，都是来上海创业的“新浦江人”，大家要宽容；况且小青年万一判了刑，在他的人生留下了一个难以抹去污点，应该让人有一个出路。经过深入浅出的说服，让小崔及亲属连连点头，赞成居委的观点，同意协调赔偿，圆满化解了矛盾。

平时，居委的各种庆祝活动都有“新浦江人”参与的身影，端午、中秋、重阳节、元宵节居委总会给他们送去粽子、月饼、重阳糕、汤圆等传统风俗礼品。

“新浦江人”张博成逢人都会讲，鲁汇居委把我们当自己人，如果要说怎样感谢的话，那就是一句话，以感恩的心做好事。其实这也是每个团队人员的共同心声。

浦江好人

8支来自全国各地的“新浦江人”组成的志愿者队伍集体，他们发挥各自特长，在理发、维修、宣传、美化、慈善等方面参与居委自治提供便民服务，为更多的新浦江人作出了榜样。在这支团队的感染下，有许多外来务工老板要求加入这个团队，这不仅为便民为民提供了保证，还为社区的维稳和谐创造了条件。居委主任和综治、外口协管员深有感触地说：利用新浦江人投入到居委自治工作，小区的矛盾少了，好人好事多了。2010年评为首届“浦江好人”、2011年评为镇社区十佳优秀团队、2012年5月评为闵行区第七届可爱闵行人等等，正是对“以我热心肠，解你急难愁”的365天在居民身边的活雷锋最大的肯定、褒奖。

（闵行区社建办供稿）

一家人计划

外来人员快速增长，可说是城市吸引力的一个标志；如何让他们真正成为新上海人？又怎样缩短融入的时间？闸北区共和新路街道在调处新老居民矛盾的过程中发现了答案——对“家”的归属感，“一家人计划”就此启动。成为“一家人”，必然需要经过互相了解、互相谅解和互相理解三个阶段，“一家人计划”由信息采集入手，以契合需求的社区服务给他们送温暖，渐渐将他们变成“我们”——愿意为“家”做奉献的“家人”。

小区路面比外头马路的路面低，居民楼的地面比小区路面还要低——谈家桥是块洼地，前不久“海葵”带来倾盆大雨，这里很快变成“谈家河”，一楼人家全部进水。居委书记杨华急坏了：小区内的本地青壮年几乎都搬走了，找谁帮忙？

4小时后，杨华湿成了落汤鸡，心却定了：一楼居民都安顿进了附近旅馆。“全靠租住在小区里的外地小青年，他们统统跑出来了，跟着我们转移老人，还扛沙袋、扫水……”

退回四五年前，这种“一家亲”的情景，杨华想都不敢想。

“他们”占了1/4

谈家桥是闸北区共和新路街道的一个居民小区，建成50多年，老了也破旧了：几家共用一个灶台，每天早上六七点家家户户排着长队倒马桶，老房子里还保留着木板楼梯，一踩吱嘎响……72家房客来自五湖四海。

前几年，杨华几乎天天都在调处新老上海人之间的矛盾冲突，生活习惯实在差得很远：上海老人晚上八九点就睡了，可外地房客这时才到家，进了门就闹猛得很；湖南人炒菜放辣子，味道楼上楼下窜，呛得上海邻居眼泪汪汪；再有，一个厨房几家用，一回头酱油没了，再回头刚烧好的红烧肉也没了……本地居民跳脚，外地房客受了冤枉火气也大。

怎么办？这道难题不单让谈家桥发愁，整个共和新路街道都在求解。在地理位置上，这个社区处于闸北区中心，挨着长途客运站，靠近火车站，又有轨交站点、高架下口，是外地来沪人员的集聚地——全街道近10万常住人口中，2.4万是外来的，占到将近四分之一。如何让他们真正融入社区，一直是街道党工委和街道办事处关心的一件大事。

“在家千日好，离家一日难。”街道党工委书记孙惠明说，人在陌生地方容易变得敏感，跟别人打交道也就容易弄僵。社区作为生活空间，应当是最容易消除陌生感的地方，“如果能主动用服务温暖他们，从情感、想法上把他们变成‘我们’，新老居民的关系便有把握捋顺。”

街道党工委因此推出了“一家人计划”，将原本针对外来人员的“管理”工作转变成“服务和管理”，努力协调各方力量帮他们解决就业、子女就学等种种切身困难。

温暖让人记情

既然要做“一家人”，就先要弄清“家里人”的情况。对街道党工委来说，摸清底数、掌握需求是做好外地来沪人员服务和管理工作的前提。一个集居住、就业、经营、社会保险、治安、计划生育等多种信息于一网的系统建立起来，目前对外来居民的信息采集率已达到98%。

根据他们的需求，街道连年推出“爱在上海”系列服务活动。其中的“乐业计划”针对外来媳，已帮助326人上岗就业。中地居民区的外来媳妇小邱是受益者之一。今年33岁的她曾患小儿麻痹症，孩子在读小学，丈夫刚做了心脏搭桥手术，一家老小就指望着她。通过“乐业计划”，街道为她找来职业指导老师，分析之后认为小邱适合做营业员，又在街道推荐下，不到一个月她就进一家面包店上了岗。

杨华有自己的服务“绝招”——兼职“房产中介”：“租房子是外来户到上海后需要解决的头等大事，在这件事上帮一把，他们特别记情。”所以，一听说小区里有房子想出借，杨华总会想办法把房源拿下，介绍给急找住处的“候补居民”——他们大多正在亲友那里挤着呢。

“因为对方记了情，我做邻里关系调处工作、宣传计划生育等等都比以前容易，还在他们中间找到了不少帮手。”杨华说，小区党支部主动帮来自五湖四海的居民建立“同乡会”，每个“同乡会”都选出几名党员或积极分子加入小区联合管理工作组，“他们借住的时间长，已经融入社区，可以做新老居民之间的润滑剂，也帮同乡反映需求，替我们做工作，总之是率先参与到社区建设中来了。”

乐意为社区做事

梁苏琴是共和新路街道的一名社区事务工作者，凡有外来媳妇跑来咨询政策或找工作，谁也不如她讲得清楚。“因为我是过来人。”梁苏琴从江苏盐城嫁到上海，也是外来媳，最初也是街道和居委会帮她找到了做居家养老服务员的工作。从此她成了热心的志愿者，与独居老人结对，许多老人争着说她是自己的“江苏女儿”。

成为社区事务工作者以后，梁苏琴更加卖力。一次，小区里一栋楼的电子防盗门换了锁芯，所有住户都要跟着换钥匙。她挨家挨户送新钥匙，白天送不到就晚上加班。不久前在居委会换届选举中，梁苏琴当选为正式的居委干部。

这样的新居民，在共和新路街道已越来越多。街道办事处主任厉蕾注意到，外地来沪人员正从服务和管理的对象转变成社区建设的活跃力量，“越来越多的他们变成了‘我们’。”

大宁国际茶城的经营户中外来的居多。街道党工委听闻其中有很多流动党员，便主动联系，推动成立了茶城联合党支部。支部如今成了参与社区公益活动的一支主力军：与困难大学生结对、到“阳光之家”助残、赞助老人日托所买设备……来自安徽的汪建光是公益积极分子，他说：“街道为我们做了很多事，我们也乐意为社区做点事。”

（原载2012年8月27日《文汇报》，作者：刘力源）

南桥镇的“光明”路

新光明人

地处城乡结合部的奉贤区南桥镇光明村，近年来，随着村级经济的快速发展，吸引着越来越多的外来人口涌入，截至 2012 年底，本地户籍人口为 2025 人，而涉及 27 个省市的来奉务工人员则高达 9000 多人。来奉务工人员几倍于当地村民，村民住房大量出租，在促进当地经济发展的同时，环境卫生、社会治安、计划生育等社会问题接踵而至，成为管理中的难点。为了使来奉务工人员更好地融入第二故乡，帮助解决他们在生活工作中的困难和问题，光明村党总支积极创新管理模式，引导来奉务工人员自我管理、自我服务，营造和谐稳定的良好氛围。

光明之路

打造“四分管理”模式。**按职能分级管理明职责**。建成村级警务站、来奉人员信息管理窗口、来奉人员“一门式”服务窗口为一体的来奉人员综合服务站，形成了综合管理站——功能窗口——村组企业的分级管理体系，明确每个层级的管理职责，做到来奉人员情况清、底数明。**按性质分类管理抓源头**。将来奉人员求租性质按照农民房、门面房、企业三个类别进行分类管理，制定《光明村出租房管理办法》，根据“谁出租、谁负责，谁用工、谁管理”原则，签订租房管理协议，强化“抓房东、房东管”措施，保证来奉人员各种情况均在房东的有效管理之中。**按区域分片管理管到面**。按照村组管理模式，将本村划分为四个片区和一个企业区，每个片区配备 4 名联防队员，负责日常巡逻、采集信息，处理突发事件。**按路线分段管理管到户**。在小区经商密集区道路划分管理路段，每个路段选出 1—2 名来奉人员骨干担任路段组长，负责对每一户来奉人员进行政策宣传。在此基础上，村建立和健全由村副主任分管，社区民警协助，联防队员、路段协管员具体负责的服务管理网络，形成了各司其职、综合管理的格局。

此外，积极采取建立两项来奉人员评选机制、完善公共服务平台、教育引导来奉人员等举措，加强对来奉人员的管理。

光明村来奉人员路段协管员确立后，协管员按照“一带头二宣传三劝阻四反映五互助”的工作要求开展工作。如来自安徽霍邱的张秀武，是万众路路段协管员。在日常巡查中，他发现该路段跨门经营现象严重，影响了村容村貌，他主动提出协助村联防人员劝说该路段上的个体户。在他不厌其烦和动之以情，晓之以理的劝说下，该路段上的个体户把跨门经营的东西都搬进了屋，还路于民。不仅如此，他还帮助村联防队催收保洁费，在他的配合下，万众路路段上的保洁费悉数收齐，保障了保洁队的日常运行。

Y 是光明村 2 组的一名普通村民，家中共有 13 间房供来奉人员租住。由于来奉人员流动快，有的没住几天就搬走，Y 和其他出租户一样也就忽略了对来奉人员的备案登记。有几回 Y 碰到来奉人员欠缴几个月的房租，半夜偷偷溜走的现象，由于没有该承租人的信息和去向，他只能自认倒霉。2009年，光明村制定并通过了《光明村出租房管理办法》。Y和村委会签订了“谁出租、谁负责，谁得益、谁承担义务”的承诺书。办法中明确规定：本户来奉人员的管理要与本户享受的村民福利相挂钩，Y对来奉人员的备案登记、信息上报工作就有了压力和动力，只要家中来奉人员有变动，他就马上去了解来奉人员的流进流出信息、工作情况，并登录在统一发放的备案本上，及时反馈给本组组长，再由组长向外口办上报，形成一个完整的信息上报网络。Y不仅配合村委会外口办人员对来奉人员的抽查，还按照《管理办法》，经常去了解掌握来奉人员的居住、生活状况，经常提醒他们要注意用电安全、保持周边的环境卫生，同时督促并协助来奉人员及时去办理暂住证。由于经常性沟通，Y和承租人彼此熟悉了，他的妻子还时常帮助来奉人员带孩子，把自家种的新鲜蔬菜、水果给来奉人员一起品尝，下雨了及时帮他们收进衣服，房东和房客之间形成了一个良好互动的关系。

回味光明

通过一年的工作实践，奉贤区在来奉人员管理方面得到了一定成绩，也总结了一些经验：一是以人为本，把握需求，加强来奉人员教育。来奉人员在基本生活得到满足后，他们有着更高层次的需求，因此，要设计贴近他们需求的教育内容，例如业务技能培训、村规民约学习、优秀来奉人员事迹宣讲等，使他们全方面接受教育，树立标杆，积极学习，通过自己的打拼和努力得到社会的认可，从而更好融入第二故乡，投身当地建设。二是转变职能，丰富载体，提升来奉人员参与度。无论是“四分管理”模式，还是来奉人员评选机制，仅仅是引导来奉人员自治管理的一个开始，要将这项工作做好做扎实做长效，还需要政府积极转变职能，设计建立适应来奉人员自治管理的载体，释放空间，进一步增强他们的自我管理、自我教育、自我监督和自我服务的意识。比如，注重从来奉人员中甄选一些政治素质过硬、有一定组织能力的同志作为“外口”教育管理骨干，让他们参与农村教育管理工作，达到便于沟通、易于接受的事半功倍的效果。

（奉贤区社建办供稿）

闹市中的村宅管理

城中村社会管理和服务创新

“城中村”一直是徐汇区华泾镇城区建设、社会管理和服务的薄弱环节。今年，华泾镇按照区委、区政府要求，在东湾村宅部署推进了“大联勤”管理试点工作。半年来，在区委、区政府的高度重视和关心下，在区公安分局（消防）、城管、工商、食药监、文化执法、环卫等部门的大力支持帮助下，试点工作协调有序推进。

东湾村老宅基占地80亩，宅基地中户籍人口只有500多人，而来沪人员有5000多人，本地人口和来沪人员比例达到1∶10，“倒挂”现象严重。加上基础设施薄弱，居住环境脏乱，违章搭建严重，安全隐患较多、治安问题突出，管理难度较大。

镇党委、政府以推进“大联勤”试点工作为契机，坚持以适度改造和综合整治为突破口，清查、取缔违法违章经营，控制违法违章搭建；以管理和服务为着力点，推进和强化公共服务、公共建设和公共管理，基本形成了“联体指挥、联动整治、联勤管理、联手服务”的良好局面，努力打造“平安、整洁、便民、长效”的村宅管理新面貌。

统一思想，谋定后动

首先是明确要不要做。彻底解决“城中村”问题的最终出路是动迁，既然迟早要动，现在投入大量的人力物力财力开展综合整治是否划算？起初，很多人包括班子成员都心存疑虑。试点工作开始后，第一项工作就是强调统一思想、消除疑虑。通过学习讨论、实地勘察和外出取经，大家认识到，不能一味等待动迁，要立足长远，综合计算“经济账”、“民生账”、“安全账”。其次是明确怎么做。“城中村”应该怎么管？由谁管？管到什么程度？这些都没有统一规范的标准。在借鉴兄弟镇经验的同时，华泾镇结合东湾村的实际情况，制定了试点工作整体计划，分解成人口信息采集、智能化识别系统安装、摄像监控系统安装、规划建设、河道整治、综合整治、宣传动员、联勤队伍建设等8个子项目，明确了牵头部门、职责分工和进度要求。

联体指挥，夯实基础

一是建立工作机制，由镇党委牵头，坚持每周召开联席例会，有效确保了工作按计划进度落实到位。二是开展信息排摸，加强力量，加班加点对人户基本信息全面排摸，共登记来沪人员4015人，办证3902人，人口信息采集率达到97%，为长效管理打好了基础。三是加强宣传发动，向村宅内全体村民、住户发放告知书，向摊贩和商户发放综合执法告知单，将走访中了解到的群众对于规范整治的需求落实到建设中，确保群众对整治工作的认同和支持。

联动整治，消除隐患

一是联合执法。多次开展各部门参加的联合执法，特别是"利剑三号"集中清查整治行动，共出动执法执勤力量350余人次，清查出租房屋670余间，取缔无证网吧5家、无证游戏机房1家，收缴赌博机15台，开具消防整改通知书25张，抓获涉黄、涉毒违法人员7名。二是整治市容。集中力量拆除各类违法建筑21个，面积近240平方米。对村宅内3条河道进行疏浚，村宅内清理渣土垃圾加上河道清淤重量超过500吨。

硬件建设，展现新貌

在公共安全设施方面，已完成管理用房4处，新装路灯52只，摄像监控系统17个，新增灭火点7处，在村宅两个进出口建造岗亭、配置升降栏杆，并安装了智能化识别系统。在公共生活设施方面，在拆除的废品回收站处建造900多平方米的室内疏导点，为原先无序占道设摊的摊贩们提供摊位；修建750平方米的露天广场，供群众休闲娱乐；新建3个40平方米的垃圾箱，定期清理。

经过整治，目前，东湾村老宅基市容环境变了样，道路、河道两侧违章建筑一一拆除，道路宽敞干净，水面上漂浮垃圾一清而空，水质明显改善；安全状况也变了样，街面上各类摊贩全部规范入室，各类社会治安事件发案率明显下降，群众反映，以前生活环境还不如农村，但现在大大改善，安全感明显提高了。

试点投入了大量的人力物力财力，看到村宅面貌日益整洁，居民们满意度日益提高，华泾镇的信心日益坚定，热情也日益高涨。他们认识到：开展"城中村"综合整治，统一思想，不等不靠，积极作为是思想保障；多方联手，建立长效常态机制是有效手段；群众得实惠、安全除隐患、后续动迁少障碍，则是成效体现。一个最好的例子是：借整治机会，出资40多万将老宅基内一个有证的废品回收站搬离，彻底消除了安全隐患；搬离后原地建造了公共设施，群众拍手称赞。实践证明：这笔经济账、民生账、安全账是划算的。

（徐汇区社建办供稿）

城中村：上海不能遗忘的角落

在我们这座繁华的大都市里，“城中村”是一个奇特的地方。这些地方曾经是城乡结合部，而今却是中心城区。这里原来是农民的宅基地，如今的住户却主要是外来人员，外来人员和户籍居民的比例高达 10∶1。这里狭小拥挤、环境脏乱，自成一个“小社会”，治安、消防、卫生等隐患突出，甚至成为藏污纳垢之地。浦东新区居家桥的陶家宅、徐汇区华泾镇的东湾村、杨浦区五角场镇的闸殷村，都是这样典型的“城中村”。

再过若干年，“城中村”定会成为一个历史名词，但目前还无法将其从地图上抹去。里面住着的外来务工人员，虽然生活在城市的底层，收入微薄，常年蜷缩在狭小脏乱的蜗居中，但他们同样是这个城市的建设者、服务者、奉献者，他们大多都在艰苦但不可缺少的岗位上劳动，如环卫工、钟点工……他们的生存状态，同样值得关注。

由于他们的收入只能承受这里的房租，让他们全部搬出去，不现实。那么，最终将全面改造的“城中村”，现在要不要整治？如果要整治，该怎样做才彻底、有效？

面对这样一个城区管理难题，杨浦区五角场镇试着进行破解，初见成效。在“废品村”闸殷村里，取缔了 17 家废品回收站、8 家地下食品加工场，拆除了近 2000 平方米的违法搭建，新建了排水系统。而全部整治经费只用了 50 余万元！在整治市容环境动辄投入上百万，甚至数百万的今天，此次工程提供了一个高效能、低投入的范例，值得剖析一番。

城市副中心边上有个“废品村”

如果不是亲眼所见，简直难以相信，在距流光溢彩的五角场不远，紧邻高尚住宅区新江湾城，还有这样一片“都市村庄”。从政立路转到闸殷路，再到三门路、民府路、市光路、民壮路围成的一大块区域，就是闸殷村。这里主要是两三层的农民住宅，房与房犬牙交错，没有管道煤气，没有卫生设施，空气中弥漫着异味。可居民说，现在与过去相比，已经是“一个天，一个地”了。

27 岁的云南女子蔡永华一家四口住在村口的房子里。房子的底楼隔成了两间，她一家四口住其中一间，十来平方米，没有窗，白天也十分昏暗、闷热。她告诉记者，隔壁原来住着一个收废品的，小院子里都是废品，一个角落里放着液化气瓶和简单的煤气灶，她就天天在边上做饭。丈夫是空调安装工，每月收入三四千元，她在家带孩子。这样一间房每月房租400元。“主要是因为房租便宜，不然谁愿意住在这里啊？”蔡永华说。

这里住着3400多人，其中近90%是蔡永华这样的外来人员，本地人仅200多人。长期以来，这里集聚了19家废品回收站、8家地下食品加工场、2家编织袋加工场、3家老虎灶。村里违法建筑连片，空地上堆满了废品。虽然有公共厕所、垃圾箱，但许多人还是将垃圾、粪便往河里倒，河道变成了臭水沟。

这里成了“被遗忘的角落”

杨阿姨是闸殷村为数不多的本地人，她说：“原来我家隔壁有一家回收玻璃的，瓶子堆得像小山高，天天夜里敲玻璃，吵得我们根本没法睡觉。”许多居民深受泡沫板加工场之苦。在闸殷路2039号，外来人员租下居民房子后，在500平方米的空地上搭了十几间工棚，运来机器，天天晚上加工泡沫塑料，声音、粉尘都很大，气味闻了让人头晕。

闸殷村又被称为“废品村”、“垃圾村”，外人望而却步。民府路另一边有个商品房小区华国家园，推开窗就是堆得几米高的废品，漫天灰尘，凌晨四五时就有货车进出。由于是农村宅基地，这里没有完善的下水设施，积水是家常便饭，2008年的“麦莎”台风时，积水最深处曾达腰部。居民怨声载道，说这里是“被遗忘的角落”。杨浦区也多次对闸殷村开展整治，但效果不大。

向20年的老大难“宣战”

今年6月，五角场镇结合创建国家安全社区，决定彻底整治闸殷村，向20年的老大难“宣战”。镇长袁敏生说：“哪怕明天旧区改造，今天也要整治！”镇政府集中各方力量，成立了闸殷村市容环境管理整治工作组，规土局认定违法搭建，工商所管非法经营，食药监所管非法食品加工，城管管乱设摊，交警、镇派出所管交通和治安，环卫所管垃圾清运，上述部门全部派员参加工作组，形成合力，每天驻扎在闸殷村。

闸殷路青石路口有一片空地，约2000多平方米。3个村民在多年前将空地占了，出租给三家废品回收站，一家收木材，一家收玻璃瓶，另一家收其他废品，均无证经营，还搭了两层的违法建筑。从6月11日到7月底，工商、公安和城管等部门一次次找3个村民谈，使他们认识到，这是集体的土地，他们无权占据。经过几个回合的“斗智斗勇”，3个老板只好关门走人。几家玻璃加工场、泡沫板加工场，也在这次整治中彻底被取缔了。杨阿姨高兴地说：“终于可以睡个安稳觉了！”

拆除违法搭建“动真格了”

区食药监所二分所监督员徐重裕第一次走进闸殷村，差点没被熏得晕过去，他是屏着气才走过去的。经过排摸，闸殷村共有8家地下食品加工场，外来人员在这里加工猪头肉、猪大肠、豆腐干，发绿豆芽，做冷面、盒饭，然后源源不断送到附近的菜市场和夜排档。徐重裕和其他工作人员向非法经营户发出限期整改通知书，要求3至5天内全部停业。6月中旬，地下食品加工又有回潮，工作组便采取执法行动，取缔所有小作坊，彻底堵死了不洁食品的源头。

环境整治中，最难啃的骨头要数拆除违法建筑，违法建筑中最顽固的要数市京路199号。镇政府经过前期工作，待废品回收业主搬离后，于7月13日开展联合执法，出动城管、民警以及环卫作业队、施工队共40多人，铲车、挖掘车和卡车齐上阵，对市京路199号、民府路301号等几处违法搭建进行拆除，共拆除违法建筑750平方米。老百姓拍手叫好：“这下动真格了！”这次联合执法对周边违建户主起到了强大的震慑作用。在两个月的时间里，闸殷村共拆除违法搭建1800平方米！

“下这么大的雨居然没积水”

拆违队离开后，施工队进场了，为的是完善“先天不足”的基础设施。先清除河道垃圾，5吨的垃圾车运了十几车，然后在市京路这一南北通道铺设了近百米的下水管道，使原来只通小河道的排水管道与外面的大市政连接，在青石路易积水的地方做了几个窨井。此次整治后，恰逢台风“海葵”来袭，疏浚的河浜、新设的下水管道、窨井等都发挥了作用，村里没有积水。

外来人员李芬培在村里开了家小杂货店，她说：“我在这里住了11年了。原来门口废品、垃圾成堆，下雨天就积水，现在彻底变样了，下这么大的雨居然没积水。大家都感谢政府，做了件大好事！希望一直这样。”李芬培还高兴地拿出饮料，一定要请记者喝，让大家分享她的喜悦。家住华国家园的刘士德老先生高兴地说：“‘被遗忘的角落’没被遗忘！我们华国家园也沾光了。从楼上看下来交关清爽，大家都很舒心。”

整治经费50余万元怎么花？

为防止整治后再回潮，镇政府决定对闸殷村实行封闭式管理，建道口、围墙、门卫室，整个闸殷村共设5个出入口，建5扇大铁门，今后只容小车进出。

下一步，镇政府还将委托物业公司进行管理，在村里安装电子监控探头，加强对外来人员的管理，提升“城中村”的安全防范水平。

在采访中，记者听到了一个数字：到目前为止，闸殷村的整治只花了50多万元。记者十分惊讶，这点经费和如此大规模的整治似乎有点不相称。这50多万元花在了哪里，够不够？五角场镇副镇长叶靖给记者算了一笔账：河道疏浚及垃圾清运10万元；新装5处铁门5万元；修外面围墙近500米，15万元；铺下水管道及防汛设施10万元；新装50多个垃圾箱（桶）、晾衣架、停车设施，5万元。最近正在进行的内部围墙粉刷，还需七八万元。

这50余万元中，还包括围墙、铁门、晾衣架等便民设施！而拆除违法建筑1800平方米，只支付了一些农民工的劳务费，没有花多少钱。“这次靠各部门联手，除了镇政府，区里各职能部门都派人常驻闸殷村，严格执法，不留死角。相对于资金，我们投入的人力成本较大。”叶靖说。

整个夏天，工作组的十多位同志每天在闸殷村巡查，每个人都晒得黑黝黝的。可见，万事只怕“认真”两字。只要全力以赴了，花小钱也能够办大事、办好事。

（原载2012年9月5日《新民晚报》，作者：邵宁）

“五户一协管”：来奉人员自治显成效

高桥村：来奉人员集聚地

奉贤区奉城镇高桥村与镇区紧邻，是一个典型的“城中村”。另外因地处工业园区，村域内企业众多，因此吸引了大批的来奉人员（即在奉贤居住的外来人员）在此打工、生活。全村9400余名常住人口中有超过8000名来奉人员。因为租金相对便宜，这些来奉人员许多都租住在高桥村的私房内，大量的来奉人员给社会管理带来很大压力。2012年9月，高桥村成立了来奉人员党支部和来奉人员服务管理委员会，积极推动来奉人员自治工作。在实践过程中，高桥村实行了“五户一协管”管理措施，通过发挥来奉人员志愿者作用，不断优化出租房管理。

来奉人员：五户一协管

高桥村实行的“五户一协管”举措，其实就是将全村212户房东的1420间出租房化整为零，每五户来奉人员确定为一个单元，每个单元确定 1 名相对工作比较热情主动、有责任感的来奉人员担任房屋租赁协管员，协助房东做好其余 4 户租户的管理服务工作，及时掌握单元内的来奉人员动态信息并反馈给房东和村委会。经过仔细排摸、甄选，高桥村党总支共确定了 384 名协管员。

协管员队伍成立了，但是如何才能确保他们的积极性，真正发挥协管员的作用呢？高桥村党总支与每个房东进行了沟通，请房东每月对协管员适当减免一定租金。这样做不仅确保了协管员工作的积极性，同时也减轻了房东的监管负担，双方都比较欢迎。此外，村党总支还与每位协管员签订了《志愿服务承诺书》，并每月按片区召开工作例会，交流工作，及时听取和掌握出租户的动态，共同做好出租房的管理工作。“五户一协管”措施通过“以外管外”，引导来奉人员自我管理、自我服务，起到了很好的作用。

管理中的故事

来自四川的老潘，一家三口租住在高桥村 115 号，靠经营弹棉花的小店为生。村党总支通过走访了解到，老潘到奉贤打工将近十五年，不仅为人老实本分，而且已经能够熟练使用奉贤方言交流，因此选定老潘作为 115 号附近五户来奉人员的协管员。自从当上了协管员之后，老潘也不负所托，周围五户邻居的家长里短他从此操上了心。每天他会在他的“一亩三分地”里兜兜转转，谁家门前垃圾没打扫干净，他上门打个招呼；谁家的衣服被子晒在外面忘了收，他收下来主动送上门；还时不时的上门宣传使用电器、使用液化气的安全知识。有了老潘做协管员，115 号的宅前屋后干净了不少，房东老沈省了不少气力，平时和租户因为语言不通沟通不了的事情，也经常找老潘帮着做做翻译，解决了不少麻烦。有了像老潘这样的 384 名协管员，高桥村党总支在来奉人员管理工作上减轻了很多压力。

来自安徽寿县的老许，到奉贤已 10 多年，现在在高桥村开了个小旅馆，由于其平时急公好义、爱管“闲”事，在老乡中很有威信。因此，也成为了高桥村来奉人员管委会的委员之一，开展一些来奉人员的管理服务工作。前不久，村里一家企业的一位农民工，上班时违规操作不幸触电身亡，家属与业主就赔偿数额协商未果，纠结了上百人到企业和村委会，就在双方争执不下的时候，刚上任的老许站出来，一方面安抚情绪激动的家属，劝导众人离去，另一方面多方沟通协调，最终在他的协调下，双方达成了赔偿协议。

基石需要良药

在探索来奉人员自治管理的实践过程中，奉城镇党委组织部门和高桥村党总支充分认识到：来奉人员服务管理工作要做好做扎实，关键是要充分发挥群众自治的作用。高桥村范围内有8000多名来奉人员，光靠村党总支、村委会10来个村干部是绝对不可能把这项工作做好的。因此要依靠群众的力量，依靠志愿者，依靠来奉人员骨干分子。只有通过群众自治的方式，把志愿者的力量集聚起来，把志愿者参与社会管理的积极性激发出来，并建立长效的工作机制，才能进一步推动来奉人员服务管理工作。来奉人员服务管理工作要做好做扎实，需要组建一支高素质的骨干队伍。高桥村在探索来奉人员群众自治的时候，积极依靠来奉人员骨干的力量。村党总支把居住在本村范围内，有一定影响力、能力素质较高、服务意识较强的来奉党员、骨干、积极分子等纳入视野，并进行跟踪、培养，鼓励其中的骨干力量发挥主体作用，主动参与到对来奉人员的服务管理中去。实践证明，来奉人员骨干的积极参与，是化解矛盾的“良药”，是做好来奉人员群众自治的“基石”。来奉人员服务管理工作要做好做扎实，还要不断探索和创新群众工作长效机制。高桥村区域内来奉人员的数量与本地村民严重倒挂，且来奉人员来自五湖四海，结构复杂，需求也多种多样。高桥村在探索实行来奉人员自治管理的过程中，不断创新工作机制，比如实行了来奉人员出租户“五户一协管”制度等，此外还组建了由来奉人员骨干担当校长的来奉人员学校、组织开展了来奉人员活动中心名称和LOGO评选活动等创新举措，为做好来奉人员服务管理工作提供了很好的保障。

（奉贤区社建办供稿）

社会力量参与化解矛盾

讲理堂

中国人自古就有“有理走遍天下”的信念，但“到哪里去讲理、由谁来评理”也长期困扰着人们。青浦区华新镇杨家庄村民委员会通过讲理堂制度的践行，有效促进了民意沟通和问题解决。自 2011 年 4 月开堂至今，先后解决了企业噪音扰民、村民纠纷、家庭矛盾等问题。

一个小小的讲理堂有如此大的法力，得益于它“四个结合”的运行机制。一是法理和情理相结合，这是它的内容特点。与一般的就事论事不同，讲理堂在听取双方陈述的同时，还邀请有关部门进行政策解释，从而把村民主张之理与社会法理衔接起来；与一般的就理论理不同，讲理堂促进相互尊重和相互谅解，既要明辨是非也要播种和谐。二是讲理与评理相结合，这是它的程序要求。由争议双方、政策宣讲团（争议问题的有关部门人员）、民意评审团（党员和村民代表各 20 名，其中党员议事代表和妇女代表各 8 名）参与，采取双方辩论、公众评审的方式，民意评审团在听取双方意见和政策答辩后，进行无记名投票，根据少数服从多数的原则，作出评审结果。三是讲理与行事相结合，这是它的结果效力。评审结果认定书，经双方确认签字，便遵照执行。四是堂上与堂下相结合，这是它的工作场域。讲理活动也是有关各方的工作促进活动。村委会听民意、学政策、检查自己，进一步改进管理和服务；有关部门看到了自己的责任，着手协调各方和政策完善；讲理双方认识到彼此的关切，这种换位思考连同对舆论的尊重，对乡风文明也起着潜移默化的作用。

讲理堂给了村民一个公评公议的公堂，坚定了他们“有理走遍天下”的古老信念；给了管理部门一个民意收集的平台，在这里不仅可以知道当事双方的立场，还能知道评议团的意见倾向；给了村民一个参与民主管理的舞台，在这里大家共议难题、集思广益、形成共识、修复信任；给了村民一个提升乡风民俗文明的通道，讲理活动提升了村民的法制意识、政策水平和文化修养。因为适合乡村文化传统和民主管理潮流，讲理堂显示其独特有效性和生命力。

（青浦区社建办供稿）

梁惠英人民调解工作室

"梁惠英人民调解工作室"设在沙虹路虹镇老街口的虹口区嘉兴路街道办事处。走进这座四层办公楼，人们常错觉自己穿越回到上世纪80年代，更有人说，这一带的居住环境仍停留在上世纪60年代。虹镇老街早已被定为虹口区旧区改造重点区域，穿街走巷，随处可感受到居民盼望动迁的热切心情。然而，这里多为私人建造的共有产权房，动迁带来的巨大利益往往催生家庭矛盾，延误动迁和旧改进度。

2011年1月起，虹口区在全市旧改工作中率先探索引入人民调解机制，既调和许多家庭的矛盾，也促进旧区改造提速，成为社会管理创新之举。62岁的梁惠英，这位全国模范人民调解员，成了虹镇老街居民心服口服的"新老娘舅"。记者近日来到梁惠英工作室。

"新老娘舅"巧断动迁家务事

66岁的陈芳总说自己前半辈子命苦，"遇到梁老师，苦尽甘来。"

2001年，从新疆返沪的陈芳一家三口落户虹镇老街的弟弟家。弟弟与侄女陈雅梅有矛盾，陈雅梅长年在外。弟弟患癌症至病逝期间，都是陈芳替侄女尽孝，陈雅梅从未现身。

2011年，陈芳却突然发现，陈雅梅听说动迁消息后悄悄回来，与动迁公司签协议，将100余万元补偿和补贴全部领走。陈芳一想到无情无义的侄女就气得血压飙高，又气又急，四处上访，光给市领导的挂号信就寄出十几封。直到儿子在网上看到梁惠英工作室进驻动迁基地的新闻，这才找到方向。

5月的一天，陈芳找到梁惠英，梁听完后，立即给陈雅梅打电话。陈雅梅恶语相向："我家的事要你管！"梁惠英也不客气："你不解决，我就一直盯着。"话音未落，电话被挂断了……第二次、第三次，情况相同。直到第四次，梁惠英才说服陈雅梅多听几句："你知道父亲的骨灰在哪里吗？你爸爸生前身后，都是姑妈代你尽孝的。你爸爸写过遗书，要把户主改成你姑妈，抚恤金也留给她，你姑妈却原封不动。你摸着良心说，做得对不对？"

梁惠英用耐心和真心，终于说动陈雅梅接受调解。2011年6月26日下午，4小时的苦口婆心，陈雅梅夫妻俩松口了，但又提出没钱补偿。梁惠英追上一句

“你们是成年人了，要有担当！”终于敲定补偿方案，陈雅梅退出购房后的28万元余款，让陈芳再买一套安置房。

下午5时，梁惠英送走双方，回到桌前，马上起草购房申请，忙到8时许才下班。之后，又不断催促经办人落实。春节前，陈芳签完协议还没拿到钥匙，就兴冲冲找到新居地址，绕着屋子转了五六圈，踮起脚尖隔窗张望。她由衷地说：“如果不是有梁老师，这么好的房子想也不敢想。”

培育社会组织发挥更大作用

虹镇老街的动迁工作难度大，关键就是因为这里几乎都是共有产权房，动迁公司能把分给每家每户的“大蛋糕”切好，家庭成员却往往切不好每人一块的“小蛋糕”。

虹口区司法局长王北翼指出，动迁公司不能代居民制定家庭内部分配方案，也不能等待法院宣判后才分房，而且，法院也只能在事后通过判决解决矛盾，这其中便形成真空，使得动迁大局往往被个别人的家庭矛盾拖累，不利于居民尽早安居乐业。

如今，虹镇老街动迁基地探索将人民调解这个独立第三方引入，与动迁征收部门紧密合作。一年多来，梁惠英工作室接待1021人次来访咨询，调处由动迁引发的家庭内部纠纷136件，其中85件成功，另有11件达成口头协议。

虹口区司法局设想，今后进一步探索人民调解与司法裁决部门互动，尝试将一部分司法机关认为无需强制执行的案件转介人民调解，成为化解动迁中家庭矛盾的第一道防线。同时，还要培养更多“小梁惠英”，把工作室培育成完善的社会组织，通过政府购买服务方式，为社会发展做出更多贡献。

（原载2012年4月11日《新民晚报》，作者：孙云）

市民诉求调解中心

随着经济改革的深入，社会矛盾逐渐凸现。因而近年来信访矛盾数量不断上扬，这让传统信访矛盾化解方式逐渐显得难以为继。作为国家创新型试点城区，上海市杨浦区走在了信访工作机制创新的前列。从2009年开始，杨浦区委、区政府转变理念、大胆创新，通过政府购买服务的方式，引入“第三方律师事务所”，改变传统的“政府——信访人”二元模式，创建了“政府——律师——信访人”的新型三元信访矛盾化解工作机制。

据了解，该工作机制已从最初的律师咨询深化到律师全程介入，从最初律师化解积案、重案的应急之举，如今关口前移到律师对居民和政府领导干部的法律培训，目前“政府——律师——信访人”三元模式以法律类社会组织“上海杨浦区天一市民诉求调解中心”为载体在杨浦区扎根下来，成功化解区内以动拆迁为主的诸多信访矛盾，为杨浦区的城区转型发展、旧区改造做出了贡献。

几小时调解让誓死保护房屋户主签下协议

天一律师事务所主任张善美向记者介绍说，1994 年在虹口区成立的事务所，于 2004 年前后开始将法律服务朝着土地征收、动拆迁与化解社会矛盾的方向转型，自此专注于动拆迁和信访突出矛盾化解，竭力提供具有前瞻性的专业法律服务。2009 年，天一所作为第三方参与市领导调研信访突出矛盾工作的 15 家律师事务所之一，进驻杨浦。自此始终以保障杨浦经济建设为主线，以展示律师国家大局观、社会责任感和专业法律素养为目标开展法律服务。

而说起她自己参与的调解案例，张善美更是娓娓道来，如数家珍。印象最深的是 2010 年为居民 C 所作的调解。2009 年时其位于霍山路的房屋被列入拆迁范围。然而，房屋评估核算与户主的要求一直存在差距，双方无法达成补偿安置协议。甚至，在拆迁通知书作出之后，C 为“保护”自己的房子不遭强迁，将自己反锁在屋中，将房屋的窗户用砖头和水泥封死，依靠方便面维生。

当时，这一事件也被媒体报道后成为焦点事件。对于这样一件棘手的事情，事务所在得知事情原委后，立刻于 2010 年 3 月 1 日上午，会同区有关部门与该拆迁项目有关街道、拆迁实施单位同志就该紧急情况举行专题会议。会后，经过多次由 C 夫妇参与的多方协调会议，就该拆迁事宜终于达成协调意见，C 曹菊仙夫妇于 3 月 4 日当晚签字后承诺搬迁交房。该户化解历经一周不到的时间较为圆满地告一段落，现该户已经顺利入住新居。

其实，这样的案例数不胜数，张善美一口气说出了十来个案子，她颇为自豪地说：“到目前为止，经过我们手的案例都得到圆满解决。”

在此背景下，2011 年 4 月，上海市天一律师事务所为了善尽法律人的社会责任，利用专业律师力量，正式出资成立了上海杨浦区天一市民诉求调解中心。本中心在杨浦区民政局登记注册，业务主管单位为杨浦区司法局，性质为民办非企业单位。

帮助政府，群众建立法治理念

新的化解机制为了维护信访人的合法权益，维护社会公平正义，引入律师作为独立第三方，参与信访突出矛盾化解和终结工作。

张善美对于取得成绩也十分客观，她表示，能够获得政府和群众的信任主要是因为在两者之间建立桥梁。“我们实际上是在做双方的工作，一方面要让政府转换思维，真正养成法治意识；另一方面，也要让群众培养出真正的法制观念。一切依法办事，才能和谐。”

天一律师志愿者以杨浦区信访联合接待大厅和天一市民诉求调解中心调解工作大厅为主要平台，辅之以动迁基地、街道社区等若干点，开展四类工作：在区信访接待大厅接待，为信访人直接提供法律咨询；受区信访办委托深入参与信访矛盾化解；信访代理；为社区提供法律宣讲，为弱势群体提供法律援助、代写法律文书等。

据了解，2012 全年，诉求调解中心累计在杨浦区信访联合接待大厅派驻值班律师 352 人次，接待信访居民 580 余人次，参与调解区域内重大信访案件，得到了市民和政府的普遍认可。

也因此，荣誉接踵而来——服务世博先进律师事务所、全国化解社会矛盾维护和谐稳定成绩突出律师事务所……前不久，又因为成绩突出获得司法部通报表扬。

毫无悬念，2013 年杨浦区政府还将继续加大政府购买服务的力度，委托“天一市民诉求调解中心”将市民维权的课搬到街道社区中，将依法征收的课送到征收事务所中，将依法行政的课安排到党校行政学院领导干部培训的课堂中。

（原载 2013 年 5 月 8 日《文汇报》，作者：徐维欣）

社区居民自治管理新模式

在上海浦东新区塘桥街道贵龙园小区，每天都活跃着一群普通的居民，他们有的发动邻居制定楼组公约，有的带领大家说学逗唱，有的组织业主协调物业管理，处理社区公共事务……成为居民自我管理、自我教育、自我服务的社群中坚。

从2002年贵龙园居民区建成迄今，针对来自四面八方的新居民、面临各类管理与服务需求的新问题，贵龙园党支部、居委会一班人放手起用一批社区能人，带动了广大居民的广泛参与，高空抛物、物业管理、邻里关系等一系列社区治理难点迎刃而解。2010年，贵龙园被上海市民政局命名为“上海市居委会自治家园示范点”。

打开浦东新区塘桥社区编写的《塘桥社区2010年—2015年“温馨塘桥·宜居家园”发展纲要》，我们看到的不是枯燥的数据、乏味的公文，而是一段充满诗意的句子——“温馨：不仅是一种氛围，更是一种认同；不仅是一种享受，更是一种参与。宜居：是一种现代的生活品质，也是一种高效的公共管理；是一种人与自然的和谐，也是一种公民与政府的良性相依。”这段文字道出了居民自治的目的和意义。

塘桥街道办事处副主任凌军芬告诉我们，贵龙园党总支、居委会一班人充分发掘社区人力资源，放手起用一批社区能人，逐步形成了“会客厅”和“议事厅”两大品牌，编制出一张居民活动的社群网络，进而带动了广大居民的广泛参与，走出了一条以居民参与为基础、以社群中坚为依托、以群团活动为载体的居民自治新模式。

居民自治：解决多年老大难问题

目前新建小区普遍存在“陌生社区”、“物业管理”两大难题，但贵龙园通过居民自治有效解决了这两个老大难问题，通过社群活动，贵龙园居民们成了非常熟悉的老朋友，谁身体不好，谁心情不好，大家很快就会知道，有了困难，立即就会看到大家伸来的援手。居民自治也有效解决了一些政府难以解决的难题，像贵龙园门口的兰州拉面店油烟排放问题突出，如果采取行政管理方式，费时费力还难有长效，但由居民自己出面就不一样了，因为他们是拉面店主要顾客，面对“衣食父母”，拉面店很快解决了油烟问题。

与传统管理方式相比，通过居民自治，居民参与社区管理的积极性变高了，社区认同感增强了，管理的效能提高了。塘桥街道目前正在辖区内的居民区里大力推进居民自治方式，如今社区内的南城小区等也形成了有自身特色的居民自治模式。

文化会客厅：让居民享受品质生活

贵龙园里有一个社区居民休闲的好去处——文化会客厅，每天这里都排满了丰富的群众文艺活动。从上午9点开始，东北教育学院退休回家的马老师就在这里教大家古文，唐诗宋词的韵味从大学的课堂延伸到了小区；“民间艺术家”教大家学习书画，老师教得认真，学生学得专心；已退休的外交官顾良骏老人拿着手抄的“课本”，用上海话一字一顿地教阿婆阿妈们学英语；不同的楼组，不同的居民，一天丰富多彩的生活就在家门口开始。

七年如一日，从最初只有一架小小的电子琴，到如今拥有40名学员，“百灵鸟”唱歌班伴随着小区的成长，也承载着居民的牵挂。这一切，都源于一位79岁的老人——岑金娴老人。50出头的小珍是岑老师的邻居，因为家庭变故，整日把自己关在屋里，郁郁寡欢。岑老师知道后，特地拉上她参加早锻炼、唱歌等社区活动，耐心地开导她。渐渐的，小珍脸上的微笑慢慢多了，成为了小区的文艺骨干。“我曾经一度对生活绝望过，是岑老师唤起了我对生活的信心”。小区里有个青年，整日抑郁寡欢、不苟言笑，上岑老师的课却一堂不拉。时间久了，青年的性格也逐渐开朗了，孩子母亲愁闷的心情也舒畅了。岑老师还利用唱歌的间隙，开办健康顾问班、绘画作品班、舞蹈爱好班、手工编织班，让更多居民有了社区休闲的好去处。

戴老师议事厅：小区民情的绿色通道

小区里，除了“文化会客厅”，还有一个大名鼎鼎的“戴老师议事厅”，居民们“想、盼、愁、忧、难”等生活琐事和服务需求，都可来此畅言，由戴珠凤等热心社区事务的居民们组成“议事厅”委员会，他们负责把采集到的信息反映到相关部门，并帮助居民们排忧解难。

2008年，小区连续发生失窃案件，加上小区监控设备老化、硬件管理不到位等情况的出现，居民们与物业之间的矛盾日益激化。

问题反映到“戴老师议事厅”，作为业委会主任的戴珠凤和物业进行多次沟通，希望物业能够尽快落实整改措施。但物业始终没有着手整改，信息反馈到各楼组，楼组长就是否更换物业问题向居民征求意见。结果显示，有三分之二以上的居民要求更换新的物业公司。通过市场化的运作，委托招投标公司，2009年10月30日，由由物业正式进驻贵龙园。

有了问题，找楼组长反应情况，组织召开座谈会、听证会听取意见，协调沟通解决问题，在“戴老师议事厅”，这几乎成为居民们解决问题的公式，也使小区里矛盾和纠纷得以及时化解。

这一组组故事，记录下贵龙园居民生活的一个个场景，串联起、勾勒出贵龙园居民自治力求实现“接续社会关系、提高社会功能、增加社会资本”的一幅全景图。

（原载 2010 年 7 月 1 日《文汇报》，作者：张弘、蒋晓丽、孙锋）

民间老娘舅：社区服务管理新平台

2011 年上半年，崇明县向化镇试点开展“民间老娘舅”工作，明确了党员优先等招募条件，首批招募 9 人。目前，增至 12 人，均为老党员。向化镇党委采取多项培养管理措施：加强业务指导，助推服务水平提高。落实各部门责任分工，明确综治中心和村居为日常管理和协调服务单位。强化考核激励，开展竞赛评比活动。在确保薪酬待遇基础上，给予一定实绩奖励，并结合创先争优活动，开展“最佳民间老娘舅”等评选活动，激励积极性，提高知名度。打造工作品牌，成立“老娘舅工作室”。通过在 12 个村居同时试点筹建工作室，进一步规范管理、鼓励创新化解了大量的基层矛盾，将矛盾纠纷控制在萌芽状态，大幅降低信访量。

建设民间老娘舅队伍

2010 年向化镇六滧村发生了一起因六滧港工程延期引发的群体性矛盾，这起矛盾最终因为该村一位退休老党员的主动介入和积极配合镇村共同调解而化干戈为玉帛。这件事情引发了向化镇党委政府对加强民间调解队伍建设的深入思考。2010 年底，向化镇在对世博安保工作进行经验总结时，就如何第一时间介入社会纠纷、将矛盾消除在萌芽状态进行积极探索，本着“从群众中来，到群众中去”的工作原则，经过多次深入调研，听取群众意见，最后决定借鉴世博安保工作中平安志愿者主动深入村居化解矛盾纠纷的成功经验，在全镇试点建设“民间老娘舅”队伍，用民间力量解决来自民间的问题，用民间力量打造和谐安定的民心工程。2011 年上半年，镇党委正式启动“民间老娘舅”招募计划，面向全镇 12 个村居公开发布招募倡议书，号召符合条件的居民自愿报名，并动员广大群众主动推荐符合条件的人员。在准入门槛的设置上明确了以下几个条件：政治觉悟高，有热心为人民服务的意愿；自身素质硬，具备一定的文化知识；工作责任心强，能够坚持公道正派；人品作风正，在居民中有一定的威信。在遴选程序上，实行村居委推荐与个人自愿报名相结合的方式，初步人选经由村居党组织审核后，再推荐至镇党委，由镇党委进行最终审核，通过者方可正式成为“老娘舅”队伍中的一员。经过试点，向化镇民间老娘舅队伍由2011年试点招募的9人扩大到全镇村居全覆盖的12人。他们平均年龄63岁，均为中共党员，文化程度在同龄人较高，其中本科学历1人，其余多为高中学历。他们普遍党龄较长，具有丰富的基层工作经验，其中：机关退休干部5人、村居离任干部5人、退休教师1人和退休企业职工1人。

民间老娘舅的调解之路

强化业务指导，努力提高服务水平

针对“民间老娘舅”贴近基层、服务农村的工作特点，镇党委、政府制定了详细的培训计划，为“老娘舅”提供业务水平、专业知识等方面的培训。“老娘舅”上岗前，组织政法、信访、民政、土管等部门联合开展岗前培训，内容主要包括民间调解员工作制度、全镇人民调解工作重点及典型案例等，通过培训让他们了解自身工作职责并初步掌握调解的方法、程序和要求等。“老娘舅”上岗后，则根据实际工作需要，为其提供形式多样、内容丰富的专业知识培训。例如，第一批“老娘舅”上岗之初，针对当时农村建房纠纷、离婚诉讼频发的实际，镇党委举办了为期3天的人民调解员业务培训班，邀请有关部门负责人就当前农村土地纠纷的类型及化解举措、常见婚姻家庭纠纷及相关法律法规、群体性矛盾的预防及应急处置等知识进行讲解，收到良好成效。另一方面，镇综治部门还定期组织“老娘舅”座谈交流，对当前热点矛盾纠纷进行交流分析及研判；不定期发放学习资料，提高他们的知识水平。截至2012年底，共发放《人民调解杂志》等各类书籍576册；集中开展业务培训7次，培训内容涉及《婚姻法》、《物权法》、《侵权责任法》、土地流转等理论知识和调解礼仪、调解技巧等业务技能方面的知识；结合“法律六进”、“法律进乡村”、组团式走访等活动，组织政法条线工作人员、插村联系干部驻村指导，与老娘舅们就实际工作中遇到的问题和困难进行沟通交流，帮助他们提高理论和业务水平。

健全工作机制，镇村联动破解难题

“民间老娘舅”身处工作一线却常常“孤军作战”、掌握话语权却不代表“官方语言”……一些现实问题让“老娘舅”们在开展工作时心里少了几分底气。对此，镇党委、政府下发《关于进一步加强村（居）调解委员会建设的实施意见》，从健全工作机制入手，通过上下、部门联动，让“民间老娘舅”有了主心骨。在镇级层面，成立调解工作领导小组，由分管党委副书记任组长，分管副镇长任副组长，综治、信访、司法、派出所、民政、土管、村建、团委、妇联等有关部门负责人为成员，负责全镇调解纠纷处理。镇综治中心负责各类矛盾的归口分类，将“民间老娘舅”带上来的问题合并移交至相关部门一并解决。村级层面由党支部书记牵头，村“两委”干部、驻村保安、社区警务人员等组成村（居）调解委员会，每周汇总讨论“民间老娘舅”收集的难解矛盾，并提出调处方案。建立健全并落实了民间老娘舅学习例会、矛盾纠纷排查分析报告、纠纷调解督办、跟踪回访等工作制度。强化了人民调解业务规范化建设，建立矛盾纠纷登记簿、不予受理通知书、调解协议书、终止调解通知书等人民调解台账。

强化考核激励，开展“老娘舅”评比活动

“民间老娘舅”不是一份固定工作，不按月拿工资。但考虑到这支队伍的稳定性，镇党委下拨专项经费，为“民间老娘舅”队伍提供生活保障，使之安心在基层开展人民调解工作。同时研究制定“民间老娘舅”工作考核办法，根据调解数量发放工作报酬，根据调解成效给予工作奖励，将待遇与实绩挂钩，激发他们的工作积极性。为鼓励更多的热心群众参与到“老娘舅”队伍中来，镇党委、政府积极开展形式多样的评比活动，扩大“民间老娘舅”的社会影响力。2011 年下半年，结合创先争优活动，开展了“最佳民间调解员”评选活动，通过全镇公开投票推选优秀人民调解员、组织“民间老娘舅”开展人民调解书撰写技能竞赛、召开人民调解工作总结表彰大会等，有效提升了“民间老娘舅”的知名度，使越来越多的群众认可“民间老娘舅”的工作。在提供组织保障的基础上，给予民间老娘舅一定的自主管理权，充分发挥民间老娘舅的自身优势，鼓励在法律法规和制度范围内创造性地开展调解工作。镇村两级为民间老娘舅提供了专门的办公场所，配备了工作所需设备，同时优化待遇，进一步激发民间老娘舅的积极性。以聘用制的形式，将最初的村居委随调随记发放报酬调整为：平时按照上海市劳动者月最低工资标准计发工资，年底村居委根据调解数量和成效进行一次性奖励，镇政府根据考核结果也给予一定奖励。

打造工作品牌，成立“老娘舅工作室”

“民间老娘舅”工作经过近两年的实践，可以说取得了一定的成效，也得到了市县领导的认可。为进一步用好这支队伍，发挥民间调解长效机制，2012 年下半年起，在县司法局的指导和支持下，开始尝试筹建民间老娘舅工作室。目前，试点村居民间老娘舅工作室办公情况的实地调查已经结束，已开始在 12 个村居同时试点筹建民间老娘舅工作室，墙面制度、办公场所等都在落实中。民间老娘舅工作室，将为民间老娘舅队伍构建一个全新的工作平台。同时，向化镇将以此为契机，一方面进一步规范民间老娘舅队伍，加强老娘舅组织队伍建设，加大对老娘舅工作的检查指导和业务培训，积极为老娘舅开展工作创造良好条件，提供有力保障；另一方面加强宣传，充分利用各种媒体宣传老娘舅调解工作室，提升老娘舅工作室的知名度，提高公众对老娘舅的知晓率，争取社会各界的支持和重视，推动老娘舅工作取得更好的成效，为向化镇的社会安定、和谐、繁荣打下坚实的基础。

调解成效

“老娘舅”队伍作为镇、村两级人民调解委员会的延伸和补充，作为向化镇民间的调解力量，在及时化解各类矛盾纠纷，防患于未然等方面起到了很好的效果，主要表现为：一是化解了大量的基层矛盾，其中还将相当一部分还没有激化的矛盾纠纷化解在萌芽阶段，避免了该类矛盾转化成信访案件。自 2011 年 4 月队伍组建以来，老娘舅们凭借丰富的经验和理论知识，通过日趋成熟的工作方法，及时有效地化解了大小矛盾纠纷 600 余起，受到了广大干部群众的一致认可和好评，同时也大大降低了全镇的信访总量，全镇信访量从 2010 年的 136 件，到 2011 年试点时期的 100 件，再到 2012 年的 53 件，呈逐年下降的趋势，且下降幅度较大，这充分体现了民间老娘舅工作的开展对镇平安和谐建设见效之快、贡献之大。二是承担了社会综合管理和平安创建工作信息员的重任。生活在基层的老娘舅们能将掌握的信息及时有效地向镇、村两级反映，这就使得镇、村两级对矛盾的动态、研判以及处置有了第一手的资料，牢牢掌握了解决矛盾的主动权，同时也极大地减轻了有关部门的工作量，使得他们能腾出更多的时间，也就为镇、村两级抓好其他工作创造了有利条件。三是初步确立了具有本镇特色的大调解格局。按照县司法局提出的紧跟上海地区大调解的发展趋势、营造社会大调解格局的要求，镇党委、政府在政策上给予引导支持，在人力、物力、财力上给予必要保障。

（崇明县社建办供稿）

“二位”“六法”化解矛盾纠纷

响哃村的矛盾化解法

近年来，随着新农村建设的不断深化，涉及村民既得利益而引发的社会矛盾纠纷日益增多。崇明县竖新镇响啊村积极探索基层矛盾化解工作新机制，把矛盾化解工作作为维护农村稳定、构建平安和谐社会的一项重要工作来抓，在实践中逐步形成了“二位”、“六法”的工作方法，有效提高了处置各类矛盾纠纷的能力。

这些年，随着村级基础设施建设、农业结构调整、土地流转、拆违治违、企业转制等工作深入展开，对村级管理工作提出了更高的要求，尤其是涉及村民既得利益而引发的社会矛盾纠纷日益增多，如何采取新的措施，创新工作方法，推动强化村级管理，化解矛盾纠纷，维护社会稳定，是广大村级干部必须深入思考的问题。

讲方式用情理

化解突出矛盾，工作方式到位

响啊村将维护群众利益作为化解矛盾纠纷的出发点和落脚点，主动出击，狠抓重点，推动相关工作有序开展。一是突出重点，全面排查。定期对村域范围内的矛盾纠纷进行排查，掌握工作主动权；汇总分析以往矛盾纠纷，将邻里界址、建房高低、土地流转等确定为排查重点；随时掌握村情动态。二是超前预防，主动介入。按照“预防为主、教育在先、调解在前”的工作思路，努力做到预防在先，苗头性问题早消化；教育在先，重点对象早转化；调解在前，矛盾纠纷早解决；变事后处理为超前预防，变被动调处为主动化解，及时将各类矛盾纠纷化解在萌芽状态，化解在基层。三是动之以情，晓之以理。在调解工作开展过程中，时刻不忘维护群众利益，急群众之所急，想群众之所想，动之以情，晓之以理，最终促使矛盾双方相互谅解，消除纷争，回归和谐。如，村民甲和乙是前后邻居，一次双方发生矛盾后，乙将甲进出自已路段的路口堵住，使甲无法出入。甲欲在自家西边铺路出行，又被乙以有碍美观为由阻止。村委会从维护双方利益出发，努力协调两家调换土地，既方便甲的出行，也不影响乙居住环境的美观。经过耐心的说服教育，甲乙双方最终同意了村委会的方案，矛盾得以化解。

沟通善用情理，调解方法到位

响啊村在化解矛盾纠纷工作中，注重换位思考，交流沟通中以“理”服人、以“情”动人，使得矛盾纠纷调解工作取得较好的效果，并总结出化解矛盾纠纷“六法”。**隔离说教法**。纠纷发生时，双方当事人大都情绪激动，行为过激。此时将矛盾双方进行隔离，由“面对面”变“背对背”，分别进行说服教育，使双方当事人趋于理智，为调解工作创造有利条件。**耐心倾听法**。作为调解者，善于聆听，决不能仅凭经验和想象妄下结论；倾听时不要过多插话，引导当事人将发生纠纷的原因、经过、诉求、意见等全部说出来，让当事人卸掉“包袱”，重归理智；根据掌握的客观情况，找准调解切入点，为下一步工作开展打下坚实基础。**夸奖鼓励法。**调解矛盾纠纷时既讲究方式方法，更注重语言的运用。在实际调解过程中，村委调处人员要善于发现当事人的优点和长处，并不吝于用赞美之词对其进行肯定，通过语言的夸奖，拉近与当事人的距离，激活其良好的情绪，从而成功调解了不少纠纷。**成本核算法。**面对一些陷入僵局的打架斗殴事件，成本核算能有效说服当事人主动接受调解。调解员正确把握当事人的心理，巧妙地运用成本核算法，提高了调节效果。**自我检讨法。**矛盾纠纷的产生，很多时候双方都有责任，调解员运用引导当事人自我反省、自身找过错的方法，打开僵局。如，村民丙一棚园布局不合理，严重影响通行安全，造成了多次交通事故。调解员主动上门协商沟通，首先承认行人不够细心存有一定责任，然后引导丙换位思考。村民丙经过自我反省，意识到自家棚园的确存在布局不合理的问题，同意拆除。村委会投入资金，将丙拆除后的棚园建成绿地，既优化了通行，又美化了环境，一举两得。**温暖分别法。**在调处矛盾中，该村调解员以真诚温暖的语言有助于拉近与双方当事人的距离。调解成功时不忘说声“谢谢”，感谢当事人对调解员工作的支持，即使不成功，也要表达对矛盾双方的关心，以及为他们解决问题的诚心。

风雨后的阳光

响哃村在化解村民矛盾纠纷的过程中，始终坚持“二位”、“六法”，营造了良好的村民关系，确保了社会和谐稳定，深化了党员干部作风建设，为村级各项工作的顺利开展奠定了良好的群众基础、提供了有力的组织保障。

村民关系呈现“三多三少”的和谐局面

随着民调工作的不断推进，村民矛盾纠纷得到了有效化解，村民关系更加和谐，呈现出“三多三少”的良好局面，即村民相处交流更多、争吵减少，理解更多、误会减少，包容更多、矛盾减少，有效地维护了社会和谐稳定。

党员干部形成“积极主动、争创先进”工作作风

民调过程中，村党支部有效利用创先争优、组团式服务等工作平台，将支部党员干部补充到民调队伍当中去，形成一张巨大的矛盾纠纷排查网络，通过入户走访等形式实现矛盾纠纷的“早发现、早介入、早处理”，在推动民调工作深入开展的同时，使支部党员干部逐渐形成了“积极主动、争创先进”的工作作风。

村级各项工作顺利开展

村民矛盾纠纷的有效化解，为村级各项工作的顺利开展奠定了良好的群众基

础，提供了有力的组织保障。近年来，响哃村在全村群众的大力支持下，社会经济建设取得了长足进步，基础设施建设稳步推进，村容村貌不断改善，生态环境明显好转，村民素质显著提高。

（崇明县社建办供稿）

建设“宅基老娘舅”队伍 完善化解矛盾机制

随着本市大型居住社区落户金汇，大量流动人口导入，涉及土地流转、动拆迁、物业管理、劳动争议、婚姻家庭和邻里纠纷等方面的矛盾纠纷越来越多，对本地区社会稳定构成较大压力。奉贤区金汇镇结合农村地区生活区域相对固定、邻里之间比较熟悉的特点，以建设“宅基老娘舅”队伍为抓手，动员社会力量参与矛盾纠纷化解工作。

2011 年 3 月，镇党委、政府成立“宅基老娘舅”工作机构，制定下发《关于金汇镇“建设‘宅基老娘舅’队伍，完善化解矛盾新机制”的实施意见》。一是明确目标。确定了以“三定”为目标的工作方向：定区域，在全镇各村民小组内配备“宅基老娘舅”，具体在村人民调解委员会的指导和管理下开展民事矛盾纠纷的化解工作；定职责，主要职责是排查本区域内不稳定因素的动态，化解民事矛盾纠纷，开展法制宣传教育和不稳定因素的舆情上报等工作；定目标，通过“宅基老娘舅”工作，确保辖区内一般矛盾有人抓、有人调，重大疑难纠纷联动化解。二是组建队伍。以村民小组和街道楼组为基准点，层层遴选，组建了一支由 123 名政治素质好、群众威望高、业务能力强、热心人民调解事业的优秀人员组成的“宅基老娘舅”队伍，并建立人民调解资源信息库。在各村建立“宅基老娘舅工作指导站”，作为工作推进责任主体。三是健全制度，广泛宣传。制定了工作职责、受理范围和协议书制作等相关工作制度，使每项活动有记录，调处纠纷有台账，典型案例有报道，考核评奖有依据。集中开展业务培训，全面提高业务水平和履职能力。制作“‘宅基老娘舅’为你解忧愁”宣传版面，印制《“宅基老娘舅”法制宣传月月行》、《“宅基老娘舅”说法》等宣传册 12 套 2 万余份。四是整合资源，强化督查。镇稳定办、司法所、稳定中心、信访办等部门通力协作，切实加强人民调解的指导和管理，发挥律师“双结对”的作用；整合劳动监察、消保分会、残疾人法律服务、信访代理等社会资源，全力推进人民调解、司法调解、行政调解的有机衔接。加强检查和考核，对“宅基老娘舅”的信息排查和上报、民事纠纷调处人民调解协议书的制作进行抽查和督导，实行考核，确保实现预防和减少民事矛盾纠纷的工作目标。

依托“宅基老娘舅”队伍，建立了“横向到边、纵向到底”的人民调解工作网络，实现了人民调解工作的全覆盖网格化管理，填补了村民小组这一调解纠纷的空白。用群众最熟悉的面孔、最喜欢的语言、最亲切的方式化解群众遇到的烦心事、闹心事和揪心事，畅通了民意表达诉求渠道，形成了矛盾化解合力，探索了动员社会力量参与社会管理的新途径。

“宅基老娘舅”化解矛盾的举措得到了市政法委的高度关注，《解放日报》、《文汇报》、《法制日报》等媒体相继作了报道，运行两年多来，共开展排查734余次，发现不稳定因素290起，化解民事矛盾纠纷245起，开展法制宣传300多次，接待咨询7000余人次，受教育人数7万余人次，村民上访人数明显减少，基本做到“小事不出村、大事不出镇、矛盾不上交”。

（奉贤区社建办供稿）

创新理念破顽症 多方联动求实效

黄浦区豫园地区小商品市场已成为上海市小商品经营种类最多、人流量最大、市场最集中的市场之一。共有23个市场和4149个摊位，90%的市场经营者是外来人员，市场日平均客流量为268000人次，包括大量的国内外游客。随着市场逐步繁荣的同时，客户与商家、客户与客户、商家与商家之间的矛盾纠纷经常出现，日益凸显，不时伴有打架等事件发生，“110”报警数一度居高不下。面对小商品市场带来新的矛盾和问题，黄浦区及街道领导认为：豫园地区小商品市场的有序引导和管理已是迫在眉睫的任务，如不及时有效地解决各类矛盾纠纷，必然会造成一定的负面影响，影响社会稳定，甚至会影响到上海乃至全国的形象。2009年8月起开始探索建立豫园商城人民调解组织。至2012年底，在23个市场内全部设立了人民调解工作站，共受理调解矛盾纠纷近3000起，制作协议书1000余份，涉及金额200万余元，市场内各类纠纷引起的“110”报警数从以往一天6至7次减少到每周1至2次，基本做到“小纠纷不出站、大纠纷不出室、疑难纠纷不出市场”，既促进了市场繁荣稳定，又维护了本区和上海窗口形象。

积极探索实践，建立小商品市场人民调解工作网络

黄浦区司法局协调公安、工商、商场、市场等部门和单位，按照分阶段，边实践、边探索、边健全的工作思路，共同派员参加豫园小商品市场人民调解组织。首先在纠纷突出、商铺集中的豫园小商品市场建立联合人民调解工作室，接着在豫园地区的福民、福佑、福佑门、福源、藏宝楼等 6 个市场分别建立人民调解工作站，调解工作站人员由业主推荐产生，会同市场管理人员共同参加。工作站在调解室的指导下开展工作，在取得初步成效的基础上，2010 年 1 月，区司法局、豫园社区（街道）党工委、办事处、区人民调解委员会召开了豫园地区市场人民调解工作推进会，在辖区 23 个市场、商场内全部建立了调解工作站，使豫园地区小商品市场的人民调解组织达到了全覆盖，形成二级联合人民调解组织。

整合各方资源，确保调解工作常态运行

小商品市场调解工作室成立后，整合了区司法、公安、工商等行政部门的资源，加强对小商品市场矛盾纠纷工作的指导及参与。并且不是被动等待案事上门，而是通过分析排摸主动出击，到矛盾纠纷源头地开展调解工作，形成多方参与的联调机制。一是人民调解工作室与公安部门之间紧密配合，形成纠纷联调机制。调解室成立初始阶段，针对纠纷双方习惯打“110”报警或直接到派出所解决的心态，人民调解工作室抽调了具有丰富经验的调解员，每周三次进驻派出所调解室，配合派出所治安专联调解警官，专门调处市场“110”接警后或双方来到派出所的各类消费、治安、劳务、民商等纠纷。通过驻所调解员、专联治安调解警官的联手调解，为当事人提供便捷、高效的法律支持和援助，深受纠纷当事人的欢迎，联调成功率达 100%。二是人民调解工作室与工商部门之间紧密配合，形成投诉联调机制。人民调解工作室主动加强与工商投诉部门沟通，取得支持，并形成制度。对在小商品市场内发生的消费类矛盾纠纷，消费者可通过调解工作室的平台直接向工商部门投诉，由工商部门派员前来共同调解；工商部门接到投诉后，也及时与调解站取得联系，调解人员一同参与矛盾纠纷化解工作，工作室与工商部门的双向联动极大地提高了矛盾化解的工作效率。三是人民调解工作室与市场工作站之间紧密配合，形成信息联动机制。人民调解工作室人员每周到工作站了解调解工作情况，掌握各市场第一手工作动态，要求工作站每天将调解工作信息反馈到调解工作室，及时进行研

判，对一些较大、疑难的矛盾纠纷，提级到工作室，由工作室通过权威部门予以调处。黄浦区司法局、区人民法院、豫园司法所还定期对人民调解工作室进行业务指导、培训和疑难矛盾会诊，切实规范并确保了各项调解工作的顺利开展。

完善运行方式，形成调解工作长效机制

为进一步完善工作制度，区调委会狠抓规范化建设，建立健全了各项工作制度，形成了长效调解工作机制。一是建立每月一次的司法行政、公安、工商等相关单位联席会议制度。对人民调解工作室自身发展存在的问题，如调解人员的配置、经费使用、重大事项等问题，通过联席会议制度及时协商，妥善解决；对于市场内出现的疑难矛盾纠纷，各个部门通过联席会议制度共同探讨，达成共识，提出可行的解决方案。二是建立健全调解工作站各项工作交流学习制度。确立并完善了每季度一次各工作站负责人工作交流、每年一次外出学习考察以及一年一度工作总结表彰会议制度，通过学习交流，不仅畅通了市场、商场内部的沟通渠道，而且有效提升了调解员的业务水平。三是加强工作室内部管理规范化建设。重点加强了协议书汇编存档工作，做到登记规范、分类存放、查找便捷，同时，不断完善文明接待、文明用语及办公室内务管理制度，通过各项具体工作制度的建立、完善，确保了小商品市场调解工作的有序规范开展。四是强化业务培训制度。调解工作站的人民调解员大多是由保安兼任，调解水平和业务知识参差不齐，为提高调解员的业务水平，各部门和商场、市场均开展了一系列针对性、启发性的业务培训活动，有效开展了以实际案例交流为主、理论指导为辅的培训活动，请区首席调解员讲解成功案例的经验和调解方法，从而提高了培训的实际效果。此外，还采取激励和表彰相结合的方式，激发各工作站人民调解员的工作热情，提高调解员的积极性。

（黄浦区社建办供稿）

“国际静安”的双语调解

在静安区，有一些高档住宅区被称为“小联合国”，其中的居民来自几十个不同的国家和地区，江宁路街道的景苑居民区和石门二路街道张家宅居民区内的

国际丽都就属于这样的情况。居民之间出现邻里纠纷也实属平常，加之迥异的语言、文化与风俗背景，“洋居民”与本地居民，以及“洋居民”之间的矛盾纠纷，给居委会的调解工作带来了新课题。

2009年，借迎世博之机，景苑居委会通过张贴英文邀请函等形式，广泛宣传动员，招募了9名来自不同国家，通晓不同语言的亚裔、华侨、华裔“调解志愿者”，加入了“双语调解委员会”；张家宅居民区党总支和居委会，聘请了7名外国居民与两位居委会干部成立了“双语调解工作室”。

一次，居住在景苑居民区的一对俄罗斯夫妇反映楼上1602室总在深夜把电视音量调得很大，严重影响他们休息，几次交涉都未果后便向居委会求助。考虑到1602室是一户刚到中国不久的菲律宾家庭，不能完全听懂中文，景苑居委会安排了精通菲律宾语和英语的调解员全程跟随此事，一方面在调解中提供翻译，解除语言障碍，另一方面也能让这户菲律宾家庭对调解员产生亲切感，最终成功化解了矛盾和尴尬。无独有偶，石门二路199弄的赵先生反映，楼上有位美籍居民经常半夜醉酒，对着阳台大声吼叫，影响周边居民。张家宅居委会双语调解工作室的“洋娘舅”们获悉后及时赶到这户居民家中，经过耐心劝导，这位“洋居民”直呼“OK”并连连致歉，居民们谅解的同时也表示愿意帮助这位“洋邻居”融入新的氛围。

几年来，志愿者们利用业余时间，无偿参与双语调解，并通过定期的工作例会和不定期的交流活动，一起研究调解工作，成功调解了百余件涉外邻里纠纷，着实增强了综治与调解工作委员会的工作力量和化解涉外居民纠纷的能力。

（静安区社建办供稿）

疏导心理 疏解矛盾

一对领养关系的母女，由于对生活琐事意见不一，缺乏直接的沟通交流，双方的互不信任造成了各自的心理不安全感，自此生活中处处摩擦，以至于矛盾激发，母亲要求解除领养关系，女儿更以自杀相威胁。在了解情况后，闸北区司法局迅速反映，主动安排辖区内的心理咨询师跟进，尝试以“疏导心理、疏导矛盾”的“双疏”工作方法，努力化解矛盾。通过多次心理疏导，使母亲答应暂不解除关系，给女儿一个机会，女儿也向“双疏”工作人员承诺每天按时回家，并在回家后用短信告知“双疏”工作人员。在后续的疏解矛盾过程中，母女俩的情绪又出现反复，“双疏”工作人员又通过多次心理疏导，终于化解了两人的心结，使一对母女重归于好。

上面所讲述的是发生在闸北区创新社会管理、探索引入第三方力量开展“疏导心理、疏解矛盾”化解社会矛盾过程中发生的一个真实案例。“疏导心理、疏解矛盾”（以下简称“双疏”）工作方式，将心理疏导引入到调解工作中去，通过辅导、沟通等方式，引导群众以理性驾驭情感，使矛盾纠纷当事人情绪平复、回归理智，达到疏解矛盾的目的，在深层次化解矛盾纠纷中发挥了积极的作用。

心理咨询师担当起“调解助手”，帮助对象解开“心结”

闸北区与红十字会联手，引入中国心融集团德瑞姆公司专业心理咨询师队伍，在各个街镇挂牌成立了“疏导心理、疏解矛盾”工作室（简称“双疏”工作室），在报名的众多志愿者中挑选了18位责任心强、乐于奉献的心理咨询师志愿者，建立心理咨询师志愿者档案，颁发红十字志愿者证书，在上岗前进行志愿者理念、红十字知识以及社区情况的培训，明确心理咨询师志愿者的工作职责，组建起了一支具有丰富心理疏导经验的队伍。通过定期开展服务、及时联系沟通、疏导负面情绪、纠正认识偏差、调整行为模式，心理咨询师们以发现真实诉求为手段，以解决矛盾为目的，帮助对象找到“心结”，及时跟进帮困救助、就业援助等实质性措施，为社区稳定发挥作用。

法制宣讲“一案一析”，帮助对象回归理性诉求

针对特定矛盾对象普遍存在的“诉求过度”、“表达过激”两大难题，闸北区选派长期奋战在维稳一线的工作人员以及有关专家等22人组成法制宣讲团，开展特定对象的法制宣讲。宣讲团的成员一般都已从事维稳工作多年，专业理论与实践经验兼具，擅长做群众工作，通过主题宣讲、倾听沟通、面对面析案讲法等方式，对那些经常缠访、闹访及非正常上访的矛盾对象开展有针对性的法制教育，及时进行疏引、疏导，在疏通中讲理，在引导中讲法，发挥法制宣传和思想教育两大功能，帮助对象回归理性诉求，实现疏缓情绪、疏引诉求、疏导心理、疏通感情、疏解矛盾的“五疏”目标。

将诉前调解引入房屋拆迁纠纷处置，讲感情更讲公道

将“诉前调解”引入化解旧区改造矛盾的试验，产生于《国有土地上房屋征收与补偿条例》实施的大背景下。条例出台后，法院作为房屋拆迁的认定者和执行者，容易陷入“信任危机”，造成被拆迁户不服判决，最终演变成信访矛盾。

针对这一情况，闸北区提出“借鉴法院诉前调解做法、化解房屋拆迁纠纷”的思路，充分发挥人民调解的制度优势和人民调解员的中立身份优势，请从群众中来的人民调解员出面调和矛盾，依靠群众做群众工作，在相关纠纷进入司法强迁程序之前，架设“柔软的滤网”，从源头上预防和减少因强迁可能引发的矛盾“后遗症”。通过第三方力量介入，避免了“公权力”与民众利益直接冲突，最终促成动拆迁公司和被拆迁户自愿签订调解协议，从源头上避免强迁引发旧改对象与“公权力”之间产生矛盾。

经过一年多的探索实践，“双疏”工作初见成效。这种引入第三方力量化解社会矛盾作为社会管理创新的探索和发展受到了市、区各级领导的高度肯定和社会各界的广泛关注，司法部的简报专题报道了区司法局“双疏”工作做法，《中国司法》、《法苑》杂志、《上海法治报》等媒体以及上海《东方网》“嘉宾访谈”栏目都相继报道。《文汇报》还以《引入第三方力量化解社会矛盾的“闸北试验”》为题在头版连续刊登，并作为“思想政治工作新招”入选市委宣传部主办的上海“城市新印象”（2007—2012）主题系列宣传活动，成为全市司法行政工作唯一入选项目。

（闸北区社建办供稿）

小巷总理的暖心港

俞静工作室

新形势下长宁区新华社区管理面临许多新挑战，居民区干部队伍面临“断层”新困扰。在这种背景下，俞静居民区社群工作室于 2007 年 6 月创建，并于 2008 年 4 月，挂牌成为长宁区委党校基层培训点。多年来，工作室形成了鲜明的培训特色，取得了良好的社会效果。

晒晒成绩单

工作室成立以来，已先后举办培训班 19 期，培训居民区干部 245 人，有 60% 学员已担任了居民区书记、主任职务。其中新华街道梅安居民区书记沈银娣、新泾镇福泉居民区书记谢月霞等多位居民区书记获得长宁区金银奖。培训内容具有较强实践性、操作性的特色，重在传授社会管理中的实践经验和操作技巧，让学员听得进、用得上、见效快，学会了一些实用的工作方法。学员们普遍认为在工作室学到了群众工作方法的真经。工作室利用社会组织“第三方”资源，对居民区干部进行专业化、社会化培训。在新形势下党的社会工作创新的探索上闯出了新路子，市、区及社会各界对工作室的品牌效应给予了高度评价。

重理论深实践

工作室围绕新时期社会管理和居民区的工作特点，有针对性地安排培训内容。每一期培训班设计为“课堂学习，上岗实习，跟踪培养”三个阶段。第一阶段：课堂学习，分为基础课、经验课、实践课。第二阶段：上岗实习，将学员安排到长宁区的 10 个实践基地上岗实习，邀请有经验的居民区书记进行“传、帮、带”。第三阶段：跟踪培养，即对学员进行综合评定，提出推荐职务意见。对结业后的学员进行跟踪问效，给予个性化指导。

围绕社会管理新需求，加强系统理论培训，提高学员社区工作的基础知识水平

将居民区干部的系统理论培训与社会管理新形势、新需求相结合，是工作室培训工作的基本特点。在系统理论的培训中，重点讲授社区管理的基础理论、专业理论、实务理论。基础理论课主要邀请长宁区委党校、区民政局和街道的领导

或教员讲授社区党建、社会管理的新理念、新知识、新要求；专业理论课主要邀请信访部门，物业咨询、心理咨询等专业工作室的专业人士，讲授社区矛盾纠纷化解的专业知识；实务理论课主要邀请在街道一线工作多年的经验丰富的科长，讲授居民区六大委（党建委、综治委、市政委，社发委、社保委和财经委）工作的务实理论课程。通过系统理论的培训，让学员能够多角度、全方位、深层次的加深了解社会管理各条线工作。学员普遍感到，系统地学习社区基础理论知识，能够帮助他们更全面、更系统地了解社会管理的工作职责和要求，成为全科居委干部，为今后的工作打下坚实的基础。

针对群众工作新情况，努力传授实践经验，提升学员密切联系群众的工作方法

做好群众工作是改进社会管理的重要保证。将传授群众工作的实践经验与改进社会管理方式相结合，是工作室培训工作的一大亮点。在培训中，既重点讲授群众工作传统方法，主要是邀请了俞静、朱国萍、胡金英、张雅玉、张园园等一些市、区获得金奖的优秀居民区书记，为学员传授他们几十年积累下来传统经验和方法。如："三解"（经济上解困、生活上解忧、精神上解闷）、"四百"（串百家门、知百家情、暖百家心、解百家忧）等群众工作方法。又针对当前群众工作"三多三难"新情况（商品楼房多了，业主门难进了；老年人多了，子女照顾难了；人户分离多了，人口管理难了），总结讲解新时期群众工作新方法，主要是邀请上海市知名人士、"新老娘舅"节目主持人柏万青讲解新时期社会矛盾化解技巧；邀请上海市优秀共产党员标兵俞静讲解"靠得上、兜得转、摆得平"的新时期群众工作的新经验、新方法。还区别新老城区讲授不同的工作方法，主要是邀请天山三村居委会书记张雅玉介绍老城区社区工作互动技巧，邀请华山居委会书记叶华介绍商品楼房社区怎样建设信息化小区等。学员说：学习这些先进的工作经验和工作方法，拓宽了我们的眼界，可以使我们在工作中少走很多弯路。

面对基层矛盾新变化，开展案例互动教学，增强学员处置各类矛盾的技巧能力

新形势下社会矛盾进入凸显期，人民内部矛盾也呈现出许多新特点，将案例互动教学与基层矛盾新变化相结合，是工作室培训工作的主要特色。在案例互动教学中主要是采取体验式、观摩式、讨论式等三种形式。体验式教学主要是组织学员参加新华街道视频会议、新华居民区的工作例会，泰安居民区的居民自治活动"快乐下午茶"等。让学员在深入体验的过程中，理清居民区条块结合的工作思路和工作流程。观摩式教学主要是组织学员到市、区优秀的居民区参观考察，如组织学员到仙霞街道仙逸居民区参观学习楼组党建，使学员学到了楼组党建的好经验、好做法。通过参观学习，让点上经验，在面上开花。讨论式教学主要是开展无主持讨论，让学员将身边发生的矛盾编成案例，用小品的形式进行表演，从中让他们找出解决问题的办法，再由带教老师进行分析和点评，提高他们解决矛盾的能力。这种案例互动教学形式，寓教于乐，生动活泼，充分激发了学员的学习的积极性和主动性，学员们利用这样的平台，互相探讨、共同提高。

将社区工作进行到底

必须坚持立足社区，才能在服务基层中体现工作室的工作价值

立足社区，服务社区是工作室的执教之基。几年来，工作室始终坚持这一个原则，以长宁区新华街道为基地，将培训工作逐步向外街道、外区街道拓展，使工作室成为市、区、街道培训居民区干部的一个重要阵地。实践证明，牢牢扎根于社区，服务社区，才能使工作室在基层打牢基础，站稳脚跟，才能体现自身的工作价值。

必须把“教做人、教做事”贯穿培训工作全过程，才能培养出政治素养高的优秀居民区干部

“教做人，教做事”是工作室培训工作的根本目的。做一个居委干部，如果自己人都做不好，群众就会不信任你、不支持你。所以，在培训的全过程中，重在提高学员的综合素质，教会学员“先做人，后做事”的道理。实践证明，综合素质教育是工作室培训工作的根本要求，只有把“教做人、教做事”结合起来培训，才能培养出政治素质高、业务能力强的居民区干部。

必须紧紧围绕社会管理的新形势、新要求传授有效方法，才能提高培训工作的实效性

解放思想，与时俱进、开拓创新是工作室培训工作必须遵循的思想原则。形势发展变化了，社会管理方式也发生的新变化。因此，工作室培训内容也必须相应作出新的调整，积极探索加强和改进群众工作的新途径新办法新机制，把群众工作贯穿到社会管理各个方面、各个环节。只有始终坚持解放思想、开拓创新，才能使工作室培训工作充满生机活力。

（长宁区社建办供稿）

“小巷总理”微博

2011 年 2 月 11 日，为了引领居民自治，促进和谐社区建设，欧阳街道 18 个居委会率先在新民网开通“小巷总理”微博，一石激起千层浪，居委干部能否写好微博？“小巷总理”微博能否吸引粉丝？能否收获促进居民自治的实效？一时引起社会热议。一年多的实践证明，“小巷总理”微博不仅能登大雅之堂，而且在和谐社区建设中能够起到连心桥、助推器的作用。

“小巷总理”微博：作用实录

汗滴曲阳路，张张皆辛苦——微博架起连心桥

2011年7月，人大换届和侨情调查进入攻坚阶段，居委干部走街串巷，辛苦不言而喻，有时上门还要遭受冷遇。一天，董家宅居委会在新民网发了一条微博：“今冒着酷暑，又在为人大换届排摸走访属地单位选民。曰：徒步日当午，汗滴曲阳路，谁知手中卷，张张皆辛苦？想到哲人如是说：风雨，不是天象，而是锤炼；沧桑，不是自然，而是经历——心性顿然开阔。”既表达了工作艰辛，又透露出乐观的情怀。微博发出后，不仅居委干部热烈附贴，“小巷总理们，走街又穿巷，默默耕耘着”；而且社区居民也积极跟帖，“愿以手中鼠标为你们下载清凉，更愿在现实生活中分担你们的辛劳”。经过微博的传播，拉近了居民和居委会关系，居委会开展人大换届选举和侨情登记工作顺畅了许多。

一根爱心绳，成为救命绳——微博传播感人事

欧阳社区大三居民区79岁的包老伯几年如一日，每天通过爱心绳照顾楼下腿脚不便的87岁独居老人孙阿婆。2011年4月12日，包老伯像往常一样将孙阿婆的信件通过爱心绳悬挂在楼下窗台外，但直到天黑仍未被取走，包老伯担心意外，赶紧联系居委会，及时救下了昏迷多时的孙阿婆。这件感人事由大三居委在东方网微博发布后，“一根爱心绳，成为救命绳”的故事在网上不胫而走，博友竞相跟帖：“社区温暖一幕，邻里情好感动！”、“包老伯是社区活雷锋，值得称赞”……各大媒体竞相报道。类似借助“小巷总理”微博，宣传社区感人的例子举不胜举，如赞扬周氏夫妇几十年如一日悉心照顾孤老，赞扬区司法局同志为中途驿站5名矫正对象送温暖，赞扬邻居小黄关心独居老人宋阿婆等感人事例，在“小巷总理”微博上随处可见。

老人有困难，博友伸援手——微博为民解烦忧

2012年3月3日，欧三居委书记将在鲁迅公园亲历的一幕搬上微博，纳保老人徐素贞到公园打热水，遭门卫指责，老人说，我来此打热水，可以烧饭、做菜，省一点开销。博友“静之”、“sophieying ”读帖后，感慨老人生活艰辛，携物看望。4月23日，欧三居委又发帖：“刚才，博友静之到居委会，委托将300元钱交给纳保老人徐素贞。静之说，好事要做，不要宣传，我尽我能，关爱老人，

并且表示以后每月将150元打进居委民政干部的卡里，一直到该老人圆寂。”博友申松发帖评论：“善良是具体的细小的，甚至是无声的，每一次不经意的流露，却又总是让人肃然起敬，静之，好样的！”如今在欧阳社区，小区居民有了困难事、烦心事，只要@某某居委，或由居委在网上一晒，“小巷总理”和博友们就会伸援手，尽力帮助。如紫荆居委通过微博平台了解到老年人日托和吃饭难题，与物业联系，成立“长者居家养生俱乐部”，居委干部利用午休充当志愿者提供送餐服务，受到群众好评。

社区有矛盾，微群共化解——微博自治搭平台

2011年11月，欧阳“小巷总理”在网上发帖求助，小区 × 号 × 室的居民和楼组长因为发生争执，要求更换楼组长，再三劝说无效，请各位网友帮忙出主意。微博发布后，微群里的网友们纷纷争当化解小区矛盾的“老娘舅”。“围裙妈妈”博友建议，用换位思考法做居民工作，“逢凶化吉”网友则建言召开楼主居民会……博友们的热心建言，帮助“小巷总理”拓宽了化解矛盾的思路，最终促成了矛盾化解。在“小巷总理”微博上类似居民自治的实例很多，如居委会换届选举，实行全程微直播；欧五社区党总支，在微群上组织党员和积极分子过开放式组织生活，共同就如何解决空中抛物、河道安全、破墙开店等问题进行讨论，加强了党务公开，促进了居民自治；居民在微博上开通“嘉家和谐心理工作室”，为社区居民解心结；微博平台上，博友共同探讨加强小区业委会建设……“居民自治，关心身边事”逐渐成为“小巷总理”微博的主旋律。

梅超风来袭，网上信息传——微博服务百姓事

去年台风“梅超风”来袭前夜，社区居委会喇叭广播与微博宣传双管齐下，“请居民自查居住外墙立面的墙砖、玻璃窗和室外空调是否牢固，发现安全隐患及时告知物业……”，微博发布后，立刻被网友“转”了起来。董家宅居委会书记深有感触地说：“用喇叭在小区里广播半天，上班族一句听不到，而在微博上‘转一转’，知晓的人更多了。”现在经适房如何申请？“吃低保”要符合哪些条件？节假日小区有啥活动？等社区居民迫切需要了解关心的事，欧阳社区居民多了一条获知信息的途径，在家轻点鼠标上一下居委会的微博，社区便民事项便一览无余。

“小巷总理”微博：作用启迪

纵观欧阳“小巷总理”微博的成长历程，从居委干部不会写博到写博能手，从新民网拓展到东方网，从很少有人关注到拥有2万多粉丝，可以清晰地看到，她的成长虽然是“小荷才露尖尖角”，但她在社区建设舞台上发挥的积极作用却令人瞩目，一年多的时间，18个居委共发微博3万多条，传播感人事，关心身边事，解决困难事，共做热心事成为“小巷总理”微博的主基调。那么欧阳“小巷总理”微博成功的奥秘何在，她给了我们哪些有益的启迪？

办好“小巷总理”微博领导重视是关键

欧阳“小巷总理”微博办得红火，这与党工委、办事处高度重视密不可分。街道成立微博管理领导小组，由党工委书记任组长，分管宣传副书记任副组长，成员由街道科室负责人组成，统筹协调和管理微博工作；明确居民区党组织负责人为所在居民区微博第一责任人，负责本居民区“小巷总理”微博工作。而且沿着欧阳“小巷总理”微博的成长道路，可以清晰地看到区委主要领导给予其一路呵护，积极地跟帖、转帖，有时虽然寥寥数语“居委干部好样的”，有时虽只有一个大拇指手势，但给予“小巷总理”办好微博的鼓舞是巨大的。

办好“小巷总理”微博家喻户晓是前提

为了让“小巷总理”微博进百家门，知百家情，暖百家心，让群众关注，与群众互动，街道发挥《欧阳社区报》送到千家万户的优势，2011年5月第一期《欧阳社区报》头版进行了集中宣传，之后，又在每期开辟专栏，进行广而告之，同时还利用社区代表会议、楼组长会议、居民会议和社区文化活动中心等，扩大宣传影响。

办好“小巷总理”微博加强培训是基础

“小巷总理”微博主笔是居委干部，为了帮助居委干部驾驭微博，街道请区委宣传部长讲办好微博的意义，提高认识；请专业人员为居委干部授课，提高撰写微博的实务能力；请居委干部互相言传身教交流撰写微博的体会，提高实践能力。为了吸引更多的社区党员群众参与“小巷总理”微博互动，街道利用文化中心东方信息苑分期分批进行上网知识免费培训，累计培训600多人次。

办好“小巷总理”微博后台支撑是保障

办好“小巷总理”微博，回应群众利益诉求，需要后台支撑。街道不仅落实信息办，每周通报社区网络舆情；而且与18个“小巷总理”微博相呼应，15个科室部门和18个社区组团式服务，共同组建“欧阳社区微博群”，壮大了依托微博群推进社区共治、居民自治的力量。为了及时回应群众利益诉求，街道建立微博群值班负责制。由党办牵头，制定街道分管领导一周轮流值班表。值班领导负责关注微博上群众提出的热点问题，督促各微博相关职能部门和居委及时答复，必要时召集有关科室研究解决办法和回应群众利益诉求。

办好“小巷总理”微博制度建设是根本

办博贵在持久，难在坚持。欧阳“小巷总理”微博，之所以能够从浅滩试水到在网络微博的海洋里畅游，最根本的一条在于他们善于总结实践经验，发现问题，改进工作，通过制度建设，保障“小巷总理”微博沿着正确的航向前进。街道制定的《关于加强微博服务管理的有关办法》，从加强组织领导、建立培训指导机制、建立回应处理机制等方面，明确了办好社区微博的工作责任和管理服务流程，从而使微博这个新生事物真正成为欧阳和谐社区建设的一个有力抓手，社区共治、居民自治的一个平台。

（虹口区社建办供稿）

园园居民事务工作站

江浦路社区（街道）在原有工作基础上，进一步解放思想，探索实践，通过购买服务的方式，于2011年底与杨浦区委党校、复旦大学社会发展与公共政策学院签订合作协议，共同实施“创新管理 活力江浦”自治促共治项目。该项目以尊重基层组织的主体性、尊重社区居民的参与性、尊重社区管理的科学性、尊重社区发展的规律性为原则，通过党工委领导、街道总负责、申报者做主、第三方指导的方法，以项目化形式运作，聚合多元主体，推进自治促共治，激发社区活力，小巷驿站就是其中之一。

小巷驿站项目由“园园居民事务工作站”承接。2010年3月江浦路街道园园居民事务工作站成立，这是以“全国优秀社区工作者”“全国三八红旗手”“上海市优秀党务工作者”张园园的名字命名并以其为主导的社区社会组织，其主要功能是在社区建设中发挥政府和市场之外的第三方的作用。

社区驿站

小巷驿站项目的主要内容是通过座谈会、走访和举办培训班以及开展联谊活动等方式对居委会干部进行关怀，主要是满足以下四方面需求：

调适站的需求

居委干部工作辛苦，有时还得不到居民的理解与支持，感觉不到工作的价值，如果居委干部在工作中受到委屈，可到工作站来倾诉一番，释放心中的烦恼。小巷驿站项目承接者会倾听并做些心理疏导和调节工作，让驿站成为居委干部心灵放松、心情舒适的调适站。

加油站的需求

居委干部在工作中感到吃力，尤其是难以适应新的要求时，可以通过“小巷驿站”项目的支持，借用项目指导组的“智力”，以及通过接受培训等方式提升能力、振奋精神，更好地为社区居民服务。

会诊站的需求

驿站为居委干部在工作中遇到的困难、处理麻烦的纠纷（个案）事件提供方法指导，开“专家门诊”对一些“疑难杂症”进行会诊。这开拓了居委干部的思路，引导他们掌握面对面做群众工作的方法和技巧，提升与群众沟通的能力。

推荐站的需求

小巷驿站项目将通过培训、走访、听取居委与居民意见为居委会挖掘、储备后备干部提供人选，作为社区工作人才的推荐站。

驿站目标

小巷驿站项目主要任务是对居委会干部进行关怀，总体目标是利用第三方的平台提升居委会为居民服务的能力：提升居委干部与居民交往沟通的能力，使居委会干部确实能够深入群众，密切联系群众；提升居委会干部解决事务的能力，做到遇事不慌乱，解决有思路，小事不出社区即得到解决；提升居委会干部工作幸福感，让居委会干部感到自身工作的价值和感受到关怀；解决居委会和居民之间的矛盾，促进社区和谐。

驿站效用

解决矛盾：到目前为止，小巷驿站已召开15场座谈会，共计出席人数为93人，其中居民区党总支（支部）书记、居委会主任53人，在召开座谈会的过程中，就对个别居委会之间的不满和误解进行疏导，平息了矛盾，通过走访也解决了几起居民和居委会之间的矛盾。

反映诉求：小巷驿站项目通过座谈和走访，将居委会干部普遍反映的一些诉求向街道反映；针对居委会副职对自身岗位提出的一些要求和疑惑进行了解答。

缓解压力：对于居委会干部而言，居民有怨气就冲着他们来，但他们的怨气怎么办呢？在小巷驿站项目执行中，就有一位居委会主任因遇到无理闹事的居民谩骂而心里冤屈，不能向家人倾诉，因事情较小也不能向街道反映，但是当他将事情向小巷驿站倾诉之后就觉得轻松了许多。

（杨浦区社建办供稿）

多样化服务 满足居民需求

六个便利服务联盟

长宁区“六个便利服务联盟”坚持以对接需求为导向、做实项目为基调。2008年，为贯彻市委关于解决“白领午餐难”的指示和区委关于打造区域发展服务软环境的要求，7月虹桥办提出《关于打造虹桥、中山商务区服务白领“新高地”的初步意见》，举一反三，具体转化为“双结合、大联动”区域大党建的实际举措。8月联手区委、区政府相关党政职能部门和街道，首批组建六个便利服务联动组，通过适时调整，至2012年已组建沟通交友、便利午餐、发展融资、法律维权、学习培训、卫生保健、休闲文化、白领健身便利等八个便利服务联动组，2011年推出25个便利服务项目，2012年已有31个便利服务项目，不断对应新情况，充实新内容。“六个便利”作为一个服务概念，已不限于六项服务。当前已取得的成果、独创的做法得到了区域白领的广泛认知、企业的普遍认可、社会的一致认同，提升了政府公共服务的能力，优化了经济发展的服务软环境，逐步成为区域化党建的新品牌、项目化政府实事的新工程、“凝聚力工程”建设的新载体。

创新体制，做强服务机制

2010年，按照区委关于“六个便利”服务由虹桥、中山公园地区向全区拓展的新要求，建立了以区委组织部为主牵头，社工委、虹桥办、临空办、“凝聚力工程”学会五家单位组成区层面“1 + 4”牵头单位的领导体制，确立每季度召开一次各联动组牵头单位、十个街镇社区综合党委（园区）联席会议工作机制，统筹协调、有序推进各项便利服务工作。

拓展领域，做实服务项目

2011年，区社工委牵头“沟通交友便利”，从“牵手长宁”到长宁、静安和浦东三区轮流联手主办“相约二号线”，全区共举办各类交友活动10余场。区商务委牵头“白领午餐便利”，已通过公开定点挂牌的餐饮企业（食堂）有16家，并从第一批9家以商务楼宇食堂为主，到第二批7家以社会餐饮企业为主，更加体现社会参与的新趋势。区发改委金融办牵头“发展融资便利”，面向中小企业，缓解“融资难”，开展多项“银企对接会”和“企业行”等便利融资服务活动。区司法局牵头“法律维权便利”，坚持开展企业、员工“双向维权”法律咨询服务。区教育局（社区学院）牵头“学习培训便利”，针对特点，方便白领，开设网上“e”课堂。区卫生局牵头“卫生保健便利”，开展中医“治未病”定期定点服务项目。2012 年，区文化局和区体育局分别牵头“休闲文化便利”、“白领健身便利”服务进楼宇、进园区。

转变方式，做亮服务品牌

2011 年，明确提出“以创建一批定点挂牌的‘六个便利’服务示范点为重点”，聚焦资源，点面结合。6 月公布“创建示范点试行办法”，确定有场地、有活动、有窗口、有联动、有参与、有影响、有资料、有菜单、有经费、有人员等“十个有”创建指标。8 月试点 7 家创建单位（其中 4 幢商务楼、3 个园区），并与各便利服务联动组牵头部门直接对接 49 个服务项目。

（长宁区社建办供稿）

限时菜场

根据《国务院关于深化流通体制改革加快流通产业发展的意见》（国发〔2012〕39 号）“积极推广农超对接、农批对接、农校对接以及农产品展销中心、直销店等产销衔接方式，在大中城市探索采用流动售卖车”文件精神，结合浦东新区中心城区菜场总量不足、布局不够合理的实际，以及居民要求解决“买菜难、买菜贵”的强烈呼声，新区商务委积极探索限时菜场试点工作，以此作为对现有菜市场网点的有效补充。

限时菜场的运营主体是上海市中央大厨房物流配送有限公司，注册资金 1000 万，营业范围主要是加工配送、仓储物流、零售等。该公司的加工配送中心已经选址合庆镇华星村。

限时菜场主要设置于中心城区的菜场空白区域，在限定时间、规定地点、指定运作模式下运营，主要以蔬菜为主。选址一般是广场、社区等场所，不影响交通、市民出行，并且能保持良好的环境卫生，不影响周围居民生活，同时距离周边现有菜场 500 米以上，不干扰现有菜场的正常经营。选点具体由居委会初选，召开居民听证会（座谈会）后，街镇同意并上报，相关职能部门正式许可。

限时菜场试点自2012年4月7日在塘桥街道正式启动，截至目前，共有3个街镇（塘桥街道、洋泾街道、康桥镇）的4个选点在运行，从4个月的试点情况看，得到了周边群众的普遍欢迎。另外7个选点基本确定，开始筹备工作。现场销售采取流动售货车与售货帐篷相结合的组团方式，销售时间为6：00—10：00，供应近80余种蔬菜及猪肉、水果，价格约低于周边菜场同类产品的10%，所有商品均有相关检测公示，实现追溯功能，采用电子统一结算。

限时菜场的最大特点是“集中采购、集中分拣、集中配送”，今后中央大厨房还将开拓电子商务，社区限时菜场供应点将作为网上选购蔬菜的配送点，进一步方便居民生活。

流动售货车：集合运输、仓储、冷藏保鲜、展示、交易结算等功能。安装GPS、商品价格电子显示屏和可追溯电子秤。车厢侧面设计成多功能的，车厢整个侧面，可通过液压设备向外上翻，形成遮阳，打开至水平位置后，末端可再垂直下翻，形成招牌。

加工配送中心：主要实现加工分拣、集中配送、农药检测、冷库存储、冷链运输等功能，为流动售卖车提供所需的货品。

（浦东新区社建办供稿）

帮帮团

激活社会公益慈善力量

继2011年5月帮帮团开启了每周一次为住院儿童关爱陪护服务后，古美路街道机关党总支、旗袍沙龙、星巴克、七宝中心幼儿园、闵行区民防办等10支志愿团队也加入到志愿服务中来，光是古美社区的志愿者力量，就达到了200人的规模，有效保障了公益服务的持续性和服务质量。

在社区公益服务这件事上，帮帮团负责人冯占锐有一个“诀窍”——培育并引导团队型志愿者参与慈善活动。帮帮团一直在钻研，如何在幕后通过搭建公益活动平台和建立完善的服务机制改变力量极其有限的“单干”模式，让全社会的公益力量在平台上有序开展社区服务，激活社会公益的慈善力量。

幕后的“集结令”

在闵行区古美社区、江川社区、吴泾社区等，每月都会有超过300位以上的高龄、贫困老人可以享受到“免费理发”，这得益于一支强大的志愿理发师队伍——由区内永琪、震轩、多吉、贝拉造型、奥韵造型等11家美发店百余名员工组成。每个月，这些志愿者们都会走进10多个居委，为老人们提供免费的理发服务，仅去年就有4000人次受惠。

台前的志愿者是理发师，他们直接面对老人，笑脸提供服务。事实上，把这些平日里有营业指标、忙碌万分的理发师们集结起来，并不是一件容易的事，谁来说服理发店提供服务，谁来搭建平台组织服务，谁来制定长效服务机制，都会影响到最后的服务质量。很少有老人知道，幕后还有一支团队，就像齿轮一样，默默支持着志愿者团队的有序服务。帮帮团所做的就是幕后协调工作——避免十几家理发店职员同时出动造成“流量浪费”，同时规避同一家理发店连续作战而产生的“疲劳志愿”窘境。

在充分的沟通和协调下，如今这些理发师志愿者服务井然有序。每家理发店的志愿者每月只需“出动”1至2次，把不同理发店的志愿服务时间点和服务点错开，每个社区就能分配到每月5至6次的志愿服务，足够老人们在需要理发的时间点找到温馨有效的服务。

比起台前的志愿服务，冯占锐所带领的帮帮团如今更甘愿在幕后做一片绿叶来映衬红花。事实上，帮帮团也曾在“一线作战”，比如自己搞义卖、自己去儿科医院做志愿者服务，但冯占锐很快发现，仅靠一个团队的力量，太微弱了，而且还有更大的问题：有时候，同一时间同一地点会出现好几拨公益团队，各支公益团队的无序公益服务，并不能有效增加公益的力量。由此，帮帮团开始转换思路，退居幕后，做起了引导社会志愿力量有序提供服务的工作。冯占锐深知，企业、企事业单位、社区商户、学校……每个单位一年只要参与一次或多次公益服务或活动，社区的公益力量便可如大海般汹涌，“团队的资源是最多最丰富的，帮帮团要做的就是在其中‘穿针引线’。”如今，在帮帮团的协调下，老人理发、爱心午餐、老人乐队、慈善超市都有专业的志愿团队负责，仅2012年，帮帮团在闵行区已经发动超过100支团队参与过近300场的公益服务或活动。

做专业，做长效

在帮帮团所协调的每一项慈善服务中，都有一份详细的志愿团队名单：古美社区的慈善超市，力量源头包括居委会民政干部、漕宝购物中心、工商银行的志愿者等；江川社区的温馨课堂，则由上海交大农业与生物学院、闵行天籁业余进修学校、交通银行职员、江川街道社区卫生服务站的志愿者们共同组成。

如果细细研究这份名单，会发现所有的志愿力量既“抱团服务”，又分别怀有一技之长。比如正在运作的慈善超市需要有专业输入，漕宝购物中心的志愿者在超市运营上可属专业，工商银行志愿者则能在财务管理上给予支持，而居委会干部则善于拉动社区力量。在调动志愿团队的力量上，冯占锐心得多多，比如要避免志愿团队“单打独斗”、要让志愿力量各展所长、还要有激励机制鼓励志愿者参与，他认为合理的彼此叠加才会有“协作”效应。

目前，帮帮团联系到的社会志愿者团队已有150家，覆盖古美社区、江川社区、吴泾社区等，通过努力，大量公益活动平台已经建立起来，并配备了专业的志愿者团队。帮帮团正在探索的重点是建立完善的服务机制，让集结起来的公益力量更加长效化运作。“例如引入激励机制，这是维系志愿者正能量的最核心因素。”在与志愿者的频繁互动中，冯占锐发现，和志愿者在一起“并肩行动”最激励人，“精神激励法”比“物质激励”更有效，若是要回馈志愿者，在志愿者自己需要帮助的时候能及时“雪中送炭”，则是最好的激励方式。据悉，这些激励模式已经开始运用到志愿者身上，以促进他们持续投入到志愿工作中来。

（原载2013年3月13日《文汇报》，作者：徐晶卉）

创新为民服务理念 打造社区服务品牌

2011年6月以来，友谊路社区内活跃着一支由能工巧匠志愿者组成的流动生活服务队，服务队每月或隔月一次到各居民区提供小家电维修、自行车修理、心理咨询等服务，使社区居民不出小区就能在家门口享受到生活中的小修小补服务和各类咨询服务。流动生活服务队丰富的服务项目，热情周到的服务态度，技术过硬的服务质量，受到社区居民的热烈欢迎。

服务队的家底

服务队成立

友谊路街道为创新为民服务理念，打造社区服务品牌以及为解决本街道辖区内13.2万居民生活中的小修小补问题和帮助在生活中碰到困惑的居民寻找答案和指点迷津，决定成立一支由社区单位和个体经营户及志愿者组成的能工巧匠服务队，定期向居民提供生活类和咨询类服务。按照街道党工委专题会议精神，流动生活服务队组建工作由街道社会保障科牵头并拟定活动方案，由街道行政事务服务社具体负责起草协议、招募队员、宣传策划、协调沟通等。通过2个多月的紧张筹备，街道流动生活服务队于2011年6月成立并运行。

生活服务队项目设置

服务项目分为生活类和咨询类两大部分共15项，其中生活类服务项目有8项即：修伞、修鞋、修自行车、小家电维修、裁剪、理发、测量血压、磨刀。咨询类服务项目有7项即：心理咨询、育儿咨询、健康咨询、法律咨询、计生与人口咨询、房产税咨询、理财咨询。

服务队人员情况

服务队人员共有40名，其中管理人员4名由行政服务社工作人员担任，能工巧匠36名，24名为正式队员，每月参加服务活动，12名为后备队员，临时性参加服务活动。团队成员中大专以上学历18人，有专业职称的14人，他们都是乐于奉献并具有一技之长的社区志愿者。

服务队组织构架

生活服务队由街道分管领导直接领导，社会保障科业务指导，行政服务社负责管理，团队设队长、副队长、队长助理和总务4位管理人员，均由街道行政事务服务社工作人员担任。队长主要负责团队管理和团队档案管理；副队长主要负责招募人员、签订协议；队长助理主要负责服务需求调研、服务项目策划；总务主要负责质量监督、团队考勤、补贴发放等。

服务队运作形式

服务队分为4个服务小组，行政服务社4名管理人员分别担任4个小组的组长兼领队。服务队每月第1至第4周双休日向居民提供服务，37个居民区中有9个是每两个月服务1次，其他每月服务1次，国定假休息。

服务队的资金来源

服务项目不以营利为目的，除了（理发、量血压、咨询等）免费项目外，其他服务项目中发生的零配件调换等，只允许按市场价收取成本费。志愿者参加服务1次得补贴50元，资金来源于社区公益性招投标项目。

服务队业绩状况

截至2012年5月底，服务数263次，受益27250人次。受欢迎项目依次为——磨刀（9410把）、量血压（7933人）、修鞋（3294双）、理发（3242人）、小家电维修（1096件）、修伞（1105把）、修自行车（492辆）、裁剪（444件）、各类咨询（234人）。

打造强队，服务居民

不懈努力，组建能工巧匠队伍

万事开头难，第一步招募队员是最难的，行政服务社人员分头到友谊路街道辖区内以及街道周边等地区的医院、学校、银行、个体户摊位中寻找服务所需的能工巧匠。由于一些个体户能工巧匠是靠手艺谋生的，他们中大部分有自己固定的营业场所，如果双休日参加社区服务，会影响自己的生意，尽管街道给予一定的补贴，但对他们吸引力不大，许多能工巧匠都不愿意。对此，行政服务社人员反复对他们进行动员和做思想工作，希望他们在谋生的同时，也应该为社会作一点贡献，为友谊地区的居民提供志愿服务。在行政服务社同志的不懈努力下，一支能工巧匠服务队终于成立了，服务队的成立也标志着街道在政府购买服务上的又一新举措。

规范管理，打造优质服务团队

建章立制，加强监督。行政服务社与生活服务队人员签订服务协议书，规范服务人员遵守协议约定，履行服务职责。行政服务社工作人员带队到各居委全程参加服务活动，并对志愿者服务态度和服务质量进行严格把关和监督。

规范服务，确保质量。服务队有清晰、规范的服务流程，严格的服务纪律。服务活动中，服务队员统一佩证上岗，文明用语，热情周到，微笑服务，老人优先，质量保证，收费规范。活动结束后，由各居委对服务项目数、服务者人数、受益者人数、质量情况、群众满意度等进行确认签字，作为对服务项目规划调整、志愿者补贴发放、年度项目考核、队员表彰的等情况的依据。

档案管理、决不忽视。建立服务活动电子台账，由专人负责管理，收集好服务活动中的信息、好人好事，照片和影相资料，做好各种会议记录、志愿者考勤、补贴发放、质量评估情况等记录，确保服务活动过程中各类信息有案可查。

做好服务团队的资源管理。团队人才资源充足，团队实行分组管理，组与组之间相互帮助，人员空缺可相互借调，后备志愿者也可替补服务。辖区共建单位也经常参与便民服务，中国银行、建行、地段医院等都有服务所需的人才资源。

做好媒体公关管理。服务活动有宣传推广计划，主要是通过各居委出海报、通知等形式向居民作宣传，服务队在服务点向小区居民发放《便民服务好消息》的宣传单，宝山电视台两次拍摄活动专题片进行宣传。

加强服务活动的风险管理。对服务活动中涉及资金风险、人员流失风险、质量纠纷风险等，都制定了风险对策。对资金风险的对策是：服务队所用资金必须经过街道民政科、街道分管领导审核签字，并由街道财务结算中心按规定的核算标准处理发放。对人员流失风险的对策：与队员签订服务协议和实行奖励制度。对服务质量纠纷的对策是团队管理人员全程参加服务活动，一旦发生纠纷现象立即进行现场处置，有效控制风险的发生。

善于总结，不断改进服务工作

行政服务社定期召开工作会议，对服务活动中收集的服务人次、服务质量、项目需求、居民和居委干部对服务活动的意见和建议等进行汇总分析，并根据需要及时调整不合理的服务项目和辞去不称职的服务队员。对服务活动不断摸索、善于总结，努力改进工作质量，逐步提高服务水平。

有成效有口碑

服务活动赢得了居民的良好口碑

流动生活服务队把服务送到居民家门口甚至送进家门的做法，得到了广大居民的好评。许多老年人把服务日当节日一样，结伴成队地候在服务现场，等着志愿者服务，热闹非凡。宝钢一村 80 多岁的陆伯伯抱着试试看的心态，找出早已丢弃到一边的录音机来修，当他从小家电维修师傅手里接过修好的录音机时高兴得说："我找遍了宝山的修理店，店家都不愿做这种既费时又不赚钱的生意，今天我太开心了，谢谢！" 宝钢四村两位 90 多岁的老人行动不便，服务队每次都上门为她们理发，老人子女感激不尽；临江三村和宝钢十一村的 2 位瘫痪病人，服务队员会主动上门为其测量血压；宝林一村一对高龄夫妇，拿了电风扇来修理，小家电师傅修好后主动把电风扇送到他们家……服务队所到之处，居民无不称赞，一些居民自发送来了锦旗，服务活动赢得了居民的良好口碑。

服务活动为居委工作减负为主题活动添彩

以往，各居委会只在"3 · 5 学雷锋"、"迎五一" 等特定的日子里开展一些小型的服务活动，既满足不了服务需求，又增加了居委的工作量和经费开支等负担。如今流动服务队每月或隔月一次到居民区服务，有效解决了居民的服务需求，也为居委工作减了负，使居委干部腾出更多的时间走访居民。在各类主题宣传日活动中，服务队主动配合各居委和街道各科室、条线，共同开展"3.5 学雷锋"、"迎五一"、"迎国庆" 等服务活动。服务队青年志愿者还参加了国际志愿者日授旗活动，为主题活动增添了色彩。

服务活动激发了居民奉献意识，弘扬了志愿者精神

流动生活服务队的成员来自各行各业，他们牺牲双休日为地区居民服务的精神，如今已在友谊路街道各个居民区广为传颂。一些企业在知晓生活服务队的情况后，纷纷积极要求加入到队伍中来，例如：招商证券、中国银行、建设银行等企业主动联系服务队，并提出免费为地区居民服务。有些居民看到生活服务队固定到小区服务，他们便和居委会的值班同志说：我们双休日有空，也可以参加服务，有需要请通知我们！宝山地段医院的蔡医生直接找到服务队坚决要求加入志愿活动，奉献精神令人敬佩。再如：服务队在宝山八村小区服务时，居民徐阿姨看到服务队修鞋的师傅，中午12点还在为小区居民服务，听师傅说下午一点，他还要赶往其他小区服务，午餐就吃一个馒头时，徐阿姨特地回家为他煮了一碗面条，并说道：服务队为我们服务如此尽心，我们也要感谢你们!

（宝山区社建办供稿）

“幸福家园，五心行动”

进一步做好新时期党的群众工作，探索建立组团式联系服务群众工作机制，石化街道在所辖的各个社区中广泛开展“幸福家园，五心行动”活动。“幸福家园，五心行动”，就是以社区、居民区、块区为基本脉络，将居民区划分成若干块区，以块区为单位，构建一支由机关联络员、居民区工作者、党小组长、大楼组长、社区志愿者、社区民警、社区医生和物业公司工作人员共同组成的组团式服务团队，以“热心、耐心、细心、贴心、恒心”为工作宗旨，通过普遍走访、开展专项活动等多种形式主动联系服务社区居民，了解居民情况，征询群众诉求，解决社区问题，把工作做深、做细、做实，同社区群众一起携手共建“幸福家园”。

抓好三个环节，夯实工作基础

抓好组织领导，明确工作任务

街道层面成立了“幸福家园，五心行动”组团式联系服务群众工作领导小组，由社区（街道）党工委书记担任领导小组组长，并下设办公室，配备专门工作人员。各居民区也相应成立工作小组，由居民区党组织书记任组长。社区（街道）党工委先后下发《关于在石化社区（街道）开展“幸福家园，五心行动”活动的实施意见》和《石化社区（街道）“幸福家园，五心行动”活动实施细则》等文件，明确了工作要求。在此基础上，分别召开了“幸福家园，五心行动”动员会与培训会，召集机关联络员、居民区党组织书记、工作站站长进行动员与培训，帮助基层掌握工作方法。

抓好区块划分，配备工作人员

各居民区结合实际情况，按照一个块区250—300户家庭的规模划分工作块区。社区（街道）25个居民区被划分成179个块区，平均一个块区230户家庭。每个块区配备一名负责人和若干工作骨干。负责人一般由机关联络员、居民区工作者、综治信息员或就业援助员担任；工作骨干由党小组长、大楼组长和居住在本块区的党员志愿者或其他志愿者组成。社区民警、社区医生和物业公司工作人员也被纳入到活动队伍当中，有条件的还从相近的驻区单位、结对共建单位争取服务资源和工作力量，共同参与。

抓好宣传发动，积极营造氛围

一方面，街道统一制作了宣传横幅和宣传画，由各居民区悬挂、张贴在小区内醒目位置处。另一方面，各居民区也通过制作黑板报、张贴告居民书以及开展专项宣传活动等多种形式，在小区进行了广泛的宣传，切实增强社区居民对开展此项活动的知晓率与认可度。

采取“三步走”方式，推进行动有序开展

开展普遍走访，了解群众需求

各居民区以块区为单位，采用街道领导干部带头上门重点走访、干部职工下沉一线全员走访、居民区服务团队组团走访、驻区单位积极协同参与走访等方式，普遍走访社区居民家庭。积极把走访工作与居民区的日常工作结合起来，在宣传相关政策，开展相关工作的同时，积极了解居民情况、询问居民困难，以热心、细心、贴心赢得居民的认同，做到“进得去、坐得下、听得到、能回访”。同时，将社区内的独居老人家庭、纯老老人家庭、外来人员家庭、就业困难人员家庭、贫困家庭、残疾人家庭等作为重点联系服务对象，重点走访、经常性走访。

公开服务信息，方便群众知晓

各居民区在党务公开栏内张贴本居民区各块区负责人、社区民警和物业公司负责人的姓名、照片以及联系服务群众承诺书，同时在党务公开栏处设立意见收集信箱，便于居民主动提出诉求和建议。在大楼楼道内张贴服务信息，包括本块区负责人和社区民警的姓名及联系方式、物业公司电话、大楼组长的姓名及家庭

住址等。同时在走访时为居民发放一张印有块区负责人姓名和联系方式、大楼组长姓名和家庭住址、社区民警电话的“服务群众联系卡”。

注重分类指导，解决群众诉求

针对居民提出的各种问题，构建了“块区——居民区——社区（街道）——区级及以上”4个层面的问题解决机制。对在走访时能解决的问题尽量当场解决，不能当场解决的尽量依靠块区组团力量及时解决；对块区不能解决的问题，由居民区党组织召集居委会、业委会、物业公司等相关人员连同社区民警和机关联络员一起协调解决；对居民区层面不能解决的问题，由街道层面统一协调解决；对街道层面不能解决的问题，多渠道向上级有关部门反映，争取早日解决。同时积极做好群众诉求的回访反馈。对已经处理和正在处理的问题，及时公布处理结果和处理进度，对一些暂时无法解决的问题，则积极向群众做好解释工作。

落实三项措施，保障行动落到实处、取得实效

组织专项交流活动，推广面上有益做法

为更好地做好联系服务群众工作，各居民区都根据自身的实际情况，积极开展了形式灵活、内容多样的专项交流活动。如就小区内普遍存在的，难以解决的问题召开居民座谈会，召集居民群众、社区民警、物业公司与街道领导、机关联络员、居民区工作者进行面对面的交流与沟通，共同进行商讨。

狠抓督促检查，推动工作落实

社区（街道）党工委制定了《石化社区（街道）“幸福家园，五心行动”活动督查工作方案》，依托党风廉政监察站，通过查阅工作手册、不定期走访社区居民家庭、抽样电话回访、满意度测评等多种方式，对各居民区试点工作的推进情况进行监督。

加强考核评比，树立先进典型

为加强对居民区联系服务群众工作的考核，印发了《石化社区（街道）“幸福家园，五心行动”活动考核办法》，按照“一级抓一级、一级带一级、层层抓落实”的要求，将“幸福家园，五心行动”活动作为居民区党组织向党员报告工作的重要内容，纳入社区（街道）年终考核机制，并作为各类评优表彰的重要依据。

“幸福家园五心行动”活动中，25个居民区共组建了200多支服务团队。2011年共走访联系了39177户居民，占到实有户数的98%。2012年走访了39431户居民，占到实有户数98.7%。2013年，截止至6月15日，已走访19269户，占总户数的47.88%。自活动开展以来，街道共收集到意见、建议1070条，问题7296

件，已解决各类问题7079件，在已解决的问题中，共有6893件是在居民区及以下层面解决，占97.37%。活动还将独居老人家庭、纯老老人家庭、外来人员家庭、就业困难人员家庭、贫困家庭、残疾人家庭和社区矫正对象家庭等作为重点联系服务对象，基本上做到了每月走访一次，对于一些独居老人家庭，甚至做到每周走访联系一次。居民区在积极关心社区内特殊人群的工作及生活情况的同时，努力争取资源，加大对这些特殊群体的帮扶力度。

（金山区社建办供稿）

打造居民“福地”

闸北区北站街道是有名的老城厢，近年来，这里不少老式石库门房正在拆迁，人员迁进迁出频繁；同时，社区中大量特殊群体和困难群体需要照料；这些都对北站社区建设提出了很大的挑战。

北站街道从自身情况出发，推出一系列为民服务措施，2007年底更是“腾挪凑建”了一座300多平方米的三层社区惠民服务中心，面对面解决老百姓关心的热点难点问题，组织实施社区服务呼叫求助、应急处置，助老、助残及医疗服务，受理经常性慈善捐赠以及其他一些便民项目。从此，这里成了广大社区居民，特别是残疾人、老人、困难居民等特殊群体的“福地”。

就业培训请残疾人当教员

8月14日下午，新疆路485号北站社区惠民服务中心二楼的助残服务室里，58岁的助残员陈祖伟，正忙着和同事们分拣一大箱市里送给残疾人的听书机、语音电子秤等物品。这位利落的助残员已经在社区工作了8年，同事和社区居民都知道他做过30多年面点，是糕点面包烘焙二级技师。自从患上脊柱侧弯、做了社区助残员，陈祖伟已经快十年不动面点的活计了，他没想到看家手艺又在现在的岗位上派上了用场。

惠民中心助残服务方面有广为人知的“三阳”：适用于精神残疾群体的阳光心园，智力残疾群体常光顾的阳光之家以及用于肢体、听力、视力残疾者就业指导、培训、实习的阳光基地。全社区4100余名残疾人中很大一部分都来过，有些还是这里的常客。

今年 1 月份开始，北站街道为促进残疾人就业，在阳光基地办了 7 期就业指导培训班，课程包括点心制作、中医保健、印刷培训、电脑技能、手工、美容和茶艺等。社区安排的“培训老师”几乎都是熟面孔——与陈祖伟一样有特长和专业背景的残疾人或助残人士。

“我们一直提倡残疾人间的互助和残疾群体的自助，他们之间的距离感更短，对彼此更加理解，课程教授和学习起来都更有效。”北站街道残联工作人员王佩玲和同事们精心安排、邀请教员，他们共请了六位残疾人教员。

3 月份，陈祖伟又重拾老行当，当起了教授制作糕点的“师父”。两周共四次课程，每节都有 30 多人来学习，二十平方米不到的课堂被挤得满满当当。课程结束时，很多学员从家里带来了自己的“毕业作品”。“做得有模有样，很不错。”陈祖伟笑着，满意地说。

目前为止，经过阳光基地半年多的就业指导，社区里已有五六位残疾人在餐饮行业找到了工作。

“这几年的就业培训中，每年平均都有 15 位左右的残疾人成功就业。”北站街道民政科高淳介绍说。

一年无休，为高龄老人倒马桶

北站街道有 8 万常住人口，老龄化程度比较高，同时，这里也是远近闻名的“长寿社区”，百岁老人就有 18位。

高龄老人多，养老也就成了社区工作的重中之重。这些年来街道针对独居、空巢等孤老以及老干部等推出了多项服务，其中，最让北站人称赞和骄傲的就是“五人助老巡视团”和“为老倒桶服务队”。

2008 年前后，北站街道为了关照社区内的孤老，组建了一支 5 人的助老巡视团，每人负责 30 多位孤老，隔天上门查看老人的生活起居状况，不上门就打电话，“必须做到‘见到人，听到声音’。”邬建明说，这五个人都是社区的热心人士和退休居委干部，对老人和社区状况比较了解。其实，他们几乎每天都会到老人家里走走看看，“这一走一看都快五年了。”办事处副主任邬建明感慨道。

今年 2 月份，孤老巡视团成员，65 岁的退休居委干部周妙英阿姨，照例去探望一位自己负责的 90 岁老太太，老人平时一直卧床由钟点工照顾。周阿姨去时，她一人在家绊倒了，尝试了好久都爬不起来。周阿姨赶紧扶起老人，又给老人亲属打电话，及时送到医院检查、医治。

说起社区的“为老倒桶服务队”，很多人都摇头又点头地说：“不简单！”

自从 2000 年前后市里提出并探索居家养老模式以来，北站社区就组建了 2 个人的“队伍”，每天上门为社区 400 多位 60 岁以上的高龄老人倒马桶，“很多老式房子的楼道、楼梯很窄很陡，空手走都走不稳，更别说还提个大马桶了。”一直负责助老巡视团的高淳说，这也是人们点头称赞的原因。

摇头感叹是因为，“这么难的活儿，一年365天，风雨无阻。”高淳说，“真的不容易。”

另外，街道还成立了理发、代收邮件、代缴水电费、上门维修电器等专门服务老年人的团队，方便老年人的生活起居，受到社区居民的肯定。

针对社区内政策覆盖不到的困难群体，街道每年都会自筹资金，再向区里和市里按照1∶1∶1的比例申请帮困资金，给予扶持。今年，街道筹集了25万元，加上申请来的50万元，几乎都用在了社区知青返沪安置、医疗帮困、居民突发性灾害救助和助学等项的帮困上。

在为民服务上，北站街道还开展了“问暖行动”、“百分百行动”、“结对共建”等一系列党员爱心志愿活动；陆续组建了“王盈盈耳穴保健”、“李阿根书法健身”等8个党员志愿者服务工作室，在居民保健、法律咨询、心理健康、家电维修等方面为群众提供服务和帮助。

（原载2012年8月22日《文汇报》，作者：李静）

五级支撑 弄堂与楼道治理

社区“睦邻点”建设

“分化”后的需求

随着市场经济大潮的冲击和城市化建设的快速推进，人们的生活方式发生深刻改变，邻里关系随之产生较大变化，社区人群结构分化，内心需求合群化；社区生活分化，活动需求多样化；社区阶层利益分化，管理需求科学化。传统的社会管理方式已难以适应新的形势变化，因此，嘉定镇街道试图通过基层社区的管理、服务、教育功能，把“社会人”再度成为“组织人”，以此使大家安居乐业，增强居民对社区的认同感和归属感、增强居民活力、社区凝聚力，营造文化氛围。

“全力”推进

所谓“睦邻点”，是指按照“三个自”、“三个一”、“三个心”的模式建立起来的居民活动载体。

遵循原动力，积极倡导“睦邻点”

坚持“三个自”原则，因势利导培植与发展“睦邻点”：“睦邻点”的设立由社区热心居民自觉发起，“睦邻点”的成员由志趣相同的居民自发组成，“睦邻点”的活动由参与的居民自行设计。

强化自治力，积极指导“睦邻点”

按照居委会的自治性质，坚持居民来搭台，居民唱主角的原则，居委会扮演“指导员”的角色：指导“睦邻点”有序活动，形成了包括一个发起组织者、一间活动室、一本活动记录台账等“三个一”的“睦邻点”的建设标准。指导“睦邻点”实现自治，借助“睦邻点”逐步实现居民的自我教育、自我管理。指导“睦邻点”提高参与率，居委会加强对“睦邻点”的宣传，鼓励更多的居民参与到“睦邻点”活动中来。

突出凝聚力，积极引导“睦邻点”

突出党组织凝心聚力的核心作用，坚持“三引导”：引导“睦邻点”选好负责人，引导居民推举具有“三个心”(即乐于奉献的“爱心”，善于团结的“公心”，勤于组织的“恒心”的居民担任“睦邻点”）的负责人。引导“睦邻点”建有相对固定的活动场所，引导乐意参与“睦邻点”的热心居民自愿提供活动场所。引导“睦邻点”开展健康向上的公益活动。

加大扶植力，积极扶持“睦邻点”

提供经费，街道财政给予每个“睦邻点”每年 500 元的活动经费补贴；**培训骨干**，街道成立“睦邻会所”，由各“睦邻点”的负责人每季一次开展活动，通过个案交流、专业培训、考察学习等途径，激发“睦邻点”活动的不断创新；**扩大影响**，借助主流媒体对睦邻点进行了宣传和报道，同时开展优秀“睦邻点”的评选，让睦邻文化进一步得到挖掘和提升。

睦邻效应

通过“睦邻点”建设，街道找到了“新时期党的群众工作的新途径”。**居民多重需求得到实现**，“睦邻点”已成为社区建设的议事园，邻里和谐的温馨园、精神慰藉的开心园、文化娱乐的快乐园、体育活动的健身园、科普教育的学习园；**基层民主自治得到显现**，在“睦邻点”大家可以议议社区发生的事，更可以商议如何参与社区的事，成为社区建设的议事园；**传统邻里文化得到彰显**，通过丰富邻里活动，增强邻里联系，促进邻里交流，重新拉近邻里距离；**减轻居委会负担得到体现**，“睦邻点”作为居民参与的重要载体，成为居委会工作的有力延伸和得力助手。

（嘉定区社建办供稿）

弄管会

老弄堂的烦恼

武康居民区是徐汇区湖南社区一个占地面积 8 万多平方米的老式居民区，由 2 个自然小区和 6 条弄堂构成，辖区内拥有闻名遐迩的武康大楼、黄兴公寓等 7 幢市级优秀历史保护建筑。居委会所辖小区大多数是老弄堂，房屋性质既有直管公房、又有私房和售后公房，小区存在着多头物业、多种产权并存的特点。在业委会难以建立，物业管理成本日益上升的情况下，许多弄堂物业管理缺位，路面缺损、外墙立面脱落、雨篷不规范、弄堂面貌不近人意，群众的怨气很多。如何管理好这样一个复杂的老式居民区成了武康居民区党总支面临的挑战。

老弄堂里“新管家”

精挑细选，培育弄堂“带头人”。针对居民区实际情况，2007 年，武康居民区党总支牵头组织、指导成立了弄堂（楼组）管理委员会。弄管会、楼管会成员的构成以居住在本弄堂（楼组）的热心居民组成，其核心人员由弄堂（楼组）居民提名或居委会推荐、自荐，并由党总支把关，经过公示、公告并得到弄堂（楼组）内的居民认可后民主产生。每支弄管会、楼管会队伍由 3 ~ 9 人组成，每 2 至 3 年换届一次。

精心规划，设计弄堂“自治图”。弄管会、楼管会主要职责是民主自治管理弄堂（楼组）里大小各项事务，重点解决弄堂（楼组）里的“保安、保洁”等问题。根据章程，明确了弄管会、楼管会工作以块、组为区域，组建起由弄管会、楼管会成员、楼组长、居民志愿者共同构成的责任网。在此基础上，弄管会、楼管会通过弄堂（楼组）党建共建联席会议，以听证会、协调会、评议会“三会”制度，以及居民代表会议等议事平台听取居民意见，协调处理社区事务。

植根群众，打好弄堂“感情牌”。弄管会、楼管会的成立，使其成为党组织引领群众积极参与社区自治的有效抓手。由于弄委会、楼管会组成人员来自于本小区，他们熟悉本小区民情，和居民说得上话，感情上更容易沟通；也更因为弄管会、楼管会有着居民的广泛参与度和一套完善的运作机制，使它解决问题往往更加贴近居民的需求，所以它成为了居民区党总支管理老式居民区的“好帮手”。

真实的故事

位于武康居委会辖区里的武康大楼是一幢具有法国文艺复兴风格的古老情调的建筑，它是上世纪 30 年代由万国储蓄会投资建造的，其楼型独特，像一艘巨轮耸立在淮海中路与“中国历史文化名街”——武康路交叉点的三角形地带。随着改革开放，大楼周边日益繁荣，对面是宋庆龄故居，旁侧有异国情调的咖啡馆及高雅品位的画廊等，一年四季国内外游客络绎不绝。

然而，就是这么一幢具有浓厚历史底蕴的大楼却出现了种种不协调现象——大楼大堂内居民的自行车、助动车、摩托车乱停放现象一直存在，这与作为优秀历史保护建筑的大楼极不匹配，还影响到了楼内居民的消防安全，居住在大楼里的老干部、老艺术家及居民要求维护历史建筑的呼声一直不断。虽然之前居委会、物业也进行过多次整治，然而却收效甚微。

针对居民的呼声，武康居民区党总支经过仔细调查之后，便充分发挥弄管会、楼管会居民自治的功能，发动组织楼内居民讨论解决大楼的整治工作，在此基础上还成立了由党员陆爱珍牵头的武康大楼自我管理小组。该管理小组成立后，在武康居民区党总支指导下，他们制定了周密的整治计划，还专门拟了一份“大堂整改征询建议表”发放到每户居民家中，让大楼内所有的居民充分发表意见，共商对策。同时，大楼自我管理小组还将“整治大堂的理由”张贴在宣传栏，对居民进行宣传引导。

“让大堂整洁整齐，美观有序是大楼全体居民的心愿，也是使居民生活更美好的愿望。”离休干部绳树珊在征询表上写道。“整治非常需要，优美的环境才与大楼漂亮的建筑外形和其历史价值相匹配。”在职党员唐美芳如此写道。通过此次征询活动，每位党员、每户居民都以主人翁态度积极参与整治活动，在党员的带头下，整幢大楼内的居民们受到了一次很好的自我教育，大家纷纷意识到大楼的美观整洁和自己休戚相关。正是因为有了居民的广泛参与，如今的武康大楼已是焕然一新，无论是楼内居民还是外来参观者都发出了由衷的赞叹。

作为一个老式居民区，武康居民区的老龄化程度达到了30%，其中，75岁以上纯老家庭27对、独居老人25位；退休工资低、独居或双独居且身体不好的80岁以上老人有25人。这些老人，在日常生活中有诸多不便。淮海中路1670弄弄管会成员上官浩昌在弄内听到居民议论街道菜篮子工程一星期进一次弄堂太少，不能满足小区老年居民的需求，希望居委会能够协调增加菜篮子工程进弄堂的次数。掌握这一信息后，为了把为老服务做得更贴心，武康居民区党总支充分发挥弄管会、楼管会这一有效工作载体，他们结合小区居民特别是老年居民的需求和送菜方的利益后，在该弄全体居民范围内发放了“居民菜篮子工程进小区次数意见征询表”。没多久反馈表汇总了上来，结果，弄内90%的居民反映菜篮子工程进小区最好一星期两次。居民意见达成一致后，紧接着，居民区党总支又与街道生活服务中心沟通协调，最终决定菜篮子工程进小区由原来一星期一次改为一星期两次，并且要求送菜方适当增加蔬菜的品种和数量，以满足小区老龄居民的需求量。这一惠民举措，实实在在地解决了弄堂里许多行动不便的老人买菜难的问题，得到了老人们的一致肯定。

（徐汇区社建办供稿）

里管会

作为上海市社会管理创新44个试点单位之一，自2010年8月起，长寿街道在光复、合德两个二级以下旧里居民区试点成立“政府搭台引导、民间组织运作、居民自我管理”的旧里管理委员会（以下简称“里管会”）。经过调研论证、硬件改造、社区动员、制度建设等举措。

旧里社区管理新模式

地处东新地块的光复里、合德里始造于上世纪40、50年代，弄堂纵横交错、基础设施匮乏、物业管理缺位、弱势群体集聚、人员结构复杂（外来人员和特殊对象比例高），导致该地区逐渐沦为“城中村”，单靠居委会的体制和力量，难以实施有效管理和提供基本公共服务，也严重影响了相邻社区的协调发展。为此，街道大力整合社会资源，依托“里管会”这一新载体，积极探索新时期加强旧里社区管理的新模式。

加强基础设施建设。总投资300余万元，为该地区铺平主干道3400多平方米、疏通下水道300多米、新砌管道井口150多个、粉刷房屋外墙4000余平方米；增补、修理、更换道路灯具50盏；安装20处监控摄像头，并与公安联网；增设大批消防器材；设计建设一组体现旧里特色文化的门楼。

加强管理队伍建设。以居民骨干（包括外来人员）为主组建了一支15人“居民自治”工作队伍，进行辖区自主管理；组建了一支治安巡逻队伍，开展日夜巡逻，关注重点群体、处置突发事件；组建了一支保洁卫生队伍，承接辖区卫生保洁任务；建立流动党员活动站，不定期地组织开展党员活动，关心、掌握外来人员的思想、生活状况。

加强公共服务建设。集中疏导了一组小集市，对弄堂店面开展划定红线、重整雨篷、规整电线等工程，并实施小集市“三定”管理（定摊位、定规范、定责任）；建成200平方米左右的健身点和集中晾晒点，为居民提供服务空间。这一系列民生工程实实在在为居民群众带来了实惠，全面提升了该地区的综合治理能力。

创新探索多方收益

旧里社区管理新模式的创新探索是服务旧区改造与社区发展的重要基础

待动迁旧里作为社区生活的有机组成部分，政府投资实施设施、环境、治安改善工程，组织居民开展自我管理和自我服务，达到改善社区民生、疏导抵触情绪、夯实基层政权建设和实现社会有序管理的目的，并以此为契机全面排摸旧里中存在的不稳定因素，未雨绸缪地做好疏导准备工作，进而强化党和政府凝聚力和公信力，所有这些努力正是为今后该地区顺利启动整体动拆迁打好群众基础，营造有利氛围。可以说，旧里“里管会”不仅是当下硬件条件和民生服务改善的“权宜之计”，更是着眼于未来发展的长远谋划。

旧里社区管理新模式的创新探索是贯彻群众路线的生动实践

社区作为联系人民群众的最基层单位，居民群众的思想认识、利益诉求、心理期盼，都直接在此汇聚，能不能切实解决群众的“三最”利益问题，直接关系到党和政府的形象与社会的和谐。在光复、合德这两个始建于解放前的老式旧里开展“里管会”模式，通过平整道路、加强技防人防、开展基本物业服务等一系列民生工程，适度改善旧里的居住环境和社区服务，让旧里百姓共享改革开放和城市改造带来的切实利益，其出发点和落脚点就在于尊重民意、整合民力、改善民生、化解民怨。这一创新试点是社会转型、矛盾凸显历史条件下坚持党的群众路线的有力诠释，是对“为大多数人着想”的认真解读和实践。

旧里社区管理新模式的创新探索是运用统筹兼顾根本方法的有力体现

在“十二五”规划中，长寿社区明确提出打造“生产、生活、生态”融合发展的实践示范区域，构建“繁荣、和谐、人文、宜居”社区的规划目标。但就现状来看，仍存在一些制约社区发展的瓶颈问题，如：公共服务供给和公共服务资源布局不均衡；社会阶层、群体分化导致“形态、业态、心态”等方面的多方博弈；大规模动迁和高强度开发，形成一批矛盾敏感区域和群体等。合德、光复两个旧里可以说是这些矛盾表现的一个缩影。“里管会”的探索注重运用统筹兼顾根本方法来调整各种利益关系，针对短期内无法整体改造旧里的客观状况，通过必要的硬件设施改造、管理机制建立、服务措施落实等举措，一定程度上缩小旧里与周边高档居民区、商业商务区之间的反差，均衡两者间的公共服务供给，因势利导地缩小贫富之间、地区之间的差距，为营造平安和谐社区创造条件。

在二级以下旧里社区探索管理新模式，是基层社会管理创新的一个重要尝试。通过这一形式，有效弥补了居委会因管理、服务力量不足而导致的缺位、不到位等问题，有利于实现社区服务、治安防范、卫生环境、社区认同的改善与提升，也是实现该地区居民自我管理、自我服务的一次转型推动。

（普陀区社建办供稿）

“同心园”楼组自治建设

77 号楼组

77 号楼组位于嘉定工业区庆阳社区二村，走近这个楼组，你会发现，这个楼组防盗门比别处的新，永远是那种鲜艳的绿色，门上还挂着一个小小的篮筐，专门用作收集小广告等废纸，楼组里干干净净，没有一点堆物，这些小小的细节，是在楼组长顾老师夫妇的带领下，全体楼组居民共同经营的结果。不仅如此，这个楼组里还有着很多感人的故事。楼组长顾老师家已经连续五年开展了楼组元宵节活动，不分本地外来，每年元宵节济济一堂，其乐融融；程老先生坚持每星期四上午为居民量血压和医务知识咨询；每次社区募捐活动，该楼组居民都踊跃参加，常常是募捐金额最高的一个楼组。楼组居民把 77 号当作自己的大家庭，团结互爱，互相谦让。楼道中有垃圾，谁看见谁就顺手清理；空调滴水影响居民休息了，就自觉地表态一定把滴水管维修好；楼组里声控灯、信箱等设施坏了，有人会及时报修；谁家有困难了，大家伸出援手守望相助。楼组长顾老师家墙上的对联“火树银花家家晓、淑气鸿禧处处春”，是 77 楼组这个大家庭和谐共处的写照。

从个别到普遍的追求

楼组相对社区来说，是因地缘空间关系而形成更为微观的社会单元，正逐步成为建设和谐社区的基本单元和重要基石，被看作社会建设的“末梢神经”。然而，楼组建设面临着不少现实的困难和问题：现代住宅小区人员结构复杂，文化多元，邻里融合困难；公共资源不足，矛盾纠纷难解；楼组自治有限，作用有待提高等。

为此，嘉定工业区以加强居民区楼组自治建设为突破口，以建设“同心园”楼组自治工作站为切入点，旨在将“77 号楼组现象”发展成为普遍现象和居民自觉行为，实现“按更高的标准配强队伍，按更高的要求优化服务，按更高的水平深化自治，按更高的目标创建和谐”的目标任务，从而进一步加强社会末梢管理，夯实基层基础，探索社区管理的新路径，深化社区建设的新内涵，创新社区服务的新机制，促进社区和谐发展。

实践中的推进

工业区辖区面积78.1平方公里，居委会有13个，2012年换届后居民小组707个，居民代表1508人，覆盖2.2万户8万余人。在推进“同心园”楼组自治建设过程中，提出了“大楼组”建设概念，克服了社区面广量大的实际困难，从项目化试点到规范化建设，再到品牌化发展，以点带面，因地制宜，有条不紊地加以推进。

“项目化”试点，积累“同心园”楼组自治建设工作经验

加强宣传，广泛动员。2011年7月，工业区将加强社区楼组自治建设作为一个项目进行试点，为此，组织召开了专题会议，加强宣传，提高认识，动员社区及楼组积极参与。各社区以居民代表会议、居民组长会议、党员大会等形式广泛征求意见建议，并根据楼组的实际情况，推选了61个楼组参与试点。

侧重活动，搞活楼组。基于对目前楼组建设现状的分析，要推进楼组自治，首先要解决邻里融合问题，跨出“破冰”的第一步。因此，在试点过程中，各社区以开展楼组活动为载体，通过“邻里书香月”、“邻里大讨论”、“楼组运动会”、“我身边的感悟”“家庭厨艺大赛”等一系列活动，增进邻里间的互动和了解，凝聚起邻里情感，为推进“同心园”楼组自治建设营造良好的氛围。

注重指导，总结经验。在试点过程中，更多的是通过各类活动和培训，指导楼组长及其楼组，如何发挥他的功能和作用，更注重在思想意识上对“同心园”楼组自治建设达成共识，使之成为共同的目标。通过2011年近半年的实践，在没有任何具体工作要求下，从各试点楼组中总结经验：要让居民满意。通过政府的指导、扶持，楼组更具活力、更富人情味，“同心园”楼组自治建设得到普遍认同。要让居委乐意。“同心园”楼组自治建设有助于楼组功能的不断完善。像上下楼隔水、停车难、乱堆乱养等邻里矛盾，能够在楼组内部予以解决，减轻了社区居委的工作压力。要让政府愿意。“同心园”楼组自治建设有效地从源头上分散了社会管理压力，有助于维护地方稳定，政府自然愿意花更大精力、财力予以扶持。

“大楼组”概念，指导“同心园”楼组自治建设总体规划

概念化布局因地制宜。在推进“同心园”楼组自治建设过程中，工业区提出

了“大楼组”指导意见。为什么要提“大楼组”这一概念呢？这是由于在试点时均以居民小组为基础，但实际情况，如果按照707个居民小组全面推开显然不够合理科学，有的小组还不具备建设条件，特别是人选方面。因此，各社区根据实际情况，在居民小组的基础上，以幢、3—5个居民小组、里弄等形式划分楼组自治建设区域，社区一般将楼组自治规模控制在150户以内。实践证明，“大楼组”建设概念确保了楼组内人员、设施、经费等资源有效整合，在实际推进中更具操作性和灵活性。

规范化推进有条不紊。2012年初，工业区在试点经验的基础上又多次召开意见征询会，认真听取市、区相关部门以及社区、居民代表等各方面意见建议，研究制订了《嘉定工业区关于加强居民区楼组自治建设的实施意见》，明确了“334”发展要求，即总体规划的206个大楼组在三年内以30%、30%、40%的比例做到全覆盖，为规范化推进楼组自治建设提供了指导性意见。同时，设置了专项工作经费，确保“同心园”楼组自治建设有序推进。

加强楼组治理功能

工业区“同心园”楼组自治建设把邻里互动、安全防范、矛盾化解、规范约束等功能纳入这一有效平台中，有效发挥楼组在社区管理中的基础性作用，延伸和扩展社区功能，在实践中孕育出全新的基层社会管理机制。经过一年多的探索实践，工业区“同心园”楼组自治建设初具雏形，形成了社区民情责任区大网格下的“网中网”管理格局，楼组自治建设工作初显成效，集中体现在楼组“四个一线”功能得到发挥。

加强楼组一线自治功能，民主建设添活力。工业区“同心园”楼组自治建设工作核心突出“自治”，楼组通过自制《邻里公约》，建立道德评议台等载体，激活了居民主体意识，发动居民、教育居民、引导居民积极参与社区民主建设，实现楼组居民自我管理，通过自身努力解决楼组中一些难点问题。一年以前，新世纪28号楼道里被居民用废旧物品“抢占地盘”之后，连路都不好走。天天有居民到到居委里来吵，但是看到别人在“圈地”，有的居民也不甘示弱，本来应该顺手扔掉的垃圾，也直接往楼道里仍“摔”。自从楼组自治建设开展以来，在组长庄惠英以及五大员、楼组党员共同协商下，把整治楼道环境当作楼道自治的“头条内容”，并挨家挨户动员、征询意见、积极劝导，在他们的带头行动下，把放在楼道多年的垃圾清除掉，栏杆扶手擦拭干净了，楼道面貌焕然一新。不仅如此，楼组里组织义务监督员每星期进行检查整改，坚持长效管理。原本类似这样的楼道乱堆物、乱种植、乱养殖行为一直困扰着社区，自从开展楼组自治建设后，在楼组长和骨干志愿者的带动和劝导下，逐渐能自觉清理，避免了社区因环境整治与一些居民发生矛盾，提高了整治效果。

加强楼组一线预警功能，群防群治保平安。“同心园”楼组自治建设重点培养一支有责任心、威信高、组织协调能力强，不怕吃苦，甘于奉献的“一长五大员”楼组队伍，依靠楼组长天时地利人和的优势，加强居民民情走访，全面掌握居民群众的思想动态、小区基本情况、楼组实有人口信息，真正做到了“知百家情”，在社区与居民家庭之间起到了桥梁和纽带的作用，实现了居民个人诉求与组织管理信息的双向传递；组建起居民群防群治队伍，完善了信息报告制度，及时掌握楼组动态。家住南苑四村的唐老师是位退休教师，也是楼组的信息员，平日里唐老师经常走家走家串户，及时掌握了解居民群众的思想动态和楼组的基本情况。南苑四村是个老小区，流动人口相对集中，唐老师发现楼道里一户新搬来的外来家庭，女方有孕在身，通过上门走访，疑似有计划外生育的可能，于是唐老师收集了当事人手机号码、工作单位等信息资料，并第一时间告知了社区计生干部，之后又配合计生干部一次次上门做思想工作，最终避免了一起计划外怀孕事件的发生。

加强楼组一线调解功能，邻里融洽促和谐。工业区依托“同心园”楼组自治建设，将人民调解工作纳入楼组自治内容，并深入社区积极开展楼组调解员培训，进一步完善“一纵四横”的大调解工作格局，做到居民之间有了纠纷调解员主动介入协调，努力做好矛盾双方的劝解、安抚工作，将邻里矛盾、家庭矛盾化解在楼组里。娄塘社区邻里纠纷多、矛盾复杂，自开展“同心园”楼组自治建设工作以来，一支强有力的民间调解力量应运而生。南新路 437 号楼组骨干在组长须培珍的带领下，主动参与各类矛盾纠纷的调处工作，做到及时发现、最早介入、兼顾双方、优化调处，在居民中大大树立了威信。南新路 437 号三楼一户居民家中无人，忘记关掉水龙头，造成二楼居民家中水漫金山，家里的电器、家具、地板等都受到了不同程度的影响。二楼居民回家看到此景，情绪十分激动，住在同一楼组的居民小组长知道后，马上拿出居民信息手册，第一时间联系三楼户主及时回家，双方见面后，发生了口角，眼看事态可能恶化。须阿姨和楼道里其他志愿者上前劝阻，并就如何解决这一问题分别和双方做工作。经过一次次地苦口婆心地劝解，三天后，双方达成了一致意见，三楼居民一次性赔偿二楼居民 4000 元，并一同到居委会签订了调解协议书，双方对调处结果都比较满意。

加强楼组一线服务功能，整合资源聚人心。完善楼组一线服务功能是“同心园”楼组自治建设的特色，主要是通过居民间的结对，或是居民个人公益行为，实现居民间资源交换和整合利用。裕民社区一位阿姨刚从工作岗位上退下来，一下子不能适应悠闲的退休生活，患抑郁症，几度有轻生念头，同组组长陈阿姨得知后，经常与其他邻里去看望她，陪她聊天解闷，为其进行心理疏导，并组织了楼组读报聊天小组，邀请其一起参加，通过一段时间的引导，这位阿姨性格开朗了，抑郁症状明显减轻，消除了轻生念头。在“同心园”楼组自治建设中，邻里间守望相助变成了最平常、最自然的事情，不仅如此，楼组居民通过自己的一技之长，开设量血压点、为老代购点，举办楼组兴趣运动会，小手牵大手公益行动等，有效弥补了社区服务的空白点，在邻里互动中增进了彼此的了解和感情，进而增强了对整个楼组的认同感和归宿感。

（嘉定区社建办供稿）

探索楼道自治建设 夯实居民自治基础

古美社区的楼道自治实践

居委会作为居民自治的重要载体，普遍规模较大。目前，古美社区有 4000 余个楼道，每个居委会平均有 100 多个楼道，1350 余户家庭，4000 余人口。面对如此庞大的群体，加之居委会事实上承担了大量政府延伸职能，社会管理任务日趋繁重，居委会的自治职能发挥有限。与此相对应的是，楼道这个相对固定的空间内，居民从 30 至 100 多人不等，自治范围相对较小，开展“楼道自治”更具可行性。在楼道这个日常生活起居的必经场所开展自治，居民看得见、感受得到，有参与的内在动力。楼道居民彼此相熟，可谓抬头不见低头见，涉及楼道的事务，居民之间的相互监督有利于促使居民的义务履行和对居民的道德约束。因此，就居民自治而言，楼道具有天然的地理优势和科学合理的自治幅度。

顶层设计规划

从 2011 年下半年起，社区（街道）党工委着力推进“楼道自治”建设，制定了《古美路街道关于推进居民区“楼道居民自治”建设的实施意见》，秉承“守望、安全、互助、协商”理念，以楼道为居民自治的最小单元载体，以拓展社区事务的公众参与面，培育和激发公民主体意识和理性参与意识为目标，努力形成党建引领下的行政管理与基层群众自治有效衔接和良性互动的基层管理格局，增强居民对社区的归属感和认同感。

专业力量培育

街道与社会组织——上海东方社会工作事务所合作，深入调研居民区自治基础较为成熟的楼道，在居民区申报的129个楼道自治建设试点中，重点培育10个自治楼道，通过实地调研、专家指导、集中培训、个性化培育和自治成效评估等方式，形成了一系列楼道自治的创新体系。

项目化推进拓展

首先，确定每个居委会的宣传干部为楼道自治项目联络员，明确东方社会工作事务所的专业社工、联络员以及楼组长的职责分工，延伸项目落实触角。其次，召开楼道自治动员会，宣传楼道自治的必要性和重要性。再次，掌握各楼道的自治基础，因“楼”制宜地设计推进方案，保证项目落地。在此基础上，为提高楼道自治建设工作开展的专业性和有效性，社区举办了“楼道自治培育方法”系列培训，增强联络员和楼组长的理性认识与感性认识，用专业社工讲解理论知识与楼组长分享经验做法相结合的方式，使楼道自治的理论知识实践化，实践操作理论化。经系列培训的满意度测评统计，培训的总体成效达86.0%，学员的总体满意度达93.8%。

自治成果展示

在阶段性总结中，社区对先行试点的10个楼道进行了回访性的问卷调查，在251个数据样本的统计中，在楼道资源方面，83.0%对所属楼道有感情；87.1%对所属楼道的生活表示满意；90.4%认为自己有创建和睦邻里的社会责任。在楼道参与方面，86.4%觉得楼道自治建设提升了楼道生活品质；90.0%希望楼道内的邻里相熟、信任起来。

改善楼道环境，提高居民生活质量

通过楼道自治，楼道成员成了治安“志愿者”，楼道内垃圾乱堆乱放、高楼抛物、噪声油烟扰民等现象不见了，自治委员会组织居民清理楼道，捐款粉刷楼道，组织义务清扫等，使楼道环境有了很大改观。

实例：新时代富嘉花园17号楼是建成于2005年的商品房，楼道内共有22户居民，整栋楼的东面是固定式的圆形玻璃阳台，日积月累玻璃上沾满了灰尘又无法擦洗，居民们很是困惑。推行楼道自治后，在征求整栋楼东面11户居民意见的基础上，请来了专业保洁人员，每户仅出30元就把大家5年多来的“心病”解除了，居民们看着窗明几净的玻璃阳台感慨地说：多亏了楼道自治！使大家得到了实惠和舒适，还使闵行区相互间都成了朋友！

融洽邻里关系，拉近居民之间感情

原来居民之间交流和沟通贫乏，甚至“老死不相往来”，楼道自治委员会成立后，对于邻里纠纷及时调解，同时经常开展楼道活动，在增加居民对楼道事务参与的同时，促进了居民间的交流和邻里关系的和谐。

实例：古龙六村68号楼组是建成于2004年的高层商品房，楼道内共有45户居民。大家捐钱捐物在进门处布置了邻里客厅，挂上了45户人家集体拍摄的“全家福”照片，整个楼道亲如一家，其乐融融。一次，楼道中有户人家被盗后，楼组长及时发布公告召集业主在公共客厅商议对策，大家准时来到楼道客厅，积极建言献策，最终决定设置摄像头，遇到陌生人时大家多留意，整栋楼由生人社会变成了熟人邻里。

创新治理模式，提高居民自治意识

通过参与楼道自治，成立楼道自治委员会，制定楼道公约，让居民切实感受到参与的价值和效能，增强了主体意识和自治能力，提高整个居委的自治能力。

实例：平阳四村48号楼道是建于1997年的售后公房，2002年起该楼道成立了楼道基金。楼组长上门做工作，楼内居民每月每户贡献1元作为自治基金，由楼组长管理并组织居民定期讨论基金用途，制定基金使用规则，详细记录使用去向，楼道居民之间通过楼道基金变得更为融洽和默契。如今该楼道“楼事共定、楼长共选、楼务共督、楼绩共评、楼利共享”，楼道从成立至今没有一起邻里纠纷到居委会调解，是小区中最为和睦的一个楼道。

促进社区认同，增强居民的归属感

古美社区有三分之二为非古美户籍人员，通过楼道自治，参与社区建设管理，实现了新古美人的自身价值，提高了他们对古美的归属感和认同感，实现了社区融入。

实例：万源城13号为2008年交房的新建商品房，共有住户30户，该楼道居民普遍比较年轻，并来自五湖四海。由于工作原因大家早出晚归，相互之间缺乏沟通交流，社区融入感不强。该楼组长是一名大学教师，她利用版主优势，通过网络渠道加强与楼内居民的沟通交流，经楼道居民同意建立了楼道公约，在底楼的大厅内搭建楼道公共客厅，放置了闲置物品交流区和书报交流架，倡导环保意识和人文关怀。通过自治建设，楼道内的居民社区融入感普遍增强了。

进一步推进楼道自治建设的设想

楼道，是城市社区最小的公共空间，是家的延伸，是人际交往的通道，以楼道为载体的自治建设能使楼道洋溢着邻里的亲情，充满着家园的温馨。进一步推进楼道自治建设，需要多方面着手：

坚持党建引领，加强社区民主建设

引导居民有序参与民主自治，不仅是基层党组织承担的工作任务，同时也是值得积极介入的党的社会工作空间。在楼道自治建设推进中，党组织要进一步加强引领，变行政化的工作方式为社会化的工作方式，充分发挥党组织的凝聚力和向心力，发挥党员个体的先锋模范作用，确保居民自治的健康发展。

转变治理模式，推进社会管理创新

社会治理是一个良性互动过程，按照服务型政府的要求，治理模式的转变要求让渡一定公共治理空间给社会。楼道自治在一个相对较小的规模中使协商成为可能。要进一步推进楼道公约的制定、起效和监督，使居民通过自己制定规则，相互协商、相互妥协，从而达成共识，让公众的事情由公众自己管理，从而实现楼道层面居民的自我教育、自我管理、自我服务和自我发展。

拓展工作思路，相对动态复制

在试点实践中形成的三种可复制的楼道自治实践模式是一项规律性的总结。楼道自治建设是一个动态、渐进的过程，三种模式也可理解为楼道自治建设开展由浅入深的三个阶段，因此，闵行区要联系发展地认识、运用、转化和拓展。

坚持公众参与，提高自治实效

社区居民是社区建设和管理的主体，也是社区取得长远发展的依靠力量和长久动力。现阶段，楼组长是楼道自治建设的积极参与者。优秀的楼组长是热心的，不怕被冷淡，拒绝；也是爱心的，愿意倾听居民心声，乐于助人；更是同理心的，会换位思考，分析矛盾。因此，培育、推进楼道自治建设，一方面要关注、发现、培育优秀的楼组长，另一方面要加强楼道自治委员会建设，以楼道自治委员会为平台，发挥居民自身的积极性，通过公众的广泛参与，表达民意，解决实际问题，增进彼此感情。在提高楼道自治建设实效的同时，也可以减轻政府的管理成本。

培育公民意识，多元融合发展

社区建设和发展离不开多元群体共同参与，实现社区融入重要的是在公共空间中培育公民意识，增强居民对社区的归属感和认同感。闵行区可以通过各种保障、激励机制来融合更多居民参与到楼道自治建设中，如：资金保障结合社会性酬劳的双重激励机制；退休、在职党员以及群众骨干等多管齐下的动员机制，楼道自评结合居委会年度考评的双向评估机制等，使楼道居民从陌生变得熟悉，从熟悉到成为楼道、社区和社会的主人。逐步增强居民对社区的归属感和认同感。

（闵行区社建办供稿）

筑牢楼组基石 探索自治机制

彭浦镇位于闸北区中北部、东沿共和新路，西接沪太路，南至老沪太路，北靠场中路，辖区面积7.88平方公里，截至2012年12月，现有39个居委会（其中，筹建居委会2个），77个小区，共有居民楼组3189个，家庭户数34124户；户籍人口85157人。近年来，彭浦镇积极开展星级文明楼组创建，目前共创建成功一至三星级楼组1897个；四至五星级楼组969个，达到楼组总数的91%。通过星级文明楼组创建，楼组环境日益改善，邻里关系日渐融洽，也涌现出爱心楼、温馨楼、平安楼等特色楼。但是，创建还没有成为居民的内生需求，还存在着群众参与程度有限、活动形式单一、邻里互动不够等问题，楼组创建需要新的突破。2012年底，区委区政府下发了关于《加强楼组建设实施"基石工程"的若干意见》，彭浦镇成为三个试点街镇之一。在不断巩固星级文明楼组创建成果的基础上，围绕"奋进新彭浦"的建设目标，因地制宜、循序渐进推进"基石工程"项目。

广泛动员，转变观念，形成全员参与创建的价值认同

创建初期，镇里多次召集居委会书记、主任、妇代干部开会，对他们进行宣传和动员，各居民区又召开了楼组长会议，向楼组长们介绍什么是"基石工程"、申报"基石工程"能给楼组居民带来什么样的好处，随后楼组长又发动志愿者在居民中展开宣传动员工作。经过广泛深入的动员，在第一轮的创建申报中，全镇39个居民区，3189个楼组，申报了313个"基石楼组"，申报率达10%。

加强统筹，上下联动，形成全镇楼组创建的工作合力

在镇层面，成立了彭浦镇楼组建设工作领导小组，对"基石工程"项目进行全面统筹和协调，下设楼组建设推进办公室，在楼组建设办公室的指导下，建立楼组建设项目组，并委派专职社工负责项目实施。

在居民区层面，成立了居民区楼组建设推进小组，负责落实本居民区的楼组建设工作，通过开展讨论，初步明确了楼组建设推进小组的工作职责。

在楼组层面，在楼组长的带领下，每个楼组的志愿者有3至7人组成，由他

们负责动员居民开展楼组创建，掌握了解本居民区楼组的现状和实际需求。

机制建设，长效管理，形成楼组建设的可持续发展

建立工作研究制度

镇楼组建设工作领导小组，每季度召开1次会议，听取项目实施进展情况，讨论实施中遇到的困难和问题，加强对创建楼组的帮助和扶持。

镇楼组建设推进办公室，每月召开1次会议，沟通情况、研究问题、负责研究推进楼组建设。

镇楼组建设项目组，每周召开1次项目推进会，负责楼组建设项目的策划实施，制定措施，有计划组织实施项目。

建立科室联动合力机制

各职能科室将楼组建设作为业务工作的基础，创新载体平台。由镇事业办搭建文化交流平台，统筹协调文艺团队活动。镇社区办搭建服务保障平台，统筹协调民生保障问题。文明办牵头搭建交流沟通平台，妇联搭建家庭教育平台等，为楼组活动提供丰富的菜单内容。例如：由妇联牵头为“基石工程”楼组的外来媳送健康体检；由市容办牵头为“基石工程”楼组送绿化盆栽；由事业办牵头为“基石工程”楼组送摄影作品、书法、绘画等装饰品。为了更好地发挥各科室的联动作用，还将统筹协调各科室开展一系列的主题活动，如：由组织人事科牵头，结合“七一”党的生日，开展党员主题活动；由妇联牵头，“端午节”组织楼组居民包粽子、参加全镇比赛并走访慰问楼组困难老人；由社区办牵头，结合“重阳节”传统节日，为老人送上个性化的服务，提供关爱等等。

建立经费保障机制

规范创建经费。在镇层面，设立“基石工程”专项科目，对每个创建楼组下拨300元/年的创建经费，镇财经办明确专人负责，保障区委拨款专款专用。制定《彭浦镇楼组建设项目经费使用管理办法》，明确报销流程，确保楼组活动和服务的开展，使广大楼组骨干真正拥有楼组创建经费的使用权和支配权。

确保推进经费。各居民区在居委会工作经费的服务或活动经费中设立“楼组建设推进经费”项目，共由两部分组成：各居民区确保1000元/年推进经费底数；各居民区每创建一个楼组，在推进经费底数上增加50元/年，支持本居民区创建楼组建设。推进经费各居民区要用于楼组交流活动，使用情况随居委会工作经费使用情况同步公示。

听取意见，小组座谈，讨论交流创建工作经验和问题

为了更好地推进楼组创建，了解居民在实际工作中遇到的难点和问题，领导

小组带队下居委，召开了10场楼组长座谈会，313个楼组长中有301个楼组长参加了座谈，提出了他们在推进工作中遇到的困难，谈了他们的意见和建议。

为了能广泛听取意见，彭浦镇还依托彭浦镇社区工作研讨会，根据小区的成分构成不同，组成商品房、动迁房和农民旧改房三个创建工作研讨小组，居民区书记和主任们就楼组创建的问题进行研讨，交流意见，达成共识，提升居民区楼组创建的推进指导能力。

对于版面更新的问题，文明办为了更好地了解居民的实际需求，通过宣传调研会的形式，邀请部分楼组长对版面的设计和功能提出自己的想法。

结合特点，达成共识、创新理念推进楼组建设

在创建动力上，实现“要我创”到“我要创”的转变。楼组建设的动力和源泉就是要使居民真正感受到楼组创建带来的好处和意义，才能实现楼组建设从组织要求走向自我需求的转化。始终坚持“组织倡导、居民自愿”的原则，通过一轮轮的引导和宣传，不断感染广大居民。

龙馨居委会，场中路3386弄3号，张寿苹楼组：该楼组沿街都是商铺，所以她们的一楼大堂楼层特别高，面积特别大，住户们为了图方便都喜欢把自行车停放在大堂里，长年累月整个大堂里足足停了四十多辆自行车、助动车。为了解决这个难题，楼组长张寿平挨家挨户上门了解情况，对楼里的居民进行耐心劝导，对于那些老旧不用的自行车她提议卖掉，既节约了地方还能回收再利用；对于那些一家2口人却有3辆车的，她找物业商量安排一个不用的小仓库让他们停放。在她的努力下，大堂里的车只剩下二十多辆了，有序的停放在大堂一侧，而另一侧她搬出了闲置的沙发、茶几，布置得像温馨的家。楼里的居民都对她刮目相看，充满了钦佩和信任，在这次的创建活动中，她把每家每户人员都发动起来，从小家融入到大家，得到了大家的鼎力支持，而她的楼道成为了一种榜样，在小区的其他楼组中迅速传播，使大家都想积极投身到楼组创建工作中来，体现了“要我创”到“我要创”的转变。

在创建管理上，实现“行政管理”到“自我管理”的转变。楼组是居民自己要创的，当然也应该由居民自己来管理。楼组居民共同拟定居民公约，规范自己的行为。楼组长定期召开楼内居民骨干会议，共同研究楼组内的公共事务，讨论楼组内发生的事情，组织居民打扫卫生、清除堆物，创造一个美好的环境。

万荣新苑居委会，彭越浦路800弄37号，李国玉楼组：李国玉担任楼组长工作已经好多年了，为了楼道内有一个良好的环境，她组织楼内居民骨干在她家开会研究讨论，通过大家的集思广益制定出了一套楼层值日生制度。楼组里的居民按楼层划分，每层负责自己楼面的清扫，每天按室号轮换，挂牌上岗，小牌子挂在哪家

门口就表示哪家今天是值日生，负责打扫楼面卫生。这个制度沿用至今，得到了居民的积极配合和认可，起到了良好的效果，体现了楼组居民的“自我管理”。

在创建目的上，实现“社会服务”与“自我服务”相结合。加强社会管理，就要多谋民生之利、多解民生之忧，社会管理的落脚点就是让人民过上更好的生活，因此楼组建设既要完善楼组的各类信息，也要加大对楼组内特殊群体的服务措施，让居民感受到楼组建设带来的关爱与亲情。

引导居委干部、楼组长开展楼内居民互访活动，通过访问和调研，建立楼组综合信息表，将生活在楼组内的居民粗略划分，如，依靠对象：党员、楼组骨干等；服务对象：独居老人、残疾人、少数民族等；关爱对象：重症人员、高龄老人、困难家庭等，同时对楼组内的专业技术人员，如教师、医生、律师等也做了信息收集，针对各种人群不同的需求，调动居民的、社会的、行政的力量，开展特色服务。比如，白遗桥居委阳城路 101 弄 31 号楼组，楼组长徐德昌对楼组里居民的职业情况都相当了解，谁家有医生，谁家有老师他都门清，一天夜里楼里的一位老人突发疾病需要送医院，他忙叩开了楼里一家司机的大门，及时送老人去了医院，得到救治，楼组中的信息资源得到了充分利用，不出楼组就能做到居民的“自我服务”。

楼组是家庭生活的公共单元，是居民自治的网络末梢，是文明践行的生活平台、邻里互助的温馨港湾。楼组建设有利于凸显居民的主体地位，有利于优化与改善政府的各项服务，更有利于进一步形成“家庭和美、邻里和睦、社会和谐”的良好氛围。因此我们要让更多的居民积极投入到楼组建设中，让更多的居民感受到楼组建设带来的关爱与亲情。

（闸北区社建办供稿）

客堂汇

为了进一步加强基层民主自治，提升农村社会管理水平，近年来，嘉定区徐行镇在推进“村组家园”建设的基础上，结合农村地区特点，积极探索社会管理服务的新模式。依托农家客堂间这一民间资源，创新推出了集“汇聚民意晓民情、汇聚民智办民事、汇聚民俗展民风、汇聚民心惠民生”四大功能于一体的综合性社区建设平台——“客堂汇”。通过整合资源、集中优势，努力将农家客堂间打造成为“促推基层民主自治的新载体，强化农村社会管理的新平台”，开创了农村社会管理服务的新格局。

转变观念，创新机制，“客堂汇”以点带面逐步推广

徐行镇在经济社会发展的同时，常住人口也快速增长，对环境、资源、社会治安等造成巨大压力。如何进一步加强和创新农村社会管理已经成为镇党委、政府重点关注的工作之一。带着这个课题，深入基层开展专题调研，广泛听取各方面的意见和建议。在调研中，发现农村社区中活跃着一批有想法、有能力且热心于社会服务管理的人群，如果以恰当的方式加以引导和扶持，充分发挥“社区领袖”的作用，将有助于调动民智和民力，提升社会管理的实效。立足这一理念，在认真梳理总结社区自治管理经验的基础上，结合徐行实际和专题调研成果，积极探索实施“客堂汇”管理模式。

把握扎根基层的落脚点

在农村基层工作中，提高村、居委民主自治的能力，尤其是加强村组一线末梢的自治管理，对于处理和解决层出不穷、纷繁复杂的各类农村社会事务，具有十分重要的现实意义。过去，只要生产队长哨子声一响，整个村宅瞬间就响应起来，村民拖儿带小集中到队长的客堂间听报告、议大事。如今，这种老式但行之有效的方式被徐行镇重新运用到农村社会建设和管理中来，使“客堂间”这个老阵地焕发出新的时代生机。2012 年初，该镇曹王居委、徐行村和钱桥村各推选出 1 户农家客堂间开展“客堂汇”建设试点，通过规范设置，形成了基本统一的“客堂汇”风格布局。同时，依托村民组长、党小组长、老干部、社区志愿者等骨干力量，使“客堂汇”成为村民小组、党小组学习活动的阵地，并逐步吸引了周边村民前来拉家常、聊山海经、看书读报，积聚了一定的人气，营造了自治的氛围。通过试点，徐行镇发现，对于这样一个源于民间的自治平台，群众普遍表示接受和欢迎，在这种亲民的氛围中开展社会管理与服务，能够收到意想不到的效果。

在成功试点的基础上，徐行镇趁热打铁，镇党委、政府将“客堂汇”列为 2013 年度重点推进的工作之一，计划在各村、居委全面推广，进一步扩大覆盖面，提升服务内涵，努力为农村和谐社会建设开拓更为广阔的平台和空间。于是，“客堂汇”这一源于草根的新生事物接二连三地在徐行各个村组生根发芽，至 2013 年底已有 28 个活动点，为推动社会管理服务扎根基层、促进农村自治管理奠定了坚实的基础。

把握服务群众的着眼点

加强农村社会管理与服务需要有抓手，需要有资源，在这一问题上，各个

“客堂汇”活动点结合实际，因地制宜、借势借力开展工作，形成了目标统一又各具特色的“客堂汇”风采风貌。徐行镇各村都建有“村组家园”，融合了农家书屋、健身广场、党小组活动室、村民小组会议室等功能，电视音响、健身器材、报刊杂志等基本设施一应俱全，通过几年的发展，已经成为村民日常活动的集散中心。“客堂汇”充分借助家园的资源优势，让这块前沿阵地汇聚更多的资源力量，更好地服务村民。如徐行村将区文化馆、体育局、图书馆、中医院、妇保所等共建单位纷纷请进“客堂汇”，开展送图书、送对联、送医疗服务等活动，为村民提供便捷贴心的服务。钱桥村“客堂汇”召集人以自家客堂间为阵地，举办客堂剪报党史展、戏曲表演、元宵灯会、养老茶话会等活动，还把原来在镇文广中心大舞台表演的“乡音戏曲沙龙”队伍也请到农家客堂来表演，丰富了农村空巢老人的生活，得到了村民的一致好评。“柏万青进客堂汇”活动先后2次在镇“客堂汇”成功举办，柏阿姨在“客堂汇”与村民一起做元宵、品农家饭、观看文艺汇演，村民们欢聚一堂，其乐融融，加强了邻里沟通，融洽了邻里关系，使农村地区逐渐淡却的社会关系得到了巩固和增进，取得了非常好的社会反响。

把握规范运作的关键点

通过试点，“客堂汇”模式得到了群众的普遍认可和欢迎，对于下一步的推广和深入，徐行镇认为关键在于长效机制的建立。为此，徐行邀请市、区各方面的专家，先后多次深入“客堂汇”开展调研，与“客堂汇”召集人、社区群众共同讨论研究“客堂汇”的长效运作机制，在集思广益的基础上，形成了“客堂汇”的建设标准。目前，徐行镇的“客堂汇”活动点做到了“三个有”，即有一块统一标识的铭牌、有1名热心的社区志愿者、有1间宽敞的农家客堂间；在活动形式上拥有“五大类”，即邻里相教、邻里共商、邻里和睦、邻里同乐、邻里互助五大类；在功能定位上，使“客堂汇”成为广大村民自觉参与农村社会事务管理的自治平台，同时也为辖区各单位和组织主动融入农村社区建设、各级党员和干部密切联系服务群众提供了一个窗口。各村、居委本着“坚持标准、保证质量、成熟一个、发展一个”的原则，找准点，选好人，使“客堂汇”的覆盖面进一步扩大。与此同时，党员干部借助“客堂汇”平台，深入到农家客堂间，通过加强沟通、交流和服务，增进了群众对政府的理解和信任，使一些社会管理难题得到了解决，基层民主管理水平得到了提升。当前，“客堂汇”已经逐步成为该镇构建“管理有序、服务完善、环境优美、文明祥和”新型农村和谐社区的有力抓手。

凸显自治，凝聚人心，“客堂汇”彰显四大功能

“客堂汇”立足一个“汇”字，旨在彰显“汇聚民意晓民情、汇聚民智办民

事、汇聚民俗展民风、汇聚民心惠民生”四大功能。

汇聚民意晓民情

首先，“客堂汇”的成立搭建了群众与政府沟通联系的桥梁。为了更好地联系服务群众，根据群众的实际需求，将邻里矛盾纠纷调解、“两代表”联系社区等引入“客堂汇”，建立起可覆盖社区不同群体、不同层面利益诉求表达的平台，增强了群众民主自治的意识。在走进“客堂汇”的过程中，党员干部既要当好矛盾纠纷的“调解员”、村情民意的“联络员”，又要当好为民解忧的“服务员”，许多问题通过面对面沟通，达成共识，得到解决，有效维护了一方安定。如钱桥村借助“客堂汇”这一亲民平台，积极调解扬言要越级上访的数位村民，晓之以理，动之以情，引导他们采取理性方式表达利益诉求，并及时联系镇相关职能部门给予答复，平息了村民的怒气，及时化解了矛盾。

汇聚民智办民事

“社区是我家，建设靠大家”，这句口号在“客堂汇”转化成了实实在在的行动。通过“客堂汇”与群众促膝相谈、贴心交流，听取群众的呼声和诉求，了解他们的想法和愿望，及时反馈和落实他们的意见和建议，旨在将“客堂汇”打造成365天全天候开放的联系服务群众的窗口，吸引和凝聚更多的社区建设力量，共同参与到美好家园建设的队伍中来。2013年，已累计收集群众意见、建议125条，对群众反映的问题一一作了答复，对一些合理化建议及时落实了解决方案。如“客堂汇”收集到关于徐潘路需要安装路灯以方便村民出行的意见，经镇职能部门与相关单位沟通协调，目前已经安装到位，解决了群众的迫切所需。在社区议事中，“客堂汇”的作用不容小觑，为群众参政议政提供了新的平台，改变了群众到村居委议事的传统模式，使社区事务管理更加公开透明，群众参与热情得到了激发。如镇领导班子依托安新村“客堂汇”开展联系服务群众活动，在轻松的氛围中，村民们就公交线路走向等问题出谋划策、畅所欲言，最后通过平衡村组利益，达成了一致意见，向职能部门提出了改变公交线路走向的具体意见。

汇聚民俗展民风

当前，“客堂汇”已经成为文化下乡为民服务的一个重要平台，融合了客堂戏、客堂书屋、客堂课堂等功能，为群众搭建了文化、体育、娱乐活动的平台。自活动点建设以来，已累计为村民提供戏曲书画、文化教育、健康教育、徐行草编非物质文化传承等服务达百余场次，富有徐行特色乡土风情的客堂文化正在逐步形成。此外，“客堂汇”存在于群众日常生活之中，一方面架起了传统文化与外部文化之间的沟通桥梁，同时也推动了社区情感纽带的形成，增强了村民对社区的认同感和归属感，对于进一步弘扬传统文化、丰富群众精神生活、提升群众文明素质、促进家庭和谐、邻里和睦都起到了积极的推动作用。

汇聚民心惠民生

走进“客堂汇”，告示牌上丰富的“一周活动安排”一览无遗，每逢重大节庆日，更有大型系列活动展示，百姓参与其中，不亦乐乎。而如今，助老服务、关心下一代、小区物业等也借助这一平台，将便民服务以各种形式带到了村民的身边。如针对目前电信诈骗频发等问题，“客堂汇”召集人及时联系社区民警为群众讲解治安形势，普及防盗、防骗知识；针对农村社会老龄化和养老问题，及时邀请司法部门开展老年人赡养专题法制讲座，增强老年人保障自身合法权益的意识；日间助老点让老年人不出村组就能得到全天候的关心和照顾；暑期活动点为学生提供学习、娱乐和社会实践活动，免去了上班族家长的后顾之忧……同时，“客堂汇”的服务范围正逐步涵盖来沪人员，在为他们提供健康素养、优生优育知识普及等服务的同时，从一定程度上增强了来沪人员的社区认同感和归属感，进一步凝聚了人心，促进了和谐。

（嘉定区社建办供稿）

社区睦邻中心

杨浦区延吉新村社区建设了以“方便居民生活，和谐邻里关系，促进人的全面发展”为宗旨的并具有一定人文意义的“延吉社区睦邻中心”，及时回应居民生活、精神和环境等各方面需求，不断强化社区广大居民家园意识，不断提升社区公共服务能力和水平，从而达到服务群众、凝聚群众的社区建设和管理目标。

管理目标

建设四个睦邻中心，促进公共设施布局合理化

延吉社区老龄化程度高，社区服务尤其是为老服务的任务十分艰巨。通过整合社区场地资源，在区有关职能部门的支持下，以租赁的方式整合延吉四村、延吉七村、敦化等小区内的资源用房10000多平方米，为社区公共服务设施特别是睦邻中心建设开创了一片新天地。通过合理布局睦邻设施，在社区四个不同的区域建设适度规模和功能互补的睦邻中心，并通过社区生活服务向社会福利服务的延伸，真正向覆盖全人群、全方位、全过程的转变。

探索“三社互动”机制，促进公共设施管理规范化

街道坚持“政府主导、社会参与”的原则，通过政府购买服务的方式，最大程度满足居民生活和文化需求。街道投资300多万建立了社会服务中心。结合延吉社区睦邻中心及其所在社区的老社区、老龄化等特点，建立起一个层次更丰富的社区志愿者群体，并辐射到整个社区。通过多措并举，促进了组织健康发展。

共同创建文明和谐社区，促进公共设施成效最大化

在睦邻中心的管理运作模式上，街道脱去了政府大包大揽的行政窠臼，通过政府搭台、社会组织唱戏的方式，为居民提供真情真心的服务，用“情”打破城市间钢筋水泥的冰冷，用“心”拉近居民之间的距离，让社区居民感觉生活在一个有情有义的“大家”里。同时通过睦邻中心搭建的平台，使居委会自治作用得到强化，党建工作也扩大了领域。

绩效评估

延吉睦邻中心经过一段时间的建设和运营，取得了良好的社会效果，受到了社区居民的极大欢迎。近年来，共开展社会组织建设的公益沙龙、公益培训40余场次；组织为老服务，进行医疗卫生、法律、文化教育，组织各类戏剧班培训，为居民免费提供体育场所，活跃在中心的志愿者已达200余人，累计服务社区居民10万余人次；小松鼠之家开展夏令营、亲子活动、孤残儿童探访等活动140余次，参与儿童达2700余人。被中央电视台、上海电视台、解放日报等多家媒体宣传报道。

创新启示

延吉睦邻中心的建设，一定意义上为创建和谐社会提供了一个重要载体，居民们在这里得到生活服务，得到文化享受，满足了作为人的基本生活需求和精神需求，体现了以人为本的管理和服务理念。街道将坚持“政府主导、社会参与”的原则，积极引入社会组织参与社区管理和民生服务，强化社区功能，优化社区服务，实现睦邻中心的有效运作，促进社区建设，为进一步拓展和丰富和谐文明社区内涵而不懈努力。

（杨浦区社建办供稿）

方法对路 事半功倍

“四议五要工作法”激发社区自治“正能量”

南京西路街道是上海市文明社区“九连冠”单位。近年来，南京西路街道以激发自治内生力、增强自治合力、推进基层民主自治为目标，在总结前几年发展基层民主的经验和做法基础上，确立了“我为文明小区出份力·爱我家园”自治项目主题，在实践探索中创新了“四议五要”群众工作法，健全了居民广泛参与的自治机制，完善了居民自治的组织形式，融合了社区各方资源，有序推进基层民主自治实践。

方法渠道

广泛商议，要让居民知晓

商议是“四议五要”群众工作法的基础，即在项目征询阶段，采用多种形式，广泛征询居民意见，商议居民区自治重点。为保证居民知晓商议内容和过程，采取三种形式：结合组团式联系服务群众走访、每天 5 户定期走访、“四百”制度和“一口接待”制度及时了解民意诉求；通过党员生活会议、楼组长例会、团队活动、居民代表会议等广泛征询居民意见；通过上门走访、发放意见征询表等反馈居民意见。通过广泛商议，引导居民合理表达诉求，居委会和专业委员会商议确定项目，动员居民参与社区自治，保障了居民的知情权。

民主决议，要让居民参与

决议是“四议五要”群众工作法的前提，即在项目初步确定后，再次召开居民代表会议，对项目的内容和可行性进行民主表决，经居民代表一致同意后，形成项目决议。决议的民主性一方面激发了居民的参与热情，培养了居民的公民意识，保障了居民的参与权；另一方面最大程度避免了项目实施过程的矛盾，有利于形成社区自治的合力。

公开协议，要让居民做主

协议是“四议五要”群众工作法的关键，即项目确定后，召开专业委员会会议和楼组长会议，讨论项目具体内容，明确居民参与任务，协议制定实施方案，并在居民区公共场所进行公示，进一步听取居民意见。公开协议将项目决策主体进一步明确为居民，项目要通过居民同意后才能实施，真正让居民做主，从程序上保障了居民的决策权。

定期评议，要让居民监督、要让居民满意

评议是“四议五要”群众工作法的手段和目的。即在项目实施和完成阶段，通过群众评议与专业评议的方式，接受居民的监督。群众评议通过会议和书面两种形式保障居民的监督权。会议形式是通过项目推进会、居民代表会议、总结会等途径公开项目实施情况，评议项目满意度；书面形式是采用意见反馈表、满意度评分表等方式征询居民意见，评议实施效果。专业评议通过引入第三方测评机构，对项目完成度、公开性、程序性、合法性进行专业测评，实现项目的民主决策、民主管理和民主监督，提高居民对社区建设的满意率。

典型故事

陕北居民区江宁大楼建于上世纪 80 年代，大楼结构原始，油烟机排风口直通走廊，走廊墙面和地面又滑又油腻，影响日常生活。居民们想了很多办法，但都没有根本解决。居民区党总支和居委会通过组团式联系服务群众走访了解到居民希望改善楼道环境的想法后，召开居民代表会议商议如何整治楼道环境。会议上，居民们一致同意实施这一自治项目。在协议制定实施方案时，居民提出由居委会负责施工队的联系和楼道整治的监督包括工程询价、验收，居民们也会全程参与，并表示装修费用应根据每位住户的公用面积平均分摊。9 楼居民主动提出把自己的楼组作为整治的示范点，以点带面，让更多的居民看到整治成果。随后，楼道整治工作全面铺开，江宁大楼 11 层约 70 余户居民，每户自费出资 2200 元整治楼道，楼道墙砖全部重新铺设，焕然一新，居民们都十分满意。

新成居民区成都北路 337 号大楼，有六七十年历史，每层楼依然保留垃圾倒口，共有 24 个垃圾倒口和 1 个垃圾箱房，因存在垃圾道口清洁不及时现象，居民家中常能闻到异味，居民怨声载道。居民区党总支和居委会了解情况后，由居民区党总支牵头，居委会实施对垃圾箱房、倒口清洁问题的专题民意调查，记录反馈意见。随后，党总支、居委会组织片块负责人、居民代表和物业代表召开专题听证会，最终确定了在楼内招募志愿者组建保洁队伍管理垃圾箱房和倒口的工作方案。方案制定后，征询居民意见，开展群众评议，居民认可后实施。党总支、居委会还通过在小区内公开告示实施计划，接受居民监督。居民看了告示后，主动到居委会报名参加志愿者。最后组建了由居委会、物业、居民参与的志愿者队伍共 14 人，定人定点定时，做到每天一次小保洁，每周洗刷一次倒口，每月冲洗一次通道及箱房。每次巡逻和保洁后，志愿者在值勤记录本上签到，记录工作内容，实行常态化管理。

延安中路955弄由延中物业管理（现金威物业）的老公房和邮电物业管理的铜仁小区系统房组成。由于物业管理问题，铜仁小区存在水管陈旧影响水质、健身苑乱停车、楼道堆物多等问题。居民区党总支、居委会通过党员生活会议、楼组长会议、居民代表会议、意见征询表等形式听取居民意见，共同商议问题的解决方法，居民们踊跃参加。在广泛征询居民意见的基础上，决议形成解决方案。居民区党总支、居委会通过约请市南自来水公司，协商水管更换问题；通过专题协调会，邀请房地办、延中物业、邮电物业共同协商解决健身苑乱停车问题；通过发动党员、楼组“一长五大员”及楼道志愿者开展清理楼道宣传活动，进行楼道整治。在水管更换过程中，居民区党总支、居委会通过定期项目评议，及时收集居民反馈，解决了水阀门不对应门牌的问题；在协调健身苑乱停车过程中，通过召开车主协调会，及时沟通车位情况，让居民满意；在整治楼道堆物时，通过张贴公示、广泛宣传、动员居民，清除了楼道乱堆物。最终小区更换了水管改善了水质、取缔了健身苑乱停车，还居民一个整洁、舒适的生活环境，让居民倍感幸福。

（静安区社建办供稿）

广泛动员居民参与社区管理

“小区事情我来管”

虹口区林云小区约有2010户居民，老年居民1100多人，其中80岁以上的达到了133名。这里的老年人生活十分充实。原来，在林云居委会的扶持下，居民自发组织起10余支兴趣团队，办得有声有色。

两年多来，林云居委会推行“全天候接待、全方位受理、全过程负责”的“三全工作法”，打破了居委会条线工作的壁垒，强化了群众自治与行政管理的良性互动，使小区成为自治管理之家、社区服务之家和文化活动之家。

扶持发展群众团队

林云小区老年人多，健身、求乐的愿望很强烈。近300位居民从各自兴趣出发，组织起合唱队、沪剧班等10余支团队。在居委会重点扶持下，队伍定期开展活动，通过吹拉弹唱、琴棋书画等为生活增添欢乐，在沟通中释放友谊和暖意。这些群众团队不仅活跃在小区，还走出去参加公益活动，陶冶情操、其乐融融。

近年来，由于小区人口老年化加剧，癌症病人也相应增多。拥有20名老年志愿者的晚霞新苑丝网花班，以巧手传递爱心，自掏腰包购买丝网花材料，白天做不完就将半成品带回家接着忙活。丝网花班将多次义卖所得钱款悉数捐赠给癌症患者及困难家庭。

据介绍，林云小区从2002年起就尝试居民轮流值班制度，搭建邻里互知互助的自治平台，让居民一同走出家门，感知家园的魅力。每次值班都让居民重新认识了身边这个每天匆忙进出、却又似乎熟视无睹的家园。近几年来，居民自治意识逐步深入人心，值班参与率越来越高，小区治安环境也大为改善。

“三全工作法”紧贴百姓需求

记者了解到，林云居委会推行“三全工作法”已有两年，从民生保障救助到健康服务，从小区环卫到楼组和谐，从民事调解到治安维稳，从物业管理到文化建设，都尽责尽心。居民切实感受到“少走一段路，少进一扇门，少跨一道槛，少过一道程序”的便利服务。

在小区平改坡综合整治中，林云居委会与物业公司、业委会先后召开3次听证会、9次协调会、两次评议会，并数次与相关部门、施工方召开联席会，就小区绿化布局、外墙颜色、道路拓宽、大门改造等一系列具体施工方案进行探讨，听取群众意见，使最终改造方案得到大家认可。本着“把居民发动起来才有活力”的理念，林云小区建立健全居民区重大事项民主决策、管理、评议、监督制度，居民们“小区事情我来管”的热情愈发浓厚。

此外，林云小区充分发挥党员在小区自治中的骨干力量。林云居民区党总支共有334名党员，还有172名在职党员。5个业委会中党员占60%，15个团队负责人中12位是党员，在职党员100%参加小区值班。小区把支部成员和党小组长发动起来，每年开展“访民情、知民意、解民难、暖民心”主题实践活动。按照每个骨干两幢楼的要求设立责任岗，引导党员广泛参与小区的居民值班、便民服务等常态化管理，参加小区业委会、平安志愿者等小区组织。“有事情信居委，有问题找党员”已经成了居民的一种习惯。

（原载2011年11月18日《文汇报》，作者：许旸）

“十日”工作法

嘉定新城新方法

嘉定新城（马陆镇）于2011年8月组建，常住人口为17.8万。随着嘉定新城城市化进程的快速推进，新建小区入住率的快速增加，居民利益和社区管理越来越密切，许多问题已不能单靠政府解决，加大社区末梢神经管理，发挥党员先锋引领作用，发动社区骨干队伍模范带头作用，提高社区民主自治能力，是社区发展的必然选择。自2012年开始，嘉定新城（马陆镇）以“增强社区管理功能，培育社区自治新亮点”为目标，以社区“十日”工作法的开展为切入点，以“自愿参加、量力而行、讲求实效、持之以恒”为原则，搭建平台丰富社区活动内涵，实现社区党员群众“参与活动有主题、展示形象有途径、发挥作用有舞台”的目标，促进社区自治向纵深发展。

社区“十日”工作法以十八大会议精神为指导思想，以社区居委为龙头，社区各类组织、社团为支点，社区居民参与为目标，通过“主题日”的形式（体验日、亲情日、环境日、议事日、睦邻日、兴趣日、维权日、学习日、健身日、榜样日），整合社区活动资源，拓展社区活动内容，为社区居民搭建全新活动平台，了解居民诉求，弘扬风尚美德，促进社区和居民共建共享，不断提高社区管理和服务水平，让居民群众共同参与家园建设，构筑熟人社区。

马陆实践

传承加创新，搭建全新活动平台

社区是居民共同的家，社区建设离不开社区居民的广泛参与。2012年，嘉定新城（马陆镇）地区办全面推开了社区“十日”工作法，通过“主题日”的活动形式，实现居委引导、搭台，引领居民自治从被动参与转变到主动组织策划，让居民参与到社区管理，做社区的“小巷总理”，发挥党员模范作用，激发居民参与热情，培养社区共同意识，从而提供零距离服务，创造居民自治、互助、和谐发展的良好氛围。至今，各社区共开展各类“十日”主题活动1427次，解决各类社区问题近万起，提升了社区的凝聚力。

指导加沟通，确保活动有效推进

经过一段时间的探索和实践，2013 年，地区办深入推进社区“十日”工作法，用制度规范，靠示范引导，对社区开展“十日”工作的组成架构、任务分工、开展方式、实施措施、展示形式、操作流程、管理制度等做了部署。各社区结合实际情况制定了“十日”工作活动方案，建立领导班子，组建工作队伍（义工协会等），通过网站、QQ 群、宣传版面、社区党员骨干带动等方式广泛宣传活动，吸引社区居民参与。并通过填写《“十日”工作法推进表》、召开工作推进会、展示活动等形式，及时反馈活动进展，总结成果，交流优秀经验，最终形成制度化、规范化、长效化的居民自治的工作体系和运作机制，形成社区居民自我教育、自我管理、自我服务、自我约束的行为准则，有效提高社区民主自治能力，增加居民对社区的归属感。

聚智加聚力，注重居民实际参与

“十日”工作法的推进过程中，始终坚持“抓住一头、放开一片”的原则，即通过社区居委会把握“十日”工作法推进的主旋律，在没有任何具体的工作要求下，由社区党员、楼组长、骨干队伍、社团组织共同参与活动的策划、执行，使“十日”工作法的活动明显出现了“三气”的转变：一是活动内容更接地气。居委会在活动中着重指导、服务功能，在为居民“搭台”的同时，更注重发挥居民自身的创造力。二是活动开展更有人气。“主题日”内容覆盖面广，除了展示才艺、兴趣的活动外，兼含实用课程、道德宣扬等活动，居民选择多了，选择对了，兴趣有了，热情也就高了。三是活动形式更具灵气。“十日”活动中，居民既可以是参与者，又可以是组织者，活动场地、人员的限制大大下降，活动形式更加灵活多变。

“十日”工作法的创新突破

“小社区”凝聚“大合力”

“十日”工作法通过不断寻求突破创新，丰富活动内涵，各社区因地制宜，自行设计了活动重点和内容，持续吸引居民参与社区建设、管理的各个方面，整合资源形成社区发展合力。

“体验日”由一名党员或居民代表在社区设立的“民情直通站”坐堂问诊，当一天“小巷总理”参与社区管理，协助居委处理社区事务。嘉新社区了解到社区 150 号楼上楼下的居民因为漏水问题产生矛盾，前期居委、物业多次上门，但因为楼上住户不同意把自己家卫生间的地坪敲掉检查，一直无法解决。“小巷总理”黄妍秋了解情况后，动用自己是男主人媒人的身份，主动上门调解，很快圆满解决了问题；育兰社区把体验拓展到社区外，成立的家长义工队每天在马陆以仁幼儿园门口值勤，在院内巡逻，体验当“值勤园长”，为维护幼儿园公共秩序和安全起到了积极的作用。

社区利用现有的一些群文团队、展示平台，根据居民的不同特长开展各种“兴趣日”活动。下至18岁的青年，上至花甲老人，只要是有一技之长的“达人”，都被保利家园居委筹建组挖掘成了社区“义工联合会”的成员。由筹建组根据成员的专长制定活动主题，达人们担任义务老师，开展铸造精油皂、剪纸、涂鸦等不同的DIY课程，居民无偿学习到知识，“老师们”也拥有了一展才华的舞台。

“小细节”托起“大民生”

“十日”工作法不求“高大全”，从生活细节出发开展活动，看似平平淡淡，却和居民生活有着千丝万缕的关系。

“议事日”里，由居委召集，邀请居民、党员、共建单位及相关职能部门代表坐到一起，对小区热点、难点问题进行讨论，力促达成解决方案，及时为百姓解难事、办实事、做好事。紫提湾居委会筹建组就通过联席会议，协调镇卫生办、物业解决了新小区蚊虫多的问题。居民老刘表示，议事日活动为居民、居委、物业搭建了一个很好的交流平台，解决了不少问题，希望能坚持下去。

“维权日”，就是社区组织法律服务志愿者走进社区，为居民开展法律咨询与援助、婚姻家庭咨询、劳动保障咨询、儿童心理咨询等方面的服务，帮助居民维护自身合法权益。每个月的25日仓新社区的“金日说法”活动准时开展。毕业于法律专业的仓新社区社工金佳礼用自己的专业知识为居民讲解和咨询各种案件，加强居民运用法律捍卫自己权益的意识，形成懂法、遵法、守法、用法的良好社区氛围。

“小切口”突出“大主题”

开展“学习日”的主题活动，旨在社区内进一步营造“人人皆学，时时能学、处处可学”浓厚的学习氛围，使“学习，让人生更精彩”的理念融入居民的日常生活中，不断提高社区居民终身学习理念和文化素养，促进学习型社区建设。天马社区的“周三课堂”是“学习日”的品牌活动。社区通过现场教学、案例剖析、宣传普及等多层次、多形式的活动模式，丰富居民的业余生活。每次活动后，课堂负责人都会向居民征集下一次课堂学习的内容，随后从中挑选一个主题，精心备课，保证了学习日的学习内容，得到居民认可和欢迎。

“每天锻炼一小时、健康工作每一天、幸福生活一辈子”是“健身日”的理念，是居民健康生活的一部分。每天清晨和傍晚，育苑社区的公共运动场、小广场和居委会前的小广场上就开始“集会”。每天早晚锻炼，这已经是很多居民雷打不动的习惯。居民全萍阿姨更是自发拿出音响设备，每天做播音员，365 天一天不落。

方法对路好工作

社区“十日”工作法的实践时间不长，还有很多方面需要进一步加以完善，在进一步推进“十日”工作法开展的过程中，将着力从以下两个方面入手。

用活动凝聚社区民心

通过对“十日”工作法的宣传发动，初步将居民“引”出来了的基础上，还要靠别具匠心的活动“留”住居民。首先要在活动内容上不断求新，结合社会热点、生活焦点开展雅俗共赏的活动，满足不同居民的活动需求。其次要在活动形式上求变，根据时代特点、居民结构、社区情况，在做好做精传统活动的基础上，利用网络等工具拓展“线上”活动。最后要在活动制度上求全，目前“十日”工作法主要结合各社区实际情况开展，较为随意。通过进一步完善制度、细化标准，通过更为规范的开展“十日”工作法，逐步形成“品牌”效应，发挥更大影响力。

用民主架起沟通桥梁

要继续引导更多居民参与活动，进而引导其到组织策划活动的转变，要开诚布公多与居民交流、真心诚意听取居民意见，逐步引导居民形成活动自主策划、自我管理的意识。首先要继续发挥好社区党员、楼组长等骨干队伍的作用，通过他们的言传身教“以点带面”带动居民参与活动开展的全过程；其次要通过“体验日”、“议事日”等活动反向驱动，引起居民组织活动的兴趣；最后要进一步吸收社区有一技之长的居民，来主持兴趣日等活动，增加活动的创新性，让居民切身体会到组织开展活动的乐趣和成就感。

嘉定新城（马陆镇）群众自治工作以社区“十日”工作法为依托，以推进社区自治为目标，大力加强社区自治家园的建设，通过居民的事情居民自己解决，提高居民自治整体水平，实现基层社会的有序管理，有效协调社区公共利益的分配，促进社区价值的大众认同。

（嘉定区社建办供稿）

议事监督“四开”法 迈开民主管理新步伐

为提升村（居）两委科学管理、民主管理的能力和水平，将腐败控制在源头，将权力归还予群众，将民主落实在基层，切实推动“基层组织建设年”的深入开展，奉贤区金汇镇党委于2012年起，逐步推行建立村（居）民议事中心和监督委员会，实行“四开”工作法。村（居）民议事中心和监督委员会的推行，为破解该镇当前基层村（居）管理、服务、发展中存在的突出问题进行了有益探索，有效地落实了基层村（居）干部发展依靠群众、发展为了群众的宗旨理念，实现了由民做主与为民作主相结合，营造了阳光村务、民主监督的良好氛围。

方法渠道

拓宽选人渠道，开门纳贤

在选人上，由村（居）党组织和群众推荐产生一定数量热心村级事务、乐于服务群众、坚持原则、敢于监督，并有一定文化和财会知识的党员群众作为一委一中心的初步人选。通过村两委会、村民代表会议等多种形式反复酝酿，听取群众意见，选出10～15名政治上靠得住、本领上过得硬、群众间威望高、思想素质好、法律意识强的人选发展成村（居）两委的智囊团和群众利益的代言人。同时，聘请1～3名在当地有影响力、威望高的区管干部、市、区级党代表、人大代表、政协委员、企业法人代表、优秀来奉人员等担任名誉顾问。

广泛联系群众，开口见心

通过广泛联系群众，畅通社情民意表达渠道，实现民意上的来、决策下的去、矛盾化的了；在内容上，规定了议事中心涵盖村务发展规划、资金管理等11个方面的议题，监督委员会涵盖三重一大、村务党务公开等8个方面的监督内容。议事监督成员结合实际，坚持为民代言，畅所欲言，群策群力，让“热点”不“热”、“疑点”不“疑”，营造上下一心、风清气顺的工作局面。

优化公开方式，开诚布公

在公开渠道上，通过村务公开栏、农信机等及时将群众普遍关心、事关群众利益的事项公布于众，既兜了干部“箱底”，也亮了群众“心底”。公开过程中，严格执行公示、听证、恳谈等制度，着重公布重大事务民主决策、财务管理及公开内容、经营性收入、国家政策性补贴及村内“一事一议”等情况。通过与群众面对面宣传、心贴心交流，保障村（居）民的知情权、参与权、表达权和监督权。监督委员会成员在履行监督职责时，敢于监督不留情，对于议事会决策的事项及时督促，公开议事推进情况，指出问题所在，并接受群众的监督。

谋求工作成效，开花结果

在成效落实上，议事中心在向村两委反映的同时，及时将议事决议内容通报监督委员会，由监督委员会监督落实，有效推动解决群众关注的热点、重点、难点问题，使其“落地见效”，并将落实效果向广大党员和村民通报，确保议有所为，为有所效，重点解决“办的效果如何”的问题。一委一中心工作遇到需要上级部门协同解决的，逐级汇报，争取镇党委、政府和相关职能部门的支持，形成合力，推动落实，取得实效。

典型故事

故事一：

村民议事中心在集群众之力、汇群众之智、解群众之难上发挥了很大的作用，在破解农村鱼塘权属争议问题上也深受好评。金汇镇白沙村李家 3 组的 70 余亩鱼塘，原来属于 3 组集体所有，出租给外来养殖户养鱼，每年的租金由村民分摊。2010 年鱼塘的土地确权确利给村民，于是村民要求提高鱼塘的租金，由原来的 500 元每亩提高到 1500 元每亩，若养殖户不同意他们就无偿收回鱼塘。但养殖户认为村民提出的租金提高幅度实在太大，一时承受不起，当然更不愿意被无偿收回。于是双方各执一词，到村委会要求给予解决。村委会立即召集班子人员商讨解决方案。为提高决策的科学性，广泛听取群众的意见，村委会又及时将这一议题提交了村民议事中心。议事中心成员在接到议题后，对双方的观点进行了详细了解：村民一方认为，土地既然已经确权给农户，当然由他们处置，或收回或提高租金。而养殖户认为当初是集体租给他们的，现在村民无权无偿收回。对此，议事成员进行了热烈的讨论和充分的商议，最后形成如下解决方案：①土地既然已确权给村民，要尊重村民的权利，村委会要积极向上级部门争取项目，将 70 余亩鱼塘推平复耕，将土地还给农户（项目已争取到，将于 2013 年 10 月动工）；②在复耕奖励资金中拿出一部分给予养殖户，补偿他们的初期投入和设施设备；③复耕前，养殖户继续租用鱼塘，并将租金提高到 1000 元每亩。目前，双方都欣然接受了议事中心提出的解决方案。

故事二：

位于大叶公路以南、浦星公路以西的金碧汇虹苑，是一个集动迁户和其他住户共同居住的小区，由于居民文化层次、生活习惯差异很大，在处理问题时经常不能统一意见，其所在的金碧居委会对此非常头疼。自金汇镇推行村（居）民议事中心后，金碧居委也及时成立了议事中心，并挂上了铜牌，正式对外“营业”。金碧汇虹苑社区菜场开张后，为议事中心带来了一份“生意”。原来，菜场与小区虽一墙之隔，但因墙上无门，小区居民买菜需兜个大圈，非常不便。于是有的居民就提议，在菜场后门与小区之间开个小门，方便居民出入买菜。但反对声马上响起，开了后门，将给小区治安带来较大隐患，小区各类偷盗案件的发案率也会提高，作为封闭型的小区实不应开设这样的小门。议事中心成员在剖析双方矛盾集中点后，进行了充分商议，并票决形成如下解决方案：为方便居民出入买菜，决定开设南门口，但在门口设置相应的限流装置，只能人员出入，电瓶车、自行车等不得通行，并增设监控探头。同时，议事中心成员配合居委会，发动小区居民群防群治、守望相助，真正做到人防、物防、技防，把开小门的弊端降到最低。小区居民对此事件的解决方案普遍认可和赞同，也对议事中心充分发挥群众力量，解决群众问题的做法予以支持和肯定。

经验启示

集中民智是提高村（居）两委班子科学决策的“助力器”

议事会成员代表群众的意愿，通过议事会成员的充分讨论，集思广益，为村居两委班子的决策提供有价值、可参考的意见。在村居两委班子意见不统一时，议事会的作用尤为明显。通过议事会，群众知道村两委在“做什么”，村两委知道群众在“想什么”。干部群众上下一心，村两委班子在制定发展规划时也更加科学合理。

凝聚民心是激发村（居）民参与村（居）务管理的“原动力”

村（居）民议事中心和监督委员会的成员全部由群众推荐产生，受群众的信任。当群众看到议事的结果充分凝聚了民心，体现了民意，对村委决策起到了很好的辅助作用后，群众对议事中心和监督委员会的成立由一种“抱着试试看”的态度转为积极支持和拥护，参与村务管理热情高涨，议事中心和监督委员会成员的使命感和自豪感油然而生。

沟通感情是架起干群关系的“连心桥”

村（居）民议事中心和监督委员会的成立，为干群经常性交流和村（居）民参与管理开辟了新渠道，有效保障了群众的知情权、参与权、管理权和监督权。在议事过程中，议事成员广泛发表意见，杜绝了“一言堂”现象的发生。干部与群众的距离被拉近，感情得到了沟通，群众对干部的工作，少了猜疑多了支持，干群关系更融洽也更密切了。

（奉贤区社建办供稿）

一个大型居住社区的“联动术”

1.52平方公里、1.6万多户居民、5万余名导入人口，却仅有3名社区民警，宝山区顾村镇馨佳园大型居住社区集中交房以来的这段时间，治安压力巨大，侵财类、纠纷类警情一度高发。

“维系大型居住社区的平安，单靠公安一家力量远远不够。”在刘行派出所所长王国东看来，大型居住社区的管理，公安必须和当地政府、物业以及居民自治组织各方联动起来。

社区民警“兼职”居委会

“瞧，那不是我们小区的社区民警张健嘛！”前几天，下班回家的老魏一进小区大门，就看到门口显示屏上正在播放的治安防范视频，视频的主角就是负责馨佳园社区的警长张健，“小张差不多算是半个居委会主任了，我们遇到难事，第一时间会想到他。”

张健的“业务”大幅扩容，根源于刘行派出所对社区民警的一项新要求：提前介入居委会筹建。此前，宝山公安分局在顾村镇星星村、大场镇华欣苑等社区创造性地提出让社区民警兼任小区居委会党总支副书记，让社区警务与社区建设融为一体；由于馨佳园刚刚集中入住，居委会尚在筹建，刘行派出所就把民警的“兼职”提前到了居委会筹建阶段。

在居委会“兼职”的社区民警，不再坐等“报案”，而是主动发现问题。

馨佳园内很多居民从棚户区动迁而来，习惯了“七十二家房客”般的生活。到了新小区，他们将楼梯过道开辟成聚会场地，还把过道照明灯换成大功率灯泡，再接上插座，插上电磁炉。走廊成了厨房，过道变成棋牌室。

这些事儿传到了张健的耳中。他立即通知物业制止这些行为，并组织居委干部安抚受到滋扰的居民。他还专门回到所里查阅相关法律法规，制作成宣传单挨家挨户发放。对于一些屡教不改的居民，他上门走访，晓之以理动之以情。很快，走廊过道的桌椅不见了，邻里纠纷的“导火线”被剪断了。

发动物业共筑治安防范网

馨佳园今年5月起集中交房，小区迅速进入装修高峰，最多时有4000多户居民集中装修。“各类车辆、人员频繁进入小区，带来了很大的治安隐患。”王国东坦言，违规装修、强买强卖等现象高频发生，引发一系列社会不安定因素。

“馨佳园很多居民都是动迁户，年纪偏大，有的不法分子冒充物业人员上门收钱，他们很容易上当。”他带着社区民警走访物业公司，要求物业公司对其工作人员严格约束，防止其与一些不法分子勾结；针对物业保安素质参差不齐的现状，派出所帮助调整重建了保安队伍，并进行了培训。“我们要求保安做到的，民警必须首先做到。民警为了给保安做榜样，主动放弃休息到小区门岗站岗值勤。”王国东说。

借力政府“智联城”项目

警力有限的现状很难在短期内改观。今年年初，顾村镇党委、镇政府提出了“智联城”城市管理模型：把先进科技手段充分运用到社会管理中，尤其是要加强人口管理系统和社区视频监控系统等的整合。

“这是一个向科技要警力的绝佳契机。”从5月份开始，王国东三番五次往镇党委、政府跑，争取资金和人力上的支持。同时，他还专门派人到分局治安支队等部门取经，与物业公司协商确定技防设备建设和封闭化管理的方案，“现在，我们已初步建成了小区出入门禁系统，主要资金都是镇政府提供，居民只需出很少的钱办张卡。”

根据设想，馨佳园将建成一套智能化管理的“1+4”模式：即一个设在社区服务中心内的信息关联中心；四套智能系统——人车识别系统、小区监控系统、公告互动系统、出租房屋信息系统。目前，人车识别系统已初步建成，小区居民凭包含个人身份信息的电子智能身份卡，车辆凭借安装的ETC识别系统，指挥中心就可以对居民和车辆进出小区进行实时动态信息查验。下一步，馨佳园社区还将设立门岗监控系统，并辅以高清图像监控系统。这些系统的信息都将接入顾村镇指挥控制中心，对社区即时治安状况实现“零距离”掌握。王国东告诉记者：“我们将实现大型社区内人、车、物、房屋、图像等信息数据采集、掌控、关联、比对的‘零距离’。这些科技‘编外警力’，可以有效提升社区治安的动态管控能力。”

（原载2012年12月24日《文汇报》，作者：刘栋）

“我*e*社区”

在杨浦区江浦路街道有这样一个小区，居民积极参与小区管理，大小事务都能在小区里“自我消化”，居委会通过一个叫做“我*e*社区”的项目，建立微博群、QQ群、网上党支部以及业主论坛，有效加强居民自治管理。这个小区就是位于唐山路1188弄的宝地东花园。

据宝地东花园居民区党总支书记周丽洪介绍，宝地东花园是高档商品房住宅区，居民群体呈现平均年龄低、文化层次高、在职人员多、网络使用率高的特点。

由于小区内的业主基本都是上班族，早出晚归，通过传统方式进行管理难度较大。“如何根据小区的实际情况，运用时效性强、覆盖面广、接受度高、感染力深、私密性好的新手段和新载体开展居民区党建和自治管理工作，成为宝地东花园居委探索自治管理新模式的意义所在。”周丽洪说。

四大平台“四管齐下”

业主论坛、“沁园春”党组织QQ群、网上党支部……“我*e*社区”项目，意为宝地东花园要建设成为“*e*时代”的“*e*社区”。通过搭建虚拟社区平台体现6个价值功能，即构建信息化社区管理网络、优化社区服务功能、创新社区管理模式、提升虚拟社会管理能力和效能、培育新型邻里关系、提高基层党建和社区公共管理的透明度，共建和谐社区。

今年1月，宝地东花园微博群开通，经过近四个月的试运行，得到了社区居民的关注和支持。5月12日，宝地东花园党支部与上海电力学院团委携手，举行了“我*e*社区”微博群开通暨上海电力学院“志愿者电娃”社会实践基地揭牌仪式。这也是“三区融合”中社区和校区联动的积极表现。

“我*e*社区”微博群的开通，标志着四大网络平台——业主论坛、QQ群、网上党支部、“我*e*社区”微博群“四管齐下”管理模式的正式形成。这一系列网络平台既照顾到老用户的使用习惯，又顾及当下最流行的用户体验，拓宽了民主自治渠道，实现了全天候社区居民服务，不受时空限制。同时，也鞭策了社区工作者要跟上时代的步伐，不断提升服务水平。

周丽洪表示，如果日后出现更新型的网络平台，还会及时更新。

“活力江浦”大家参与

“我 *e* 社区”项目自实施以来，不断整合各方资源，吸引社区单位、社会组织、共建高校等社会力量参与社区建设，引导居民有序表达和有序参与，变“单干”为“共建”和“共赢”，变“单治”为“共治”和“共享”，提升社区管理水平和自治管理能力，打造社区党建和自治管理的新格局。

江浦路街道社发科科长李广之告诉记者，“我 *e* 社区”是“创新管理、活力江浦”8 个实践项目中最为突出的一个。“我 *e* 社区”微博群不单纯是为聚合同一社区的居民，更重要的是搭建社区居民与党支部、居委会沟通的桥梁，满足居民多方位的需求，形成居民与居委会之间问题收集和反馈、诉求表达和回应、事务参与和监督等双向畅通的互动渠道。一方面培育居民自治意识，提升居民对社区事务的关注度和参与度，另一方面加强党支部、居委建设，提升党支部党建和居委处理社区事务的各项能力，实现居民与居委的双赢和社区管理的共赢。

小区居民李燕说：“我是一个新上海人，2008 年从学校毕业直接来上海工作。之后，在这里组建了家庭、生儿育女，很想融入这个社会，融入这个社区。以前苦于没有平台参与进来，下班后居委会也下班了，并不了解居委会的情况。现在通过这个平台我随时能看到微博群每天发布什么，也就能积极参与进来，对我内心的归属感和安全感有很多帮助。”

周丽洪告诉记者，像李燕这样的新上海人在小区中占了一半以上。

（原载 2012 年 10 月 10 日《文汇报》，作者：温潇）

推进村民自治 加强农村社会管理

村里为村民办了不少好事，村民得到实惠更多，但村民却不领情、不买账，对村干部意见反而增多。有的群众与村干部对话就闹心、看到村里建设就疑心、对村务工作不上心……

经济社会的发展转型急需社会管理方式与之适应。为此，浦东新区合庆镇从村民自治入手，探索源头上、根本上破解经济社会的发展转型期的农村社会管理难题。2010 年始，在全镇 29 个村全面推广实施“1+X”村民自治模式。着力扩大村民在民主自治中的知情权、参与权、监督权，努力将“民主选举、民主决策、民主管理、民主监督”的原则化为具体可行的细则，形成了“村情民知、村官民选、村策民决、村事民定、村财民管、村务民督、村绩民评、村利民享”的治理机制，为现代农村社会治理带来了新的模式与经验。

“1+X”村民自治模式，就是村民根据《村民自治章程》(即“1”)这本小册子的要求，按照《村民自治实施细则》(即“X”)确定的规则操作，进行自我管理、自我教育、自我服务。合庆镇庆丰村村民给“1+X”编了一首顺口溜：自治章程自己订，条条款款记心间；村里事务要参与，违章事情不能干；以章治村促和谐，党群一心图发展。

经调研发现，很多问题的根源正在于村级财务不公开，村民的知情权、参与权、监督权难以得到切实保障。为此，镇党委决定从“亮家底”做起，聘请独立审计机构对村级集体财产和村级两委班子成员进行审计，结果向村民公开。切实维护了村民的合法权益，理顺了村民与村干部之间的关系，为进一步推进村民自治奠定了坚实基础。

要真正做到村民自治，就必须尊重村民民主的权利，构建发挥民主的平台，完善保障民主的机制。大到土地管理、集体资产处置等村民最为关注，反映最强烈的事项，小到高龄老人的生日蛋糕慰问等，自治事项是村民真正关注的焦点。自治项目由村民提出，自治的程序、规则、标准等由村民讨论决定，执行情况由村民进行监督和评价，制定过程确保村民做主。实施细则具体透明，自治结果监督到位。

在合庆镇，“1+X”村民自治以民主自治机制解决了“人民群众最关心、最直接、最现实的利益问题”，做到了“平等对话、协商解决”。充分发挥了群众的主体作用，让村民的自治权落到实处。《自治章程》和《实施细则》将“村民自治”的价值由束之高阁的文件和流于纸面的原则，变成了由村民实际参与其中的行动。

村民高兴地说道，“这本小册子是管用的！”

（浦东新区社建办供稿）

“分色管理”出租房

2012年，宝山区庙行镇共和家园居民区两委班子针对小区大量的群租现状，在居民中广泛听取意见和建议，认真分析、研判形势，借镇党委、政府大力加强对群租整治的东风，在相关职能部门联合执法对群租整治和震慑的基础上，结合深化组团式联系服务群众工作，以夯实基础和加强防范为重点，开展了出租房屋的分色管理。

从制度建设入手转变社会管理主体

充分发挥基层党组织的核心作用，支撑群众自治工作，鼓励和支持社会各方积极、有效参与，使政府行政管理与居民自治管理良性互动。

首先，由居民区党支部书记为组长，居委会、业委会、社区民警、物业服务企业、社区综合协管员等为组员成立分色管理评定小组。在此基础上建立志愿者工作例会制度、群租房管控工作例会制度、流动人员动态信息档案制度以及出租房检查考评制度等一系列规范性工作制度，促进长效机制落实。其次，不断完善“四位一体”管理机制，发挥居民区党组织的核心作用，整合“居委会、业委会、物业公司”力量，进一步健全社区综合管理联席会议制度、社区党员代表议事会制度、居民代表议事会议制度和居委会、业委会等工作制度，共同商议群众诉求，联合物业、公安协调开展社区事务管理和服务，强化社区治安防控。针对群租现象，及时建立以居民区党支部书记为组长，由居委会、业委会、社区民警、物业等相关成员组成的“出租房屋分色管理评定工作小组”，为开展出租房屋分色管理工作提供有力的组织保障。

以促进措施到位转变管理方式

通过转变以前主要靠管、控、压、罚实施社会管理的方式，进一步发挥基层党组织群众路线优良传统，依靠基层党组织的引导和服务，充分运用民主的方式、服务的方式，通过沟通、协商、协调等办法搭建居民自治工作平台。

一是以组团式联系服务群众工作为载体，通过建立组团式联系服务群众走访队伍定期信息反馈制度，将居民反映较多的群租房居住人数多，卫生状况差，存在扰民和安全隐患等群众的诉求和呼声反映到居民区党支部、居委会，落实到具体的工作中。二是以楼组长、志愿者等党员群众骨干工作例会为抓手，拓宽社情民意反映的渠道，及时了解掌握社区内房屋出租情况，通过发放《告居民书》，让居民充分了解出租房分色管理的意义和方法，发挥舆论引导作用。三是以党员代表议事会、居民代表议事会为平台引导居民积极建言献策，为出租房屋分色管理提供有力的思想保障。形成居民关注、知晓和参与社区事务的良好氛围和群众“自我教育、自我管理，自我服务”居民自治工作机制。

靠发动群众工作转变社会管理理念

基层群众自治工作要源于群众需要，要由“被动”向“主动”转变，发挥自治组织运作的有效性，努力做到社会矛盾的源头预防和多元化解，切实维护社会稳定，确保一方平安。

一方面结合小区已掌握的出租房情况，按照“人口信息登记、环境卫生、消防安全、治安防范、邻里关系、爱护公物和计划生育”七个方面，细化每一个工作环节。每月对照第一、第二周对“分户出租”的出租房屋的打分，评出出租房屋等级，第三周进行反馈整改、第四周验收公示，根据检查和考评结果，制作考核一览表，及时了解变动情况，实行动态管理。对完成整改的，要重新打分，再次评定等级。最后将评定结果公示在楼道内，接受居民的监督，对二房东起到督促管理和履行责任的作用，同时使租户加强自律。小区 3 号 904 室是一户群租房，整个房子被改建为八个小房间，房间里的卫生差、楼道垃圾多、消防通道堆物多、时有高空抛物，引起了周围居民的强烈不满，纷纷向该楼组组团式服务责任人曹静芬反映情况。曹静芬上门查看后把情况及时汇报给党支部。根据出租房分色管理的标准该户被评为了红色重点户。党支部书记高文红组织出租房分色管理成员多次上门查看房子内部情况，耐心向二房东告知出租房的安全隐患，要求二房东按照出租房分色管理的标准对厨房进行整改。通过工作人员积极的宣传、教育和引导，二房东也意识到没有加强管理的危害和隐患，采取了积极的配合整改措施，对房间进行了整改。分色管理评定小组对该户进行再次评定，经过几个月的努力，该户已由红色重点户变为绿色星级户。通过开展分色管理，邻里关系逐步缓和了，投诉纠纷逐步减少了，小区环境和治安形势逐步好转。另一方面主要依托居民区“六位一体”综治警务室，发挥社区外口协管员、社区民警、物业保安的专业力量，发挥平安志愿者、楼组长等群防群治队伍的力量，全面提升服务管理水平，利用小区特色工作“法律夜门诊”，成立“新上海人之家”等组团式工作方式加强对来沪人员服务管理以及来沪人员参与社区建设等工作，提升来沪人员“主人翁”意识。

（宝山区社建办供稿）

“1+6”自治模式

长宁区华阳街道华一居委会的自治机制集中体现在“1+6”议事会的运作机制上，1 即“居民委员会”，6 即“六小工作委员会”。

“1+6”议事会，特别是六小工作委员会几乎覆盖了华一居委所有的社区工作。从总体上来看，议事会运作机制大致包括社区服务的需求机制、社区服务的供给机制以及社区事务的监督机制。

在社区服务的需求机制中，居民既可向与自身需求密切相关的各类社区团队反映需求，也可直接向相关的工作委员会反映。各工作委员会在对各类社区问题和需求进行汇总和讨论分析后，通过六小工作委员会主任会议向华一居委会上报。

在社区服务的供给机制中，华一居委会针对工作委员会所反映的社区需求和社区问题，在六小工作委员会主任例会上，与各委员会主任共同商议，制定工作议案，布置工作任务，协调各工作委员会的分工协作。各工作委员会根据居委会布置的任务，在各自委员会工作例会上，与各位委员共同制定服务方案，由其直属的社区团体负责服务的具体开展。

在社区事务的监督机制中，居民对各类社区团体进行直接监督，各类社区团体对各工作委员会进行监督，各工作委员会再对华一居委进行监督，监督内容覆盖各级自治组织和团体。

为确保自治机制的良性运作，华一居委还设立了“两会”制度，即六小委员会主任会议和六小委员会会议：每月 25 日，由六小委员会主任主持召开委员会内部会议，各委员会委员汇报工作，商讨下一步工作方案；每月 28 日，由居委会主任主持召开六小委员会主任会议，各委员会向居委会汇报工作，居委会与各委员会主任讨论下一步工作安排。

具有华一居委自治特色的“1+6”议事会所发挥的自治功能，大体上可从自治过程和自治目的两个维度来进行归纳和概括。从自治目的来看，“1+6”议事会，特别是六小工作委员会几乎覆盖了华一居委所有的社区工作和社区服务。从自治过程来看，“1+6”议事会所形成的居委会——六小工作委员会——各类社区团体三级居委自治格局，在加强居民自助、互助联系，培养民主自治意识以及增进居民社区归属感方面做出了重要贡献。

2008 年，社区热心人士葛老师得知华阳敬老院的《日本心身机能活性运动疗法》是一套特别适合高龄老人及身体状况较差老人的科学运动疗法。他及时通过人口健康工作委员会同居委会沟通，居委会同敬老院联系之后，派葛老师和陈老师到敬老院进行了系统的学习。同时，在“1+6”议事会上，提出了这个项目，经过会议讨论，决定在金谷小区内的快乐健身园内建立“快乐心身苑”，经过发展，“快乐心身苑”现已成为华一居民区老年人的新生乐园。

2000 年建立的“雏鹰驿站”，设立在社区青少年服务中心内，能容纳 40 个学生同时活动。“驿站”在暑期开设暑托班、寒假开设寒托班、平时 16：00—20：00 开设有晚托班，解决了华一小区的青少年们暑假、寒假、放学后无处可去的尴尬，给学生的家长吃了一颗“定心丸”。不仅有大学生志愿者“一对一”辅导和帮助，更请来专业教师开设了水晶画、舞蹈课、电脑课等内容。

由各委员会工作会和六小委员会主任会议构成的“1+6”议事会，是居委会加强邻里互动，引导居民参与社区事务的重要平台，它已经成为华一居民行使民主选举权力，参与民主决策，推动民主管理和执行民主监督的长效机制。

（长宁区社建办供稿）

“三零三聚”工作法

2012年，是“十二五”规划承上启下之年，嘉定区安亭镇以构建和谐社区为目标，以服务群众为核心，深入推进“四民”工程，扎实开展组团式联系服务群众工作，结合“一居一品”特色创建，在社区服务、社区共建、社区管理等方面进一步关注百姓民生，聚焦和谐稳定，不断夯实基层基础工作，在各社区中开展“三零三聚”工作法，创建幸福安居示范社区，将组团式联系服务群众工作做细、做深、做实。

重心下沉，深入群众、服务群众，实现“零”的要求

社情民意零盲点

作为社区干部，只有对辖区内的情况做到了然于胸，开展工作才能有的放矢。

走访拉近距离。“串百家门，知百家事”是做好社区工作的传统方法，也是组团式联系服务群众的工作要求。只有主动深入到居民当中去，真正做到居民家中走得进、进去以后坐得下，坐下以后聊得开，才知道居民在想什么，需要什么，不满意什么。

日记掌握民情。记好走访日记，建立社情民意台账。通过走访、楼道会、恳谈会等多种渠道收集辖区内居民、商户、单位的信息，深入了解居民的思想、需要和诉求，真正做到底数清情况明。

反馈赢得信任。对在走访中居民群众提出的问题要及时解决，暂时解决不了的，也要有明确答复，上门告知或进行电话反馈，做到事事有落实，件件有答复。

社区服务零距离

社区工作就是为居民提供服务，在服务中进行管理，要牢固树立最好的服务就是最好的管理理念。

服务内容全方位。针对不同人群提供医疗救助、解决就业、信息咨询、司法援助、精神慰藉、家政服务、助老救急、义务维修等门类齐全的服务项目。

服务时间全天候。各社区365天向居民敞开大门，保证每天都有人员进行接待；组团服务联系卡发放到每家每户，不仅亮身份表承诺，服务热线24小时畅通，有求必应，服务人员或社区干部会及时来到身边。

服务特色创品牌。以地区层面的社会组织服务中心为社团组织孵化基地，逐步成立、完善金夕阳为老服务社、为民服务社、济仁工作室、睦邻互助队等特色服务团队，形成服务辐射圈，打造服务品牌，真正做到社区服务零距离，让老百姓的生活更加便捷。

社区维稳零障碍

化解矛盾，维护稳定是当前社会管理中的重要任务，也为基层社区工作提出了新任务新要求。

矛盾纠纷不上交。社区居委会通过块区管理，将楼组党小组长吸纳为块区团队人员，使块区团队人员既是志愿服务员又是信访信息员更是矛盾调处员，信访上访提前介入、矛盾纠纷提前处置、群体事件提前知道，防止矛盾激发、纠纷升级、情绪蔓延。做到小矛盾不出楼组，大矛盾不出社区，对不正常上访做到目标准、去向明。

关爱弱势促稳定。充分利用块区团队、志愿者团队、百姓宣讲团队，对未成年人、来沪人员、困难人员、邪教吸毒人员等加强政策法律宣传，开展就业培训指导，提供教育、维权等人性化服务，社区活动齐参与、社区事务同谋划、社区文明共创建。

加强防范保平安。社区人员复杂，外来人员多，安全管理难度大。为此，要加强技防覆盖，社区主要出入口纳入监控管理；有条件的小区争取实现无盲区。同时，建立群防群治志愿服务队，发动老党员、社区积极分子等为社区平安当好守护神。

凝心聚力，博采众长，达到“聚”的目标

有了眼睛向下的决心，更要有博采众长的胸襟。社区党组织的任务就是要做好“凝聚”这篇文章，集众人之力量、智慧，来促进工作，凝聚人心。通过凝聚来实现社区的和谐稳定、促进安亭的产城融合发展，通过凝聚来加强基层组织

建设，巩固党的执政基础。社区党建层面，就是要实现聚力、聚智、聚心三个目标。

聚力，社区建设齐参与。聚力，就是要发挥社区广大居民的力量，共同打造美好家园。

巩固志愿服务团队。扩大志愿者招募范围，及时将热心公益、有一技之长、年纪轻、身体好的居民吸收到志愿者团队中来。巩固精神文明创建成果，特别是后世博的每年 2 次文明指数的测评，形成志愿者长效管理机制，使服务团队更规范更有活力。

开展共建结对活动。实行辖区单位共驻共建是最大限度整合各种资源，调动辖区各单位共同参与和谐社区建设积极性的一种方式。安亭镇政府不断推进共驻共建活动，充分调动辖区各单位参与和谐社区建设的积极性，着力打造“上班是单位人，下班是社区人”的理念。

深化双城共舞内涵。安亭地区办和花桥曹安街道自 2011 年 1 月签约结对共建以来，双方加强了社区间交流合作，取长补短，先后举办了征文演讲、岗位交流、师徒结对、专题讲座、文艺汇演等多种形式的共建活动，有力地推进了双方社区的精神文明建设。未来将进一步深化双城共舞内涵，促进两地和谐社区的建设。

聚智，社区事务齐谋划。聚智，就是要集思广益，发挥群众的积极性和创造力。

提升民主自治能力。社区党组织通过自治形成合力，吸引社区居民走出家门，共同商讨社区事务，实现自我管理、自我教育、自我服务、自我监督。实现楼组的事自己办，社区的事大家办。党支部换届实行“两推一选”，主动征求群众的意见。

打造社区议事品牌。社区坚持居民代表大会制度，实行听证会、协调会、评议会“三会”制度，积极听取并采纳居民的合理意见建议，居民的事由居民自己做主。在莱茵社区的心连心议事会、新源社区的圆桌议事会等基础上，进一步建立民情议事会、社区道德点评台、居民议事角，吸引群众参与社区管理、行使民主权利、表达民意诉求。

尊重居民诉求意识。学会尊重居民的不同主张见解，要耐心倾听群众的呼声。坚持群众观点和群众路线，耐心细致地做好群众工作。居民群众的事要件件有落实，事事有回音。

聚心，社区和谐齐创造。聚心，就是要凝聚人心。用真心、关心、爱心打造和谐幸福的大家园。

用情感交换心。对待居民群众要用真感情，坚持平等待人、诚恳待人、宽厚待人、以礼待人。要以真情换真心，站在需要帮助的群众的立场来想事办事。只有对居民群众充满深厚的感情，才能得到群众的信任和拥护。

用行动打动心。在社区开展“敲门”行动、“微笑”行动，发动党员、团员青年与高龄独居老人进行结对帮扶，组织志愿者到老人家中敲门探望。要努力为居民做实事、解难题。对居民的疑、难、愁、急等需求，反应迅速，解决及时。困难家庭常帮助，特殊人群常关心，老年居民常走访，大病住院常慰问。

用文化连接心。社区文化是社区建设的灵魂，也是城市文化的基石。丰富多彩的社区文化，对于改善社区居民的生活质量，提升社区居民的精神境界，提高整个城市的创造力具有重要意义。社区要加强群众文化建设，开展喜闻乐见的文化活动，为居民百姓提供才艺展示的舞台，搭建相互了解交流的平台，让居民群众不断增强文明意识，增强社区归属感，增添基层党组织的凝聚力。

（嘉定区社建办供稿）

有了平台 自治功能发挥更有效

小社区 大自治

推进城市居民自治和社会管理创新，实现良好治理，是经济结构调整和社会结构转型的新时期的重要工作，这项工作不仅直接构成城市社会安定团结的基石，而且直接影响科学发展观的贯彻落实，是党执政兴国能力的基本体现。新华社区（街道）党工委深刻认识中央执政兴国的基本精神，在长宁区委和区政府的正确领导下，以新华街道新华居委会为试点，大胆开拓、锐意进取，形成了以创新工作方法推进居民区党组织建设、创新制度平台推进居民自治、整合资源强化社区管理能力、多样化治理提升自我服务水平为主的新华模式。

创新工作方法，推进居民区党组织建设

执政兴国是党的第一要务，党的执政能力建设是党建的核心，具体到城市居民区而言，居民区在党执政兴国中的战略地位和居民区事务的自身特点，决定了居民区党组织建设的关键在于实现党对社会事务的坚强领导，而居民区党组织的领导能力则取决于党组织的沟通能力、整合能力、协调能力。能力不是从天而降的，能力是在实际工作中锻炼和培养起来的，在街道党工委的支持和关怀下，新华居民区党总支以工作方法创新实现了沟通能力、整合能力、协调能力的提升，进而保证了党组织始终对居民区的事务进行强而有力的领导。

多样化走访，树工作新风。走访群众，全面了解和准确把握群众的生活状况、利益需求、精神风貌，与群众打成一片，是工作在基层的党员干部的基本要求。但密切联系群众的优良作风在实际工作中贯彻的效果参差不齐，与此同时，由于社会形势的发展和观念的更替，相当多的居民不愿让党员干部走进自己的家门，于是在党员干部和居民之间渐渐形成了一道无形之墙。这就迫切要求党员干部的走访必须采取灵活多样的形式，新华居民区党总支把走访居民直接了解情况与走访楼组长间接了解情况结合起来、把到居民家走访与在居民区公共场地和群众攀谈结合起来、把通过调解居民纠纷深入群众与通过居民区公共文体活动深入群众结合起来，从而在有效化解党员干部与居民之间隔阂的同时，也提升了基层党组织的沟通能力。

倾听居民呼声，整合群众需求。社区是居民共同的生活家园，凡是社区的公

共事务，尤其是与居民群众的切身利益密切相关的事务，都必须让群众知道、征求群众意见。新华居民区党总支秉持着“老百姓的事情让老百姓自己做主”的服务理念，采取问卷调查、楼组会议、自治小组会议、听证会议等多种途径收集居民的意见和建议，在细致分析和深入讨论的基础上合理决策，并且通过板报公示的形式将涉及居民利益的事项告知群众，遇到群众不理解的情况，党总支和居委会不急不躁，耐心细致地开展解释工作，让群众进一步了解相关举措的效果，最终使党组织和居委会的决策顺利执行。

创新制度平台，拓展居民自治的空间

城市居民自治组织是社会管理和社会建设的基础性环节，把握住形势的发展、立足于现实的条件，推进居民自治制度的创新，拓展居民自治的空间，是加强社会建设和创新社会管理的应有之义。

城市社会管理的实际情况迫切要求我们走出社会建设的新路。既然造成城市基层社会管理出现问题的根源在于居委会未能发挥自治的功能，那么社会建设的关键就在于创造条件发挥出居委会的自治功能。新华居民区党总支和居委会经过深入分析发现，居委会的组织规模、人力资源和物质资源都十分有限，不可能同时兼顾居民自治和行政事务两个方面的工作，因此要将自治功能发挥出来只有通过动员居民参与到自治中来，才能形成居民自治的条件。在走访调查活动中，党总支和居委会发现备受安全稳定、环境卫生、邻里纠纷等问题困扰的居民强烈要求将居民区的公共事务管理起来的愿望，这种愿望构成了居民群众参与自治过程的基本动力。

建立自治小组，创新群众自治组织主体。虽然居民群众有了参与自治过程的强烈愿望，但是工作的重点则在于必须开发出满足群众自治愿望的组织主体，只有如此群众的愿望才能成为推进居民自治的有效动力。新华居委会立足于实际，选取一条弄堂试行居民自治小组，大家经过民主程序从本弄堂居民中选举一定人数的代表组成自治小组，负责本弄堂的自我管理。在居民自治小组建立起来后，常年困扰居民生活的停车、安全、环境卫生等老大难问题，在自治小组和居民的共同努力之下得到了有效解决，实践证明建立居民自治小组、拓展居民自治空间的社会管理创新模式是完全正确的。于是，新华居民区党总支和居委会因势利导，将居民自治小组这种新型的自治组织主体推广开来，以弄堂为基础先后成立了 8 个居民自治小组，使之成为衔接居委会和居民、发挥自治功能的关键性中间环节。

创建葫芦缘议家社，搭建新型综合性制度平台。通过居民自治小组实现居民群众自我管理之后，新华居委会的工作人员和居民群众戒骄戒躁，为了夯实居民自治的基础、提升居民自治的水平、挖掘居民自治的更大空间，在街道党工委的领导下，进一步创新居民自治工作。在新华居民区，自治小组是起源于群众智慧的新型自治单元，然而除了居民自治小组之外还蕴藏着丰富的自治资源，16支群众文体团队和5个社会团体活跃在居民区的公共空间中，所以推进居民自治的基本工作就是如何整合蕴藏在群众中的自治资源，构建各种自治组织之间的有机关系，形成居民自治的合力，为此新华居民区创造性地打造了新型综合性制度平台——葫芦缘议家社。

葫芦缘议家社是在新华居民区党总支的领导下，在新华居委会的指导和监督下，开展工作的综合性居民自治组织。其基本的制度框架是“一社三会”，即在葫芦缘议家社之下设立自治组长协调会、文体团队联谊会、社会团体联席会。在葫芦缘议家社的统筹之下，三会依照分类管理的原则，分别负责居民区的自我管理、自我教育、自我服务、自我监督工作。目前，葫芦缘议家社共有议员32名，分别由2名党总支委员、1名居委会委员、10名自治小组正副组长、14名群众文体团队负责人、5名社会团体负责人出任，议员民主推选社长1名，负责葫芦缘议家社的日常管理和会议召集工作。

葫芦缘议家社作为整合各种自治资源的综合性平台，是城市居民自治制度的实践创新，在挖掘居民自治空间、提升居民自治能力方面发挥了不可或缺的作用。与此同时，居委会对葫芦缘议家社进行指导和监督，并且通过自身所属的专业委员会来动员和配置居民区的各类资源，支持葫芦缘议家社的工作。因此，以多层次自治、多主体共治为基本特色的新华自治模式就颇具生机和活力。

整合资源，强化社区管理能力

社区资源从根本上制约了居民自治所能采取的方式和所能达到的水平，从居民自治的角度来看，社区资源主要包括组织资源、经济资源、文化资源等。其中，组织资源发挥着主导作用，社区中组织资源的现状决定了自治所能动员的经济资源和文化资源的总量。如果说创造新型的综合性制度平台解决了新华居民区组织资源的问题，那么新华自治模式的形成则取决于整合经济资源和文化资源的能力。

调查研究，密切沟通，摸清资源地图。新华居民区地处上海中心城区，社区单位多，潜在资源丰富，但是社区单位的资源长期以来未能被居委会所用。尽管居委会受制于资源短缺，却缺少动员社区资源投放到居民区的有效手段。新华居民区党总支和居委会下决心改变社区单位与居民区不相往来的局面，主动登门造访社区单位，倾听社区单位对居民区管理的意见和建议，了解社区单位希望居民区帮助解决的问题和困难。充分沟通后发现，社区单位和居民区实际上是高度相关的利益共同体，社区单位不仅希望居民区有良好的治安、优美的环境，而且希望居民区能够帮助社区单位解决停车难的问题。本着合作共赢、互利互惠的原则，新华居委会与社区单位签订共建协议，社区单位为新华居民区的管理提供稳定的经济资源，新华居委会通过良好的治理，为社区单位解决环境、停车等难题，于是一条纽带便把社区单位和居民区联结在一起，居民区自治工作在外延上得到了拓展。

培育社会资本，塑造有效的文化资源。社会资本是促进居民自治和社会管理创新有效的文化资源，它是指人与人之间形成的信任关系和人际交往网络。居民共同生活在同一个区域之内，自然会形成各种各样的社会关系，但并不意味着也形成了社会资本。新华居民区党总支和居委会坚持“老百姓的事情由老百姓自己做主”的工作理念，并遵循居民自治的价值理念来引导居民区文化资源的重组，构建有利于居民自治和社会管理创新的社会资本。新华居民区党总支和居委会将培育社会资本的工作，同党总支和居委会的日常工作紧密结合起来，作为培育社会资本的主要行动，以自己的工作实践和居民自治的实际效果来构建居民区内的信任关系，并且进一步推动信任关系的组织化，建立各种居民自我教育的群众文体团队，使社会资本在居民的自我教育过程中发展壮大。

实现文化资源与社区管理的良性互动。塑造社区文化资源的有效形式，培育和构建社会资本，不是新华居民区党总支和居委会工作的最终目的，最终目的应该是将社会资本引入居民自治和社会管理创新的实践活动中，以提升社区管理的能力和居民区治理的水平。居民之间的信任关系、居民与居民区党总支、居委会委员之间的信任关系、居民与自治组织之间的信任关系、自治组织之间的信任关系，都是化解居民区公共难题的利器，多种多样的信任关系的存在或者直接构成居民自治和社区管理工作中的润滑剂，或者组织起来形成活跃在居民区中的群众文体团体，构成居民自治和社区管理的组织主体。不管是何种形式，只要是进入公共事务的领域，这样的信任关系一方面节约了居民自治和社区管理的成本，另一方面提高了居民自治和社区管理的工作实效。反过来，社会资本具有自我繁殖的特性，在参与居民自治和社区管理的实践活动中，居民区的社会资本能够不断地积累，进而与居民自治和社区管理形成良性互动关系。

多样化治理，提升自我服务水平

居民自治和社会管理创新的基本落脚点在于提高居民区公共物品的供给和管理能力，在于提升居民自我服务的水平，因此居民自治和社会管理创新必须立足于居民区的实际情况。作为上海老城区的一个居民区，新华居民区的每一条弄堂在地域规模、住房结构、居民类型等方面存在很大差异，居民区的事务不仅纷繁复杂，而且由于一些事项长年累月未能解决从而成为老大难问题，所以只有坚持具体问题具体分析、采用灵活多样的治理策略，才能提升居民区自我服务的能力和水平。

居委会治理、葫芦缘议家社治理、自治小组治理三者有机结合。新华居民区以葫芦缘议家社这个新型的综合性制度平台来整合自治资源，实现了自治能力的提升和自治空间的拓展，其之所以能够如此的关键因素是葫芦缘议家社的“一社三会”模式是一种有效的协调机制，能够将居委会、葫芦缘议家社、自治小组有机结合起来，形成一个结构严整、分工有序、责任分明的治理体系。自治小组虽然负责本弄堂的自我管理，但是涉及弄堂之间的问题需要通过葫芦缘议家社来处理，而且自治小组的工作必须接受居民区党总支的领导，以免出现个别自治小组滥用资源的行为；葫芦缘议家社作为居民自治的中心平台，在资源动员和对外沟通上必须依靠居委会的指导和帮助，其日常工作也要接受居委会的监督。

条块结合，以块为主。在居委会的日常工作中，采取条块结合、以块为主的治理策略。“块”是根据住户数目对一个居民区进行的行政划分，每个块设有块长，由居委会委员担任；而“条”则是居委会依据日常事务的性质进行的类别划分。新华居委会将块作为工作的基础，因为每个块长对其所负责的块的情况了如指掌，这就为条的工作的执行提供了扎实的基础。每逢工作例会，块长将居民中的新情况反映出来，各专业委员会依据工作要求分别对各块做出相应安排，条与块相互配合，工作既方便又高效。

（长宁区社建办供稿）

社区事务联席会议

黄浦新苑的自治平台

半淞园社区黄浦新苑是2001年建成的商品房小区，居民1600多户，常住人口近5000人。2006年，社区在居委会牵头下成立了第一个相对规范的居民自治载体——社区事务联席会议，成员由居委会、业委会、物业、民警、社区团队代表组成。联席会议定期就涉及居民切身利益的问题共同讨论、民主决策、分工执行。6 年来，联席会议较成功地把社区管理中利益相关各方和主要积极因素整合到了这个居民自治平台上，解决了大量诸如垃圾房改造、小区停车收费难、小区高空抛物、狗患、燃放烟花爆竹等热点问题和社区难事。联席会议有效实现了在一个陌生人社区的协同自治，使社区的公共事务管理开始走向民主化、科学化。

近年来，随着黄浦新苑居民自治的推进，居民区党总支和居委会发现，居民自治中公共议题越来越多，涉及的范围越来越广，小区自发组织成立的群众团体迅速增多，关注社区事务的居民和参与社区事务的积极分子也越来越多，社区需要一个更大的能让更多自治主体参与进来的平台，让居民们在这个平台上发挥积极性，民事民议、民事民办。同时，居民这种有广度和深度的参与，积极推动着居民自治由外部行政推动向内在自治需求转变，于是“黄浦新苑自治家园理事会”应运而生。

自治家园自治实践

经过一年的探索，自治家园理事会初步形成了自治制度的基本结构和主体框架，它下设了六个功能性专业委员会，并明确了与之相对应的 23 个群众团队，建立理事会章程及各项工作制度、机制，选举理事会成员，创立了自治基金。理事会成立以来，极大地激发了居民的自主意识和自治热情，较好地解决了开发小区停车位、保护香樟树、9 号楼业主占用消防通道等小区矛盾，也成功举办了邻里节、小区慈善拍卖会、垃圾分类、绿色账户等活动。居民们在广泛的参与中自发创作了黄浦新苑的自治家园之歌，提出了“我的家园我做主，我参与，我快乐”的自治家园口号。黄浦新苑第一轮自治家园创建体现了以居委会为主导的社区各利益组织之间资源的整合和社区积极分子的有效组织参与，展示了原生态的基层社会管理和居民自治生活。而新一轮的提升项目更注重体现居委会的功能，主要在于培育社区熟人关系、组织引导群众讨论社区事务和参与社区自治，要求实现两个 60% 的工作评估目标，即 60% 的居民对居委会活动有认知或参与以及居委会 60% 的工作内容来自居民反映的议题。

联席会议和自治家园理事会都是居民自治的载体，联席会议更多的是居民的议事平台，而理事会是协助居委会开展居民自治工作的办事平台、广泛参与平台。它可以积极地吸纳和激活小区内的各类自治主体的参与力量，最大范围地覆盖居民自治的各个领域，并有效地体现各种居民自治的功能。理事会的有效运作，使居民表达诉求有了更加畅通的渠道，居民发挥自己的力量解决自己的问题有了更广阔的空间，实现了有序的社区参与。同时，社区成员在相互信任和合作过程中，社区的普遍共识、集体认同和集体归属感有了提升，真正由陌生人变成熟人，由熟人变为社区的主人。

自治成效

拓宽了基层民主参与的渠道

黄浦新苑自治家园在提升项目中基本实现两个60%（居民知晓参与度60%、工作议题60%由居民提出）工作目标。社区的事由居民自己来管，是法律确定的我国居民自治制度的根本要求。自治家园理事会“我的家园我做主”，扩大了社区居民参与社区事务的渠道，小区的热点、难点问题也找到了解决的方法。小区居民对社区的态度实现了从“议论纷纷”到“纷纷议事”的转变。同时，越来越多的小区居民从最初只关心吃穿住行等个人利益相关的事情，转到了更多关注小区建设、社区发展、道德养成和民主参与。而在理事会的议题中，对政府公共服务的关注度在提高，一批社区精英分子越来越有愿望参与到对街道工作、政府驻社区单位的日常评议和监督中。自治家园理事会助推了居民区民主决策、民主管理、民主监督的发展进程。

创新了居民区的工作方式

原先黄浦新苑居委会下设有不同专委会，但由于体制机制的局限，各专委会能够名副其实地运转的并不多。而自治家园理事会是居民自发成立的，它的架构中，上有居民区党总支领导、居委会的指导，下有根据黄浦新苑小区特点而设立的六个专委会的支撑。在这些专委会下面是完全实体运作的群众团队和各类组织。理事会的运作，有场地保障、资金保障和机制保障，所以，它是稳固而有序的。而且，另一方面，这个框架又是灵活的。比如，时间、场地是灵活的，只要可能，理事会随时都可以在议事厅、居委会、老年活动室甚至居民家里召开；人数是不限定的，只要愿意，所有居民都可以参加；内容是宽泛的，小区规划建设类、纠纷协调类、活动开展类都可以纳入理事会运作的范畴；方式也是多样的，可以是听证会、协调会、评议会，也可以投票表决、公开竞选等。这样的框架结构既有内聚力同时还有足够的张力。和谐社区并不是没有矛盾，而是借助合理的平台和机制，容纳矛盾，并把矛盾适时地化解在社区。黄浦新苑自治家园理事会在创新居民自治载体，探寻居民区工作新途径上作了积极的尝试，在夯实基层基础、构建和谐社区、维护社区稳定上发挥了积极作用。

提升了社区工作者队伍素质

自治家园理事会的实践对黄浦新苑的社区工作者触动很大。有个居委干部说："以前干什么事我们召集几个社区代表、居民小组长通通气就可以。现在不行了，要想办法变成居民认同的思路和方法，对了居民路子，居民才愿意配合你。每次参加理事会的讨论活动都做足了准备，弄不好还出洋相，我们压力更大了"。在实践中，居委干部更清楚地认识到社区的事情就是群众的事情，必须坚持群众为主，变"代民作主"为"由民作主"，变"替上级办事"为"为居民服务"，居委干部们更加熟悉社区工作的技巧和方法，更多地学会运用沟通、协商、合作的方式来开展工作。而且，随着居民参与社区事务管理的积极性的提高，自治内容的宽泛，自治载体的丰富，居民区党组织的领导方式、活动载体、工作内容、工作形式等都需要不断地创新，居委会开展自治的方法和途径也要不断地适应新形势、新情况的变化。居民自治对居委队伍素质提出了更高的要求和挑战。

自治启示

尊重群众的民主利益诉求是根本

民主参与程度是居民自治乃至社区治理的重要目标。只有当居民利益需求与居民区党组织领导和居委会指导相结合时，才能有广泛的民主参与，民主决策、民主管理才有了基础，民主的效能才能显现。

社区成员的广泛参与是关键

推进自治，没有社区成员的广泛参与就成了无本之木、无源之水，而且在自治的组织中，权威不是单个的组织或个人，而是来源于多数社区成员的认同和共识，是整个合作组织的权威。

丰富的参与载体是基础

居民区是个大家庭，也是个大舞台，所有成员都可以找到自己合适的角色，关键在于组织者用什么方式发动，多元参与主体参与自治的平台一定是多元的，方式也是多样的，是互动、互信、互助的过程。黄浦新苑自治家园理事会有空间、有能力、又方便各类社区成员广泛参与进来。

居民区党组织引领是保障

黄浦新苑党总支对居民自治起到了关键的引领和推动作用，建立理事会时，响应最早的是社区中的党员，社区群众团队的领袖中，党员的比例也很高。党总支和党员在服务群众、联系群众中发挥了积极的作用，有力地推动了居民自治建设。

（黄浦区社建办供稿）

“相约星期四，说说心里事”

金山区金山卫镇金康居委会于2011年10月成立，辖区内由金康花苑、卫康花苑、山康花苑三个小区组成，是该镇规模最大的动迁安置社区。三个小区总规划户数3574户，目前已入住2586户，居住人口约8100人。小区的居民组成结构复杂、情况多变，有本镇的动迁户，也有外地来沪经商、工作的购房者。业主们来自五湖自海、四面八方，邻里矛盾、公共纠纷比较多。为此，金康居委会从居民区实际出发，结合社区居民特点，创新思路、寻求亮点，于2012年5月起开创了以“相约星期四、说说心里事”为主题的特色服务活动。

统一思想，认识活动重要意义

作为新成立的居委会，居民区党总支部、居委会始终把居民在社区居住的幸福感作为评价社区工作开展好坏的重要依据。为此，居委会通过召开居民代表座谈会、发放征求意见表、上门征求党员、干部、居民群众意见建议等方式，进一步理清工作思路，统一思想，充分认识居委会在服务居民、服务社区中存在的不足之处。为进一步融洽与社区居民间关系，切切实实为居民解忧、解难，居委会从社区居民的实际需求出发，创建了“相约星期四、说说心里事”为主题的特色活动，即每周四的下午，定时、定点安排居民区党总支、居委会的委员们轮流接待社区居民，切实做到“听民意、解民忧”。

健全机制，确保活动有效开展

为了让特色活动开展有实效，居民群众受益，居委会进一步加强特色活动工作机制的建设，充分依托综治群众工作服务站的服务资源，以解决居民群众合理诉求为核心，以“五个一”为工作抓手，即：“一支队伍”，由居委会负责人带头，建立一支专业接待队伍；“一间谈心室”，为前来诉说心事的居民提供一个私密空间；“一套工作制度”，保障居民的诉求及时、有效的处理；“一个热线电话”，进一步畅通服务居民渠道；“一个意见箱”，充分听取居民群众意见，让特色工作更上一台阶。通过工作机制的不断完善，特色活动得以顺利开展，及时化解了社区内的各类矛盾纠纷，切实维护了社区的和谐稳定。

家住金康花苑 51 号 301 室车库的陈阿婆自 2013 年春节以来，由于自己的养老金的支配问题与子女产生纠葛，子女不愿让她居住。在 4 月的一个星期四下午，陈阿婆来到了居委会诉说“烦心事”，希望居委会能够出面帮忙解决养老居住问题。当日接待人员便主动联系了老人的子女，同时联系了与老人同村的社区“老娘舅”调解员朱阿姨，让她一起参与调解。几经周转，经居委会及老娘舅调解成员会同永久村干部、村民小组长多次上门协商，晓之以理、动之以情，并在征得陈阿婆本人意愿及四个子女的一致意见后，将阿婆送去敬老院，四个子女也承诺去敬老院多多探望母亲。老阿婆跟周围的邻居高兴的说道“跟居委说心里事，真管用啊！”

整合资源，组建志愿者队伍

社区工作要走适合本地区实际的路子。作为金山卫镇最大的动迁安置社区，常有居民来反映小区内邻里关系不和睦、楼道内乱堆乱放、毁绿种菜等不文明行为。根据居民反映的情况，居委会结合小区实际，挑选居住在小区内的原各村的老党员、老干部以及村民骨干，组建到社区的志愿者队伍中来。如组建以关爱老人为主的社区为老服务队伍、以优化居住环境为主的社区美化队伍、以社区安全为主的平安志愿者队伍等。各支队伍根据不同的分工，在居委会的带领下，及时对居民们“心事”进行一一了解、处理，充分体现民情、民意。社区志愿者队伍发挥着积极的带头作用，居民区内居民自治、共同管理的意识明显提高。

以人为本，强化责任提升水平

居委会始终坚持“以人为本”的服务理念，始终把居民的利益放在首位，并让这一理念深入到每位居委会工作人员的心中。充分调动居委会干部和条线工作人员的积极性，不断强化班子的责任意识，不管是特色活动日接待还是日常的来访接待，都严格按照“谁接待、谁负责、谁处理”的原则，能第一时间处理的，必须在第一时间处理。对一些情况较复杂，需进一步调查了解的，按照约定时间及时主动上门处理。对一些不符合政策规定的诉求，及时做好解释工作，寻求当事人的理解。通过工作责任意识的不断强化，服务主动性的不断提升，进一步提升了为民服务效率，社区内居民对居委会工作的认同感和满意度显著提升。

随着“相约星期四、说说心里事”特色活动的深入开展，社区内环境卫生不断美化，居民素质不断提升，干群关系进一步融洽，人文环境进一步优化。居民的烦心事少了，对社区的满意度提升了。

（金山区社建办供稿）

“芝麻开门”博思堂

“芝麻”虽小，关乎民生；“开门”纳贤，畅所欲言；“博思堂”聚，出谋划策，这正是长宁区华阳路街道华四居委会搭建的居民自治服务平台——“芝麻开门”博思堂。

为打破居委会职能分工的界限，整合不同的专业委员会和社区团队形成合力，为居民解决民生问题，由退休党员和居委干部先行先议，华四居委会探索出了搭建服务平台——“芝麻开门”博思堂的新思路。

“芝麻开门”博思堂是一个议行合一的工作平台，包括六小委员会、“乐龄下午茶”等社区团队，主要工作是宣传政策法规，收集舆情民意，为社区发展出谋划策，同时协调不同专业委员会和社区团队开展组团服务，合力解决居民的急、难、愁问题。基于这样的宗旨，在居委会的指导和支持下，博思堂积极吸纳社区内的骨干团队和能人智士，成为社区居民参事议事、社区团队优势互补、社区资源联动整合的重要平台。博思堂每个月开展1—2次主题活动，遇到重大问题随时组织讨论。及时整理汇总收集到的问题、意见向居委会反馈，如果提出的问题需要多方协调解决的，则形成相应的提案，提交居民听证会、协调会、评议会，由博思堂代表参加，听取各方意见。

为了统筹“芝麻开门”博思堂这一平台的资源和信息，华四居委会还成立了“百脑汇”。其是由社区骨干和领军人物组成的智囊团，每月开展一次主题活动，根据六小委员会提出的自治工作要求，结合居委会实际情况，想方案、定计划、盘资源，实现了各项自治工作在社区中的有效落实，实现了社区团队资源的统筹安排和服务的有序安排。

通过“芝麻开门”博思堂这一平台，华四居委会形成了由“直线型”转变为“职能型”模式的自治构架，形成了自治模式的新特点，即由纵向管理转变为纵横结合、由单项自治转变为综合自治、由议行分离转变为议行合一。

实践证明，立足于“芝麻开门”博思堂这一平台而形成的自治模式确能为居民群众解决实实在在的问题。

兆丰别墅地处繁华地段，小区门口便是车辆川流不息的大马路，车辆拐入居民区后，行驶速度不能马上减慢。别墅区内老年人又多，人车混行，有两次差点撞伤躲闪不及的老人，居民们普遍感觉在小区行走不安全。博思堂成员听到居民的心声后，随即在主题活动中开展讨论，最后想出了安装减速带的金点子，并及时向居委会提交了书面意见。居委会根据实际情况，召开了听证会、评议会，邀请物业公司、居民代表和博思堂成员听取意见和建议，最终确定了在小区大门口安装减速带这一方案。减速带安装之后，车辆的行驶速度明显慢了下来。居民们纷纷称赞居委会做了一件大好事，“芝麻开门”博思堂在居民中的威信也逐渐树立了起来，许多热心公益人士加入了博思堂，大家遇到事情也愿意到博思堂来倾诉或寻求帮助。

华四居民区侨眷多，在“芝麻开门”博思堂的牵头下，40 多位年龄在 70 岁以上的侨眷组成了“银发侨韵”俱乐部。每周三上午，俱乐部的成员相聚交流，每次活动都围绕一个主题，活动开展得丰富多彩。逢年过节，他们还会用摄像头和国外的孩子们进行英语视频交流，学到的英语派上了大用场。

“芝麻开门”博思堂积极吸纳社区内的骨干团队成为博思堂的一分子，逐步成为居民参事议事，社区团队优势互补，社区联动的重要平台。

（长宁区社建办供稿）

打造民主自治平台 激发“公众参与”活动

“快看啊，这个月五星楼道的评选，我们又多了一颗星！”如今，芦潮港社区的居民们都在抢“星星”，“五星”楼道的评比，成了居民们茶余饭后热议的话题。

自 2003 年临港开发建设以来，芦潮港镇顺利完成从农村向新城镇转型。全镇所有农民实现“农转非”，95% 以上家庭安置进入动迁小区。大规模、集聚性的动迁入住初期，农民向居民转变，老百姓原有的生活方式被打破，各类矛盾集中凸显。

在“社会大转型、群众大迁移、体制大调整”的新形势和特点下，怎样让老百姓更好地适应城市生活模式，提升社区管理和服务水平，激发群众参与社区管理的热情？芦潮港镇通过搭建基层民主参与平台，健全社区居民自治机制，积极推动“社区是我家，管理靠大家”。

全镇 7 个社区率先采用“公推直选”形式，让群众选出自己信得过的当家人。统一规划调整了 6 个社区的管辖区域，统一配置了社区居委会办公场所及社区服务站。完善居务公开，从组织、物质和制度上为民主自治奠定了扎实基础。

以议事会、听证会为平台，进一步增加民主自治内涵。让居民享有社区事务的自主权、决定权和评议权，针对出现的问题和难点，统一沟通、协商解决。以“五星楼道”、“特色楼道”创建为载体，不仅增强了居民自律意识，也激发出居民群众建设家园、参与管理的能动性、自主性和创造性。如今，社区的楼道都在努力向“四星”、“五星”冲刺。

同时，引导和规范志愿者队伍建设，成立了“治安巡逻员队伍”、“卫生巡查员队伍”、“创评评议员队伍”，基本确保每户有一人纳入志愿者队伍，发挥积极作用。充分发挥信访调解员、行风监督员作用，经过排摸筛选，将社区中有一定威望的退休教师、退休职工以及社区老党员返聘为社区信访调解员和行风监督员，进一步增强民主自治活力。特别在化解基层矛盾方面，成效显著。

在“五星楼道”评比的基础上，芦潮港镇又开展了“一居一品”特色创建活动：伴着荷塘月色的悠扬旋律，阿姨们穿着用压箱底的被面做成的旗袍款款走来，优雅自信、婀娜多姿；72岁的翁阿姨，一套“抖空竹”表演赢得满堂喝彩；拉丁舞活力四射、腰鼓舞韵味十足……老百姓乐在其中，参与热情高涨。

长期开展的“一居一品”、“百姓小舞台，秀出我风采”、“迁新居、提素质、看未来”、“世博风、浦东情、芦潮韵”等群众文体活动精彩纷呈，不仅打造出适合芦潮港特色的社区文化品牌，提升了老百姓的生活质量，更充分发挥出社区居民在社区建设中的主体作用。

在芦潮港社区，动迁农民美好新生活的画卷，正徐徐展开。

（浦东新区社建办供稿）

小区是我家 美丽家园靠大家

宝山区宝山八村是90年代末宝钢总厂干部的新建住宅区，小区面积20万平方米，住户1996户，如今一部分干部已到退休年龄回社区颐养天年，一部分干部对房屋进行了置换，小区居民群体的需求逐渐体现多样性，并且随着小区设施的老化，小区改善性建设任务不断增加。为激发广大党员居民参与小区建设与管理，切实保障党员居民在小区事务中有效行使民主权利，使党组织更有效地服务于小区居民群众，在原来四方联席会议的基础上，党总支以“你有所需、我有所应、促进自治”为原则，成立了宝山八村议事委员会。议事委员会由党组织、居委会、业委会、物业公司负责人，居民、党员、离休老干部、在职党员、共建联建单位及其他有代表性的代表组成。

议事委员会旨在：对小区中的重要事件、重大隐患、硬件设施建设方案、准备实施的项目或涉及居民群众切身利益的重大事项开展工作，本着“听民声、重民生、解民忧”的工作原则，召集党员、居民代表开会并收集具体意见建议。经议事会讨论后形成共识的解决方案，小区党组织会及时进行分析、研究，并采取相应措施。方案的落实情况通过党务公开栏、大黑板等形式向党员、居民反馈或进行通报。如小区 28 号的原街道阳光家园（智障人士活动场所）搬迁后，活动室一直处在空关状态，如何利用好这将近 800 平方米的场地，有人说改个棋牌室、有人说变健身场地，各种说法都有，意见很难统一，为此党总支把这个事情交给了议事会去讨论、听证来解决。

议事会委员群策群力，还请来了宝钢退管会的两位块长参加讨论。议事会上代表们发言踊跃，积极建言，基于活动室楼上是居民住户，活动项目的设定不能影响楼上居民的正常生活的共识后，大家一致决定在原有血压测量、红十字卫生站、医务室、阅览室的基础上，增加摄影沙龙基地、谈心室、手工编结室、志愿者工作站、党员之家等噪声相对较少的项目，物品添置、运行模式也取得了普遍认同。功能定位找准后，在街道的支持下重新进行了装修，大家面对焕然一新的活动室，意识到管理也是必须要解决的事，但不能增加居委会的负担，于是议事代表们积极自荐或推荐志愿者参加志愿者管理队伍，活动室真正成为了小区居民自我管理、活动的中心。志愿者们在仔细观察了活动中心的运作后，又向议事会提出：应加快推进居民活动中心功能整体运行，建议活动中心多考虑些与居民日常生活相关的项目，例如：健康、低碳知识、科学养生常识、生活小窍门、传统文化讲座、厨艺糕点传授、亲子教育等等，并推荐了有此类专长的居民担任义务教师。议事会收到建议后，及时召开会议，并决定推出“居民小课堂”，内容就以志愿者们提出的建议落实，进一步丰富活动中心内涵，提升居民生活品质。现在，“让活动中心成为居民自我管理的特色品牌，让志愿者成为服务居民的中坚力量”已成为宝山八村志愿者团队共同的奋斗目标。

通过小区议事委员会这个自我管理、协商的平台，使小区的中心广场改建、局级楼小花园改建、高层晾晒区再增设、紧急避让通道铺设、丁字路口安装反光镜、主干道安装 5 公里限速带、高层住宅底楼大厅安全隐患整治等涉及众多居民利益的老大难问题都得到了圆满的解决。

小区议事会是党组织联系群众的桥梁，是群众参与小区事务，向小区党组织建言献策、民主议事的渠道。有了居民听证“定调子”，小区里的重大决策再也不会“走过场”，实事工程实施再不会“碰钉子”。

（宝山区社建办供稿）

“周周会”——新时期的社员大会

现实呼唤“周周会”

从闵行区马桥镇的实际情况来看，举办“周周会”主要是出于以下几个方面的需要：

维护和谐稳定的发展环境的需要

当前，马桥镇正处于发展的关键时期，必须确保有一个稳定的发展大环境，但是由于马桥之前的发展过程中遗留了一些问题和矛盾，导致马桥群众中还是存在着一些不稳定因素，为了逐步消除这些不稳定因素，提出了“变上访为下访”的做法，主动深入群众，让群众直接听到党委政府的声音，避免信息传达的不及时、不准确。同时，各类历史遗留问题长期得不到解决，导致群众负面情绪的积压，需要为百姓提供一个畅所欲言、表达意见、排解情绪的渠道。

改善党群干群关系的需要

当前，还是有部分群众对党委政府缺乏信任、有一定的抵触情绪。究其原因，是群众和干部之间接触少、沟通少，群众无从了解政府、村居委在干什么。反过来说有一部分干部也不知道群众在想什么。因此需要建立党群干群直接面对面沟通交流的平台，逐步缩小党员干部与群众之间的距离。

更有效地服务群众的需要

党委政府只有及时、准确地掌握群众的需要，了解群众对党委政府工作的感受度，才能为群众提供更有效、更有针对性的服务。因此机关干部和村居干部都必须真正深入到群众中去，了解群众的真实想法，才能把服务群众的工作做到点子上。

转变干部工作作风的需要

当前，基层的干部作风上还是存在着一些问题：一是不敢直接面对群众、不知道怎么面对群众；二是工作效率低，办事拖拉；三是业务能力不强，对自身业务和政策不熟悉；四是群众观念淡薄，为人民服务的意识不强。需在群众工作的实践中逐步消除这些问题。

实现区域共治和基层民主自治的需要

群众的广泛参与是实现基层民主的重要基础，基层党委政府只有真心诚意贴近群众，让群众有更多的知情权、参与权、决策权和监督权，充分听取和尊重群众的意见，让群众共同商讨和解决社区事务，借助群众的力量提升社区管理水平，才能逐步实现区域共治和民主自治的目标。

“周周会”里“会”什么

做好充分的准备工作。

在“周周会”举办之前和运行过程中，马桥镇先后举办了两次集中培训，重点进行了两次“周周会”现场模拟，模拟参照“周周会”现场流程进行，由试点居民区的书记或主任上台主持，与会的镇机关干部、其他村居干部则以该小区居民的身份，向主持人提出问题和诉求、参与问题的讨论，其中不乏一部分比较尖锐的问题，相关职能部门也会现场解答一些问题。通过模拟演练，提高了居民区干部的现场掌控能力、与群众沟通的能力以及答复问题的技巧，另一方面机关干部也在此过程中对“周周会”有了更加具体的认识，收到了比较明显的效果。同时，镇党委主要领导在培训会上再三强调，“周周会”是当前群众工作的有效抓手，不是几个居民区或者几个职能部门的事情，而是大家共同的事情。镇三套班子、村居干部和机关中层干部都充分统一了思想，就举办“周周会”的必要性形成了共识。

形成规范的工作流程。

马桥镇制定了一套完整的“周周会”运作制度，对“周周会”诉求办理的各个环节，分别明确了由镇居民区党委、纪委监察室、信访办负责协调和监督，确保整个答复和办理流程按照规定的时间节点推进。

当天响应。每次“周周会”结束后，各牵头领导及责任部门立即召开会议，逐条分析梳理本周收到的诉求，当场明确责任部门、答复期限，提出办理要求，确保每一条诉求都有明确的流转方向。

跟踪流转。“周周会”结束后的当天下班前，镇信访办就每一条诉求形成流转单，下发到相关责任部门，责任部门在收到流转单后，给出办理意见并经分管领导同意，于5个工作日内反馈至镇信访办。

专题研讨。初步答复意见汇总后，镇党委主要领导每次都亲自牵头召开专题研讨会，逐个分析诉求和答复意见，进行充分讨论，对每一条答复口径反复斟酌和修改。

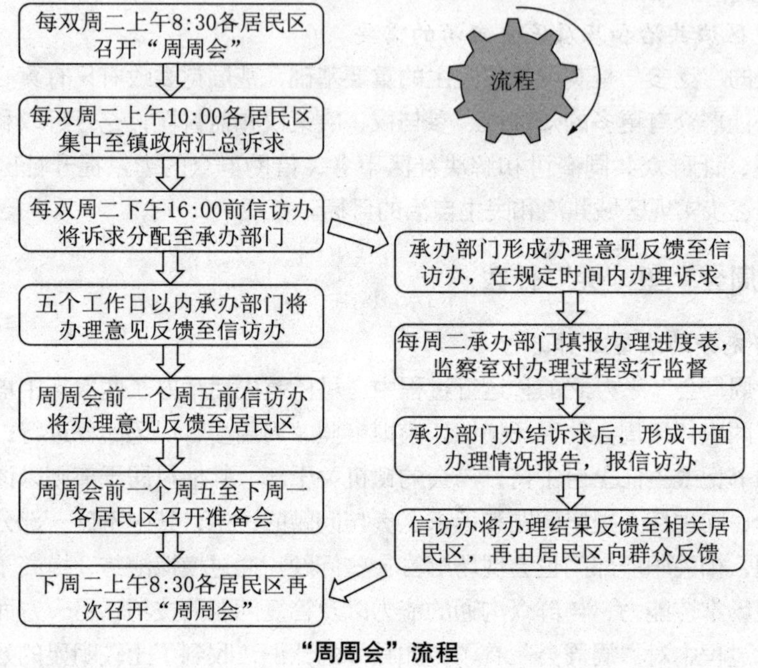

“周周会”流程

答复办理。形成最终答复意见后，召开相关居民区党组织书记会议，反馈答复意见，并安排相关职能部门负责人到现场进行答复并回答群众的询问。同时，镇纪委监察室对各承办部门办理诉求的进度和质量进行及时跟踪和监督。

精心安排现场环节。

固定的时间地点和不固定的参加对象。每双周二上午8：30到9：30，“周周会”通常在社区老年活动室举办，由居民区两委班子干部轮流主持，首先把上一期“周周会”上提出的诉求进行逐一答复，然后听取百姓本周提出的诉求或意见，在此过程中把镇党委政府以及居委的近期工作及其成效向群众进行宣传。参加“周周会”的群众大多是自发前来，居委也会有针对性地邀请一些老党员、老干部，有一些老上访户也会来参加“周周会”并参与现场互动。

不同诉求分类答复，做到件件有回应。针对不同的问题，逐一分析研究，采取不同的答复形式，以最大限度地取得群众的认可：对于群众普遍比较关心的共性问题，在“周周会”现场直接答复，通过“周周会”平台向更多的群众宣传；对于由历史遗留问题引发的复杂诉求，请职能部门专门梳理答复口径，召开专题座谈会进行答复，与群众作更充分的沟通；对于个性化的问题，则请职能部门和居委一起和诉求人作一对一的个别沟通。

在沟通过程中加强正面宣传引导。在“周周会”现场，马桥镇一方面围绕群众诉求进行有针对性的答复，另一方面注重对群众的正面宣传，通过诉求答复、解疑释惑，把镇政府正在开展的实事项目和各职能部门诉求办理推进过程向群众公开，并引导参加“周周会”的群众成为党委政府在百姓中的宣传员。

收获的喜悦

群众对党委政府的信任度有所提升

通过在“周周会”上进行充分沟通，群众有了表达想法、排解情绪的通道，党委政府也有了宣传引导的平台，群众知道了党委政府在干什么，党委政府也知道了群众在想什么，群众对于大部分诉求的办理结果表示满意，对于政府为他们实实在在地解决问题也表示了认可。

群众对马桥发展的信心有所增强

通过“周周会”这一平台，马桥镇投入了一定的人力和财力，着力解决了一批群众重点关心的民生问题，并把政府近年来在提高民生保障水平、提升社区管理水平等方面所做的努力以及今后一个时期马桥发展的规划向群众进行了宣传，使更多的群众对马桥未来发展的前景更有信心。

信访矛盾得到逐步缓解

马桥镇对“周周会”举办以来的信访情况进行了比较分析，发现在“周周会”切实解决了一批群众关注的问题之后，信访量较之“周周会”举办之前有了明显的下降，由此可见“周周会”在推动稳定、化解矛盾方面起到了积极的作用。

干部作风得到明显改进

通过“周周会”诉求的流转和办理，使职能部门和居委干部有更多机会贴近群众、更有效地为群众提供服务。在诉求办理的过程中，干部解决实际问题的能力得到了锻炼、与群众面对面沟通的技巧得到了提升、工作效率得到进一步提高。

实际工作得到有效推动

通过在“周周会”上与群众充分沟通、协商，镇各职能部门发现了不少原先工作中的弱点和盲点，通过对这些薄弱环节的梳理和分析，有助于进一步明确工作目标、改进工作方法，通过解决“周周会”上的问题，实现举一反三、解决更多实际问题。

居民自治意识得到逐步培育

在“周周会”上，群众不但能畅所欲言、提出诉求，还能在镇党委政府和居委会的引导下共同商讨解决社区建设和管理中的一些问题，越来越多的群众开始关心社区公共事务，也为党委政府的工作提出了不少好的建议，居民自我管理、自我监督的意识正在逐步形成。

（闵行区社建办供稿）

社情民意气象站

长宁区天山街道纺大居民区由5个自然小区组成，现有住户2100户，人口6000，可以说是一个汇集民生百态的“大熔炉”。

2001年5月成立了纺大小区“社情民意气象站”，归纳了“五必报、五必议、五必做”自治方法（即“三五”做法）。由东华大学教师为主的居民率先成为气象站的第一批“气象员”。2004年，“气象站”又繁衍了“老年事业拓展组”等八个自治小组、102名“气象员”队伍，形成了功能齐全，比较完备，能够运用自身力量解决面临的困难和问题的自治机制和平台。2010年“气象站”又推出了信息收集“六要素”方法：建立民情室、发放民情卡、使用民情簿、设立民情箱、出版民情报，开通民意网，适应新形势，创造新方法，积累新经验。十年来，“气象站”作为居民区党总支、居委会的好帮手，“气象员”作为居民自治的骨干，在自我服务、自我管理、自我教育中发挥了主力军作用。

传达社情民意，反映居民诉求

“气象站”主动出击，收集信息，形成一条便捷快速的信息绿色通道。“气象站”的民情室推出了“相约星期四，说说心里事”活动，帮助居民解决难言之隐。

纺大一对母子相依为命，母亲来到“星期四民情室”向“气象员”言明苦衷：自己儿子患有轻度弱智，对生活失去了信心。“气象员”帮助她的儿子安排了小区综治员岗位，母子俩重新看到了生活的希望。

十年来，“气象站”依靠“六要素”，收集民意诉求信息3500多条，反映社区情况、居民关注的难点热点问题70多件，发现、处置紧急突发事件20多件，有效预警50多次。

协调各方利益，解决疑难问题

“气象站”8个居民自治小组起到了牵头和协调的作用，及时协商共议。

2005年小区“平改坡”，施工前均达不成一致意见。“气象站”矛盾化解协调组介入，组织召开了十多次居民楼组座谈会，让施工方和居民代表当面对话，经过一个多月的沟通，700多户居民终于达成一致，使“平改坡”顺利动工。

十年来，小区民心工程在“气象站”牵头下，有效解决疑难杂症30多起。

满足不同需求，创新自治品牌

“气象站”关注居民精神追求，培育适应各阶层、各年龄段人群需求的民生自治品牌。

“老年事业拓展组”举办了电脑学习班，让老人学电脑、学上网，并建立了全市第一个“扶老上网基地”。

“妇幼工作推进组”办起了“爱心求知辅导班”。东华大学的志愿者为外来务工人员子女开展学习辅导，几年来，纺大居民区青少年犯罪率始终为零。

“政治文化宣传小组”发展了12支群众文体团队，许多团队优秀表演和文化作品，被选送到市、区各项文化活动上展示，多支文体团队在市、区组织的竞技比赛中获奖。

激发参与精神，高扬主人翁意识

“气象站”淡化了居委会工作的行政色彩，广大居民成了社区的主人，而不是原来的被管理者。

志愿者精神激励着纺大社区的每一个人，现在关心小区建设，关心他人痛苦，有爱心，热心肠的人越来越多。居民们把大家的事当作自己的事，把别人的困难当作自己的困难，把居民小区当作自己的家，参与意识日增，志愿精神渐浓，做好事不留名，奉献不求回报。居民们用志愿奉献精神共同唱响了自治家园的主题歌，绘出纺大自治的崭新面貌。

（长宁区社建办供稿）

从“爱心互助会”到居民自治理事会

华丽转型

闵行区古美路街道古龙三村新时代景庭，曾是全市21个“迎世博居委会自治家园观摩点”之一，迎接来自世界各地的友人参观交流。该小区的新时代景庭“爱心互助会”是自发形成的居民自治组织，汇聚了小区中的退休医生、律师、教师、工程师等专业人士，为居民提供各类服务。随着居民自主意识的不断增强，爱心互助会的自治模式有待改进和完善。在古美路社区（街道）党工委的关心下，居民区党支部的引领和居委会的指导下，新时代景庭“爱心互助会”逐步发展成为新时代景庭“爱心互助”居民自治理事会，使这一自治平台成为广大居民参与社区自治的主要载体和基本途径。通过这一自治平台，古龙三村居民区党支部、居委会不断拓展居民自治的触及面，深化居民自治的影响力，实现居民的自我管理、自我教育、自我服务和自我发展。

爱心互助自治理事会

顺势而为，搭建居民自治平台

以“上海市居委会自治家园示范点”提升和拓展项目为契机，古龙三村居委会作为全市 11 个示范点之一，在课题组专家的指导下，结合新时代景庭小区的特点，搭建富有古美特色的居民自治平台。

首先，设计居委会自治制度的结构框架，以四级网络结构，切实发挥党支部——权力性组织的领导核心作用；居委会——自治组织的统筹协调作用；居民自治理事会——功能性组织的整合协调作用；各类群众活动团队、楼组长、市场组织、社会组织——活动性组织的自治参与作用。

其次，以“爱心互助会”为基础，搭建居委会自治建设中关键性的枢纽型平台——新时代景庭“爱心互助”居民自治理事会，其富有古美特色的八大专业委员会涉及综治、调解、民政、卫生、文体、老龄、青保等各方面工作，管理小区 23 支志愿者团队，全面覆盖居民自治的各类功能和领域，既立足于自下而上的涵盖居民对小区生活日常功能的需求，也兼顾了原来居委会工作的主要内容，使原先功能单一的“爱心互助会”转化为面向多元的居民自治理事会。

再次，制定居民自治的参与机制和会议制度，通过联席会议机制，共商小区事务，使“四驾马车”合力驱动；通过民意收集机制，了解居民需求，使工作开展有的放矢；通过民主决策机制，解决民生问题，使民心所向得以体现。

拓展队伍，满足居民切实所需

搭建平台、制定制度是前提，挖掘、吸引居民“上台唱戏”是关键。为此，古龙三村居委会积极了解居民需求，挖掘人才资源，拓展队伍建设，把居民自治理事会作为小区人才资源的蓄水池，完善居民自治理事会的功能。

如今“一老一少”是小区管理与服务不可忽视的居民群体，党支部、居委会通过组团式联系服务群众工作，积极挖掘小区中专业的少儿教育工作人才，组成

“快乐小陶子”少儿服务团队，以亲子活动的方式服务于3—6岁的学龄前儿童，在增进父母与孩子之间感情的同时，也促进年轻父母之间的交流；同时，整合小区的教师资源，组成“桃李满天下”授课助学服务团队，为小区中需要帮助的中、小学生授课，减轻他们的家庭负担，关爱学生的健康成长。对于小区中的孤寡老人，组建“清心之源”敬老睦邻服务团队，以“组团式”、“双结对”等方式开展敬老助老服务。通过对“一老一少”提供针对性的服务，串联起他们背后的居民，使得更多年轻的，有一技之长的居民走出家庭，服务小区。

在了解需求的过程中，不少居民都反映现在“看病难”、“咨询贵”等问题，居委会通过“有心发现人才、真心请出人才、小心使用人才、用心维护人才”不断扩大居民自治理事会的人才资源，整合小区中的医护专家、心理咨询师等，组成“清心”服务团队，为居民提供专家义诊、心理疏导等服务；挖掘专业的律师组成律师咨询团队为居民提供法律咨询服务，使得居民足不出户就能享受到专业、贴心的服务。

尊重百姓，发挥居民集体智慧

新时代景庭“爱心互助”居民自治理事会不仅整合了人才资源为居民提供各类服务，还凝聚了百姓智慧为小区建设出谋划策。如：由养宠和不养宠的居民代表组成的文明养宠QC小组，自主研发了“人狗料环法”，由居民监督居民出门遛狗时带上“三个一”，一根绳、一张纸、一个袋，从而科学、文明养宠；由有物业管理经验且乐于为业主服务的热心居民组成的业委会“智囊团”，为小区业委会规范运作、维护业主权益等献计献策。同时，及时反映居民对业委会、物业公司管理等方面的问题和建议，帮助业委会和物业公司规范、合理、人性化的开展工作。在居民共同参与下的新时代景庭“爱心互助”居民自治理事会成为了协商小区事务的智囊团、联接小区居民的连心桥、小区社群领袖的发现者、居民爱心奉献的传播者以及和谐品质生活的创造者。

互助自治没有终点

借力专业指导，拓展居民自治模式

古龙三村居民区党支部、居委会借力专家的指导意见，结合小区的自身特色，梳理形成的四级网络结构、八大专业委员会以及各项制度，激活了小区的各个群众团队，密切了党支部、居委会与团队之间的联系，明确了居民自治组织的功能定位，整合了小区的各方资源，使得原来的“爱心互助会”的功能从单一趋向多元，活动形式从松散趋向规范，更使小区的人才资源库从70余人壮大为如今的230余人，拓宽了居民的参与面和受众面。

重视人才资源，发挥社区“人”的作用

居民自治理事会是居民自治的一个载体，发挥自治作用的正是这些人才资源。在居民自治过程中，人是最关键的因素。居委会通过搭建居民自治平台——新时代景庭“爱心互助”居民自治理事会，发挥居民的特长和优势，使居民在帮助他人时感受到满足感；在受助于他人时，感受到归属感。在助人自助的平台上，“人”的作用被充分发挥，“情”的力量得以无限凝聚。

整合各类资源，提升居民社区生活品质

新时代景庭“爱心互助”居民自治理事会使居委会在社区治理实践中由行政主导回归其自治职能。居委会不单是为居民提供服务，还充分调动了居民的积极性，使居民成为小区的主人，帮助社区大家庭的其他成员，从而盘活了小区的人才资源，形成了一张无形的资源网，使得居民各类资源在小区这一社区共同体中得到延伸和共享，使得居民的社会价值在社区得以充分体现，从而提升了居民社区生活的品质，使“和谐古美·品质生活”社区愿景在居民的幸福生活中得到真实的呈现。

（闵行区社建办供稿）

金秋书画社

宝山区高境镇共和三村居民区党支部在创新社区治理工作的探索中，针对共和三村居民素质较高、人才资源丰富、老年人较多的现状，坚持以人为本，以积极培育和发展社区团队为切入点，以“金秋书画社”为载体，让居民在参与团队活动中实现自我管理、自我教育、自我服务。

走进共和三居的活动室，一个大大的“和”字映入眼帘，会议室、走廊两旁挂满了书法、字画，让人惊叹于民间艺术蕴藏的高雅艺术。没人曾想到，这里在2006年之前还是臭气熏天的垃圾场。而这一切，很大一部分归功于“金秋书画社”这一领头的社区团队在推动社区民主自治方面的里程碑式的贡献。

共和三村居民区有好几幢“教师楼”，里面居住着众多退休教师，他们的文化素养普遍较高，其中不乏一些书画爱好者，为满足他们的文化需求、丰富他们的文化生活，2004年1月，共和三居成立了“金秋书画社”，吸纳了退休教师、党员骨干等60多位高级知识分子加入其中。

“金秋书画社”成立了，可是何处能容纳这么多人活动？活动场所成了书画社的“现实难题”。那时候，原小区南侧的北长浜在市政改造中成了臭气熏天的垃圾场，书画社等团队要求改造的呼声日益高涨，提出变荒地为活动室。“金秋书画社”指导员朱佐老师利用业余时间，组织书画组成员讨论研究，主动设计了图纸。居民区党支部及时向上级反映情况，镇党委、政府高度重视，要求职能部门到现场调研指导，形成了建造方案。在政府和居民的关心、支持下，2006 年 3 月，250 平方米的活动室建成了，并命名为“和园”。这是小区迈出民主自治的第一步，也是社区居民们参与管理社区事务的第一步。

同时，以“金秋书画社”为起点，越来越多的团队活动已经开展得有声有色，他们把社区的教育和文化融进了居民的生活。以前适合老年人的社区活动并不多，一些不甘寂寞的退休老党员、老干部，老教师等便争相效仿起“金秋书画社”，根据个人的特长自发组团。特色团队一经亮相，便受到居民们的热烈欢迎，队伍也茁壮成长起来，目前活跃的社区团队就有 9 支。这些社区团队的资源奠定了社区民主自治的强固基础。

“金秋书画社”的骨干们成了社区自治不可或缺的“中坚力量”。每次书画社的团队活动一结束，他们都会自发地在“和园议事厅”召开议事会议，共议社区大事小事，促进社区和谐稳定。原北长浜有 86 棵水杉树，天长日久，越长越高，影响了小区部分居民的采光和通风，居民们在楼道会议中多次提出该问题，后在议事厅也多次召开会议，经讨论后提出了几种解决方案，随后向居委会和物业公司反映，经区绿化管理部门研究同意并公示后，成功将这 86 棵水杉树迁走，并在原地改种腊梅、罗汉松和麦冬，绿化的品种提升了，居民的生活环境改善了。

书画社的好多老同志资历深、威信高、脑子活，主动担当起社区“智囊团”成员，专攻社区日常管理的“疑难杂症”。共和三居有 76 扇电子防盗门，由于物业缺少此项维修保养费，防盗门损坏后无法及时得到修理，为居民们带来了安全隐患。为解决这一问题，书画社的骨干们和居委会成员积极召集热心居民又在“和园”讨论开了。因为维修费涉及整个小区每户人家，他们想了又想，方案改了又改，最终提出了《关于防盗门维修保养费用同意支付的初步方案》，此方案获得百分之七十以上居民同意，最终顺利执行，解决了居民的安全隐患。又如：小区的环境十几年从未进行过大规模整治，杂乱的绿化给小区卫生、治安工作带来了很大的难题。智囊团的成员们多次开会讨论，并请来了市绿化市容局退休的李师傅作为该次绿化整治的顾问团长。最终经过居民、居委会和物业的共同努力，杂乱的绿化科学、合理地重新布置了，居民们无不拍手称快，有的人当场流下了激动的泪水。

在居民区党支部的领导下，居民自治组织的自我管理作用得到了充分发挥，促进了政府行政管理与基层群众自治的有效衔接、良性互动。如今，“金秋书画社”等一批社区文化的“经典品牌”已经成为既是学习场所，又是居民参与民主自治的平台。在群智中前行，在群策中成长，社区团队在民主自治的道路上发挥着不可或缺的作用。心谐力和，创新、尝试、探索的道路上，他们还在继续。

（宝山区社建办供稿）

社区管理离不开居民参与

“镇管社区”打造地利人和

“多办活动，让社区居民熟悉起来；组建社团，让能工巧匠走出来；攀亲结对，让居民和村民互动起来；创新探索，让居民种‘菜园子’试起来……”大型保障性居住社区能为居住者做些什么？浦东新区航头镇在创设大居社区管理新构架时，给出了答案。

“两委一中心”，架构新航头

航头镇已建、在建、规划、控制中的市属保障性住房基地总用地面积约7平方公里，建筑面积达600万平方米，完成建设后，预计导入人口15万。目前，入住居民近1.5万人，为探索具有航头特色的“镇管社区”模式，提高大型居住社区的服务管理水平，作为整个大居的综合配套设施，2012年12月1日，航头镇鹤沙航城社区正式成立。

“镇管社区”模式的组织架构为“两委一中心”，即鹤沙航城社区党委、鹤沙航城社区委员会和鹤沙航城社区中心，共同承担着社区管理和社会服务等具体工作，搭建区域性、开放性的社会管理与服务平台。鹤沙航城社区中心以“2+1模式”定位，即包括社区事务受理中心分中心、社区生活服务中心和社区卫生服务站，并基本具备了办理公共事务、开展社区服务、组织居民活动的三大功能。其中，社区生活服务中心结合居民的日常所需，以“需求为本”的服务理念开设服务项目，目前开设了慈善超市、图书室、老来客会馆、健身室等。

为了给居民提供更好的服务，鹤沙航城社区党委努力抓好骨干建设，支部着重抓好楼道组长、群众团队，如护绿保洁队、治安巡查队、老娘舅团队、文体娱乐骨干队伍等的组织培育。在大胆探索民主自治建设的过程中，不断发现挖掘居民中的各类能人，充分调动他们参与公益组织活动的积极性；大胆探索，凡是能够由居民自行组织管理的社区事务，交给居民自己协商组织服务管理，充分发挥组团式服务工作效能和探索志愿者服务工作；党支部主要做好协调、引导、支持和保障工作，经常性活动形成规范，探索性活动总结经验，如“每月一次的工作分析讲评会”、“每季度一次志愿者服务活动”、“每季度一次集中党课学习教育活动”等，广泛听取意见和建议，把好的形式内容稳定下来。

攀亲结对，乡邻一家亲

鹤沙航城的很多住户来自中心城市，如何让他们尽快了解相对陌生的航头，融入蓬勃发展的航头，爱上美丽乡土的航头？为了探索“镇管社区”新型有效的管理方式，昱星家园 11 户居民家庭和沉香村 11 户农民家庭试点结对。让村民走进社区，让居民深入乡村，发挥各自特长，相互取长补短，实现“乡邻一家亲”。居民与村民攀亲结对，鼓励居民到结对农民家中，种自留田，收蔬菜、摘果实，体验农家生活，感受劳动的快乐和收获的喜悦；农民走进居民之家，感受城市生活，学习烧菜长厨艺，提升家庭文化……在丰富多彩的攀亲结对活动中，实现居民和村民的和睦相处、相融相合。

在小区里种菜也许不再是梦想。航头镇正计划将这种“居民租菜园子种蔬菜”的构想付诸实现：设想在大居社区附近找一块 100 亩左右的农地，开辟一个“鹤沙航城社区居民菜园子”，把每亩地分成 10 份，有偿租给社区居民种瓜果蔬菜，自种自收，既可以让居民享受劳动与收获的快乐，也可以让城市孩子了解农业知识；设想成立“鹤沙航城社区居民菜园子”合作社，负责整个菜园的管理，提供种菜所需的工具、必要的肥料，合作社还负责秧苗有偿提供、技术指导和代种代管等。

同时，“镇管社区”模式下各社区的文体活动也丰富多彩，让居民乐在其中，让社区成为大家庭，居民团结友爱。社区党委帮助和督促居民组建文体团队。沉香一社区成立了以沪剧、越剧为主的戏曲沙龙，以休闲娱乐为主的舞蹈队，以强身健体为主的拳操队；南馨社区根据市区居民的特点，成立有以太极拳为主的拳操队、老年合唱队、沪剧爱好者沙龙、广场健身舞蹈队、手工编织队；昱星家园也成立了排舞队、歌唱队……目前，整个社区，已初步组建有 10 支文体团队，每周开展一至二次活动。

此外，社区中心还组建沙龙，开展形式多样沙龙活动，吸引不同特长或喜好的居民加入其中，既让居民进一步发挥爱好与特长，也有利于丰富社区文化生活，形成独特的群众文艺，打造鹤沙航城社区文体品牌。

远亲不如近邻。在航头镇，两个相距不足 5 公里的大型社区，常来常往，相互学习，携手前行。“吃农家饭、种农家田、串农家门、攀农家亲”，乡邻互赢，正是航头镇开创大型社区美好生活的关键所在。

（原载 2013 年 4 月 24 日《文汇报》，作者：童薇菁）

变“为民做主”为“由民作主”

230名村工作人员减少至90人，村干部公开竞岗、签订合同，选聘分离。村主要收入由“养”干部变为投入民生，重大事项决策实施从“为民做主”变为“由民作主”。在北蔡镇，村级综合改革被群众誉为“最满意的实事工程”。

实施村级综合改革，浦东新区北蔡镇通过建立健全“1+X”村级事务民主管理、民主决策、民主监督的一系列制度和操作细则，推进村级事务管理民主化、决策科学化、实施透明化，形成了“村情民知、村策民决、村财民理、村绩民评、村利民享”的村级治理机制。

村官村民选：做到群众公认、合理配置。改革前，村级收入的大半用在了“养干部”上，群众意见很大。对此，北蔡镇广泛发动群众，采取三项改革措施：一是选聘分离；二是核定人数；三是村民自主。村官需要多少，由何人来担任，完全由村民自己来决定。

村务村民管：做到公开透明、民主决策。过去，村里的事多由少数村干部说了算，导致群众对村干部不信任、不满意。特别是在一些富裕村，集体资产收入多少、支出多少、应该用在哪里等，群众不知情，对村里办的一些实事、好事，有时也会出现“群众不领情”的情况。为此，北蔡镇出台了《关于规范村级民主决策程序的实施意见》，把村务的决策权交给群众。首先是强化“四会”民主制度，定期听取和审议村党组织的工作报告，讨论本村发展规划和重大村务，并提出意见建议。村民对这次民主管理的“成果”很满意，更激发了参与村务管理的热情。其次是完善村务公开和监督制度。围绕村民关注的重点和容易引发矛盾的焦点，建立村务公开网页、设立村务公开接待日、召开民主听证会，扩大村务公开的知晓面，让村民真正知情、参与和监督。

村财村民理：做到账目清晰、程序规范。如何发展好、管理好、分配好村级集体资产，既使其保值增值，又让村民共同享有？北蔡镇实行了一整套民主理财制度和办法，村里有多少钱，每年有多少投入，钱用到哪了，用了多少，效果咋样，一清二楚，让老百姓吃下了“定心丸”。通过实行决策、运营和监督分开，由村民民主选举产生三个层面管理机构各司其职。健全完善规范化管理制度，为民主监督提供依据，并建立了专人监督、专项监督、考评监督、群众监督“四管齐下”的监督机制。坚持把村民民主理财落到实处，各村定期召开“两委”成员及理财小组会议，通报情况并形成初步意见，而后召开各方面代表座谈会，最后提交村民代表大会或集体经济组织成员代表大会审定实施。如杨桥村从2008年起就强化民主理财，5人理财小组对各类收支票据逐张逐页审核，并对照年初预算逐一核对，对不符合规定的单据一律不予通过，对不清楚的账目当场沟通。这种认真劲被村民笑赞：“伊拉好比审计，阿拉放心！”

改革的直接效果是：干部选得好、资金管理好、群众感觉好。

（浦东新区社建办供稿）

巧用网络舆情机制提升社区管理水平

“三林公园大变样啦，是阿拉现在每天晨练的好地方。我顶！”

“街道动作蛮快咯，由志愿者介入办法妙！”

“老年骑游队包干养护管理，街道有作为，办法还是蛮创新的呢！”

……

这是目前地处上海浦东东明社区（街道）“金谊河畔”、“金色雅筑”等中高档楼盘小区业主论坛上的声音，可谓一片赞叹。

同样是这个公园，2008年上半年的时候却是骂名不断。更“糟”的是，媒体曝光见诸报端。原因很简单：脏、乱、差。网络论坛上，既有责备开发商疏于管理不作为，也有希望街道出手治理的期盼。

不久，一份《东明社区网络舆情摘编》送到街道“父母官”手中。非比寻常的情况立刻牵动着街道上上下下。领导批示、职能传阅、整改方案、协调机制，半天运转全部“搞定”——社区（街道）党工委、办事处当即牵头开发商、城管、机关职能部门等召开专题协调会，并将整治公园的网络舆情作为提升社区管理水平的一个考验与载体。

信息传递到社区志愿者协会老年骑游队分会，当大家得知情况后，四十多名队员自告奋勇强烈要求承担公园的日常维护任务。几番申请，最终让这些老人如愿以偿。从此，每天上午七点半至九点，一批头戴小红帽的志愿者身影闪烁在公园，捡拾垃圾、文明劝导、巡逻养护、坚持不懈。不但公园面貌得以改变，周围几条路的环境也随之提升。

搭建平台，建立发现机制

东明社区（街道）党政班子有这样一个意识：信访工作是党和政府联系群众的桥梁和纽带，是群众向政府反映诉求的良好渠道。如今，随着时代的进步，网络已经越来越多的受到广大居民的青睐和选择。

针对社区及周边涌现出的“东明社区论坛”、杉林新月、金谊河畔、中房樱桃苑、未来域等十几个网络论坛比较活跃的情况，东明社区（街道）以科学发展观为指针，树立兼听则明的意识，通过网络了解、掌握居民群众对政府工作的评价与建议，并针对政府机关工作中的不足之处，及时改进。

思想是行动的指南。街道发挥工青妇等群团组织作用，由团工委发动机关团支部 25 名团员组建网络舆情志愿者队伍，在辖区主要网络论坛上“潜水”，每日关注，搜集情况，并进行分类整理。同时，组建一支由 37 个居民区治保、宣教干部担任的基层信息员队伍，要求对基层发生的情况，及时向街道综治办、党政办上报，然后由党政办整理归纳，编入舆情信息，做到信息舆情全覆盖。

2008 年 8 月初，一份由街道办事处党政办牵头编撰的《东明社区网络舆情摘编》新鲜出炉。“网络舆情”摘录区域内网民对社区建设管理、市容环境、物业居住、安全防范、交通出行等多方面的意见、建议、评论、诉求、批评，整合为重要舆情、公共管理、市容环境、小区事务、安全防范等几个方面，让领导掌握情况，作为工作参考。

快速反应，建立处置机制

发现机制建立后，街道将社区管理的工作重点放在掌握舆情动向上。随着世博动迁工程全面启动，人口大量导入，社区管理出现了新的课题。中高档小区业主在维权方面的意识特别强，而大量的建设项目对居民群众生活的影响也引发了一些矛盾。街道主动出击，跨前一步，在社区网络论坛上进行跟帖对话，实施主流引导，形成多种声音并存的局面。

三林城樱桃苑小区交付使用初期，业主自发成立论坛，在网络发表对物业的意见和不满，要求成立业委会。“网络舆情摘编”及时把情况报送街道领导与相关部门，一套处置机制马上运转：街道综治、司法等相关职能部门立即介入，与居委会一起进行情绪疏导；在坚持居民区党组织核心作用的前提下，引导居民区自治组织（如小区业委会的成立）在法律框架下按照有关程序进行运作。四个月后，小区业委会有序成立。

2009 年 3 月初的一天，金色雅筑小区刚交房，部分业主针对房屋质量问题情绪激动，在网上发帖，相约在 3.15 期间进行集体越级上访。此时，恰逢双休日，针对这一网络舆情，街道组织有关人员关注事态动向，采取三项措施：在第一时间找到开发商通报相关情况，反映业主对房屋质量问题的诉求愿望，希望开发商及时做好维修与安抚工作；街道层面，社区民警、居委筹备组对网络论坛上的重点骨干和业主进行疏导、劝解；相关职能部门加强双休日值班，关注动态。最终，街道多策并举取得了小区业主的理解与配合，一次严重的集体上访事件得以避免。

借力助推，完善工作机制

东明社区（街道）立足于问计于民，针对网络舆情上反映的有关交通、环境、实事工程等方面的看法与诉求，组织专人进行分类梳理。对比较合理的意见接受采纳，并及时修正、调整工作方法与思路。对有些过激言论、不客观的议论，努力做正面的宣传引导。真诚与积极作为的态度，不断赢得网民的认同与赞扬。

比如，金谊河畔小区刚交房时，由于物业管理方面存在着缺陷，个别装潢公司在揽生意时出现的恶性竞争、占用公共部位等行为引发了业主不满，小区论坛上不满情绪随处可见。网络舆情工作组及时把情况传递给街道领导，一周内连续几次与业主代表在街道办事处和居委会举行协调会。通过缓和矛盾、积极引导，街道、居委会从业主维权与小区和谐的角度出发，强调物业装潢应体现自愿的原则，化解了随时可能发生的群体性过激事件。

同时，随着三林城地区功能形态的日益完善，樱桃苑、金谊河畔、金色雅筑、湾流域等中高档小区不断涌现。这些小区业主中青年白领、自由职业者、成功人士等阶层占据很大比例。如何同这些人打交道、交朋友便成为目前社区工作中不可回避的热门话题。

东明路社区（街道）在学实活动中顺势而为，聘用一些年轻有为的社工担任居民区书记（或挂职书记），网络工具便在他们手中变得驾轻就熟。这些年轻的“白领书记”在小区论坛上主动参与、灌水跟帖，贴近、亲近、拉近与业主的距离。还在筹建中的金谊河畔居民小区党支部书记史曾艺是年轻的上海媳妇，对此颇有感慨地讲：我们多管齐下，通过网络论坛发帖、跟帖，交流思想，不断形成共识。同时，居委工作跨前一步，主动参与、介入到由小区业主论坛发起的业主沟通会，做有心人，了解并解决业主一些生活上的小事。在一次沟通会上，业主反映小孩子上学、入托难问题，居委立即与街道联系，尽最大努力给予帮助。居委还组织小区足球赛等趣味活动，拉近关系，建立认同感。

网络舆情机制，能够在第一时间了解居民群众的呼声，了解社区在建设中存在的不足，对公共管理、服务居民起到了良好的成效。东明路街道也清醒地认识到：在社区管理中，针对网络发挥的作用还要进一步深入摸索。首先，不断推进信息化工作，提升掌握信息、综合处理水平。其次，在机关层面上，针对网络舆情反映的情况及时调整工作思路，在工作中既能体现社区实际，又能够坚持正面引导，体现百姓合理诉求，化解各种矛盾，积极营造宜居社区的和谐氛围。

（浦东新区社建办供稿）

农民变市民的恒信实践

恒信“乱象”

恒信居民区是目前金山区规模最大的一个安置小区。入住的 8026 人大多来自原朱行镇各村的村民，不要说几十幢居民楼之间，就是在同一幢楼的同一个楼道里的住户，也往往是由几个村的村民组成的，相互之间都很陌生，更不要说，在这个居住区内，还居住着 618 名外镇人口和 850 名外地来沪人员。

然而，只要你稍加留意就会发现，在这个拥有 2051 户居民的大型居住区内，没有一户人家安装防盗门窗，小区内从没有发生过重大偷盗案件。在广大农民业主中，从不知道什么是物业费而不愿意交变成了主动交，2011、2012 年的物业费收取率分别达到 90% 和 96% 以上，多数楼道实现了“满堂红”。

这一令人惊奇和赞叹的现象，引起了金山区委副书记祝学军的重视和关注，先后多次到恒信居民区现场考察，并召开座谈会听取汇报，要求对“恒信现象”认真总结，积极推广。

当年，面对这么多刚刚安顿下来的新居民，要把他们的心拢在一起，力量凝聚在一块，共同建设和谐美丽幸福的恒信家园，其难度是可想而知的。恒信家园的居民来自七八个村的村民，这些庄稼人在搬家时，连同农具、劳动车等生产用具一起搬进了小区，有的居民在绿化地里种起了青菜，有的在小区的树上晾晒衣服，有的住在楼上的居民从窗口丢垃圾，有的楼道像开了旧货店，居民之间的吵闹时有发生。针对乱种植、乱停车、乱堆物、乱晾晒、乱丢垃圾的“五乱”现象，居委会组织开展多次整治行动，可往往遭受对抗和谩骂，尤其令居委干部头痛的是整治工作好像割韭菜，割了一茬又长一茬，整治时好一阵后老问题又出现了。

下恒必治 有信必变

明确一个目标——努力打造“创新恒信、德治恒信、宜居恒信、和谐恒信”

如何让村民迅速转变为文明市民？恒信居民区党总支和居委会进行了艰苦的探索和积极的努力，他们逐渐意识到，要深入推进和谐社区建设，必须紧紧依靠群众，把各个层面的人员组织起来，把各方面的积极因素调动起来，把蕴藏在群众中的智慧和力量凝聚起来，形成体现群众骨干行为影响力的共建氛围，携手共建自己的幸福家园，他们始终坚持把社区和谐建设融入到工业园区发展大局中去谋划，还原“自我教育、自我管理、自我服务”的群众自治本色，坚持“以人为本、以诚兴园、以德育人”的德治理念，搭建“创新引航、思想引导、行为引领”的实践活动载体，形成了“一二三四五”社区管理工作方法。

明确一个目标，就是把努力打造“创新恒信、德治恒信、宜居恒信、和谐恒信”作为社区建设的长期工作目标和一切工作的出发点与落脚点。

创新恒信：就是要以创新思想观念提高勤政为民能力；以创新工作机制完善社区管理功能；以创新诚信理念深化社区服务内涵；以创新活动载体丰富内容贴近实际；以创新工作方法增强针对性有效性。

德治恒信：就是要以加强公民道德建设陶冶公德情操；以推进社区文化发展实现文明转变；以群众性创建培育文明素质；以健全民主自治制度推进民主管理；以彰显各类先进事迹弘扬民族美德。

宜居恒信：就是要以平安稳定的公共环境确保民有所安；以民生实事的不断推进确保民有所稳；以服务功能的健全完善确保民有所乐；以整洁优美的家园面貌确保民有所舒；以亲善和睦的人际氛围确保民有所悦。

和谐恒信：就是要以健全帮困关怀机制促进党群和谐；以关注民生解决热点问题促进干群和谐；以推进基础设施改善促进环境和谐；以优化公益诚信服务促进社区和谐；以相互尊重互帮互助促进邻里和谐。

围绕两条主线——以创先争优为主线，着力提高思想引导能力；以创新机制为主线，着力提高服务群众能力

以创先争优为主线，着力提升思想引导能力。和谐社区建设需要党员的率先垂范和群众的广泛参与，结合“创先争优”、“五好居民区党组织创建”、“讲党性、重品行、作表率”等主题实践活动，党总支积极搭建多种活动平台，组织党员开展“环境创优美、家园树形象、党员作先锋”；“构筑温馨小家庭、共建和谐新家园”等主题活动，以党风带动民风。每逢“七一”建党节期间，都要开展“重温党史保先进、构建和谐作表率”、为五十年以上和四十年以上党龄的老党员颁发“光荣入党五十年（四十年）、牢记使命不褪色”荣誉证书，以激励全体党员永葆党员政治本色。每年的 4 月 28 日定为“家园日”，组织党员和社区骨干开展整治环境卫生，普及法制教育，总结弘扬先进，关爱独居老人等多种形式的志愿者活动，以引导居民树立“恒信就是我的家、大家小家都是家、建设管理靠大家、温馨和谐如一家”的家园意识。120 多名在职社区党员纷纷走进社区，从爱心助困、志愿者活动、助推文明、献计献策等方面，充分发挥了奉献社区服务群众的模范作用。

在凝心聚力、服务群众、促进和谐各项实践中，党政班子形成了“五个力”：一是团结合作紧密协调的合力；二是广泛民主集中智慧的活力；三是真诚关怀亲善和谐的凝聚力；四是关注民生善解民忧的向心力；五是精神饱满思想统一的战斗力。班子成员锤炼了“五个好”：一是合作共事好；二是工作热情好；三是大局意识好；四是勤政廉洁好；五是敬业精神好。党员队伍承诺“五个一”：做一名正确舆论的宣传者，一名奉献社区的志愿者，一名公益事业的支持者，一名和谐发展的实践者，一名文明行为的示范者。同时，结合社区教学点开展各类宣传讲座活动，开辟《党员论坛》和《楼宇论坛》两个学习宣传教育平台，分批组织党员和楼组群众骨干参加“我为和谐家园建设作贡献”大家谈活动，并通过每月一期的《恒信民意直通》简报和《恒信星苑》社区报，大力营造“众手建家园”的浓厚氛围。

以创新机制为主线，着力提升服务群众能力。党总支、居委会始终坚持以优化工作机制推进群众服务，以服务社区的最大热情感动居民。一是建立了老党员必访、老干部必访、困难党员必访、无业党员必访、生病党员必访、外出党员定期联系的“五必访、一联系”党内关怀机制。二是建立了关注刑释解教人员、关注行为偏差人员、关注单亲困难儿童，帮助弱势群众，积极推荐无业人员培训就业的“三关注、一帮扶、一推荐”关注机制。三是建立了因病致困群众的“爱心助困”机制，依托企居结对、居民区工、青、妇团队结对、党小组和在职社区党员党小组结对、工业区机关领导及事业单位和居委会党员干部个人结对等多种形式，开展扶贫帮困、关心群众疾苦。去年共有 61 个集体和个人分别与重大疾病居民、单亲困难学生、特困群众等结对关爱 138 人次。四是建立了“听民所盼为群众谋事；听民所需为群众解忧；听民所急为群众助困”的“三听三为”组团式联系服务群众工作机制，建立“民情档案”和“需求档案”，及时回应居民需求。五是建立了综治（群众）工作服务站，为居民提供一门式受理、一口式办理、一条龙服务，方便群众办理各类社会事务和诉求。六是建立了“社区维稳志愿者队伍”、“消防安全网格化检查队伍”、“社区治安保卫队伍”。三支队伍与社区民警紧密协作，形成了警民联防、群防群治的社区治安稳定网络，被社区居民称为“家园卫士”。通过安保队坚持全天候全区域巡逻，重大节庆和重大政治活动期间组织社区志愿者社区巡查、合理布置安装监控设施、定期召开警情通报会，经常排查事故安全隐患，制定并完善防灾、减灾和突发事件应急预案等群防群治机制的健全和落实，有力地保证了小区的安全，使居民的安全感不断提高。

形成三体联建——居委会：整合资源、整合联动、整合服务；业委会：积极配合、理性维权、履行义务；物业公司：业主为上、诚信为重、服务为先

居委会作为群众自治组织和社区管理的行政机构，“自我教育、自我管理、自我服务”是居委会的根本职能，肩负着宣传群众、组织群众、服务群众的历史重任。通过总揽全局、协调各方，有效发挥各方面积极因素，共同推进和谐社区建设的各项工作，做到“三个整”：整合资源、整合联动、整合服务，使居委会工作的公信度和群众的满意度不断提高。业委会积极宣传物权法，以物业公司自身的诚信服务让广大业主感受到公共管理对自己带来的实惠，做到“三句话”：“积极配合、理性维权、履行义务”，不断增强公益意识。物业公司切实贯彻物业管理规约，完善管理制度，提高服务质量，改善人居环境，做到“三个为”：“业主为上、诚信为重、服务为先”，为业主提供优质服务。居委会、业委会和物业公司三个社区建设主体，切实履行各自职能，做到“四个化”：“区域化联建、功能化驱动、联动化服务、整体化推进”，从而形成了三体联建、协调发展的整体合力。

在动迁安置居民区收缴物业费，是一件难事，也是居民检验居委会社区管理和物业服务认可度和满意度的标尺。因为入住的居民绝大多数是来自各个村的农民，他们长期生活在农村，从来不缴什么物业费。有的居民认为，收了物业费，就应该提供无限量的服务。针对“新居民”中存在的各种思想，在社区物业管理联建联动服务中，党总支、居委会通过广泛深入的宣传教育、管理制度的建立完善、诚信服务意识的不断增强，工作作风的不断改进，群众所求所盼民生问题的切实解决，同时通过依靠群众自治机制，引领业主缴纳物业费；通过横向对接友情疏导，感化钉子户、重点户等多措并举，使部分业主从不认识到逐步认识，从不配合到逐步配合，从不愿意交到主动交。自2011至2012年，物业费收取率分别达到90%和96%，绝大部分楼道实现了“满堂红”。

从物业费收取率的提高使居委干部深刻体会到：只要深入宣传，让群众认识物业管理与自身利益是息息相关的，才能形成共识；只要建立完善一套行之有效切实可行的管理制度，让群众掌握物业管理的规范程序，才能取信于民；只要坚持诚信服务，让群众真正体验物业管理对自己带来的方便和实惠，才能得到群众的互动参与和支持配合；只要坚持为民办实事解决急难问题，让群众充分感受到党和政府的关怀，才能有效促进“党心连民心、民心向党心”社会和谐氛围的形成。

建立四方联动——妇女居民代表常任制、老年居民代表常任制、业主代表常任制、“新恒信人”居民代表常任制

2011 年，恒信居委会在金山工业区党工委和社区管理中心的支持帮助下，先后建立了由覆盖所有楼道的 181 名妇女居民代表组成的《妇女代表常任制》、151 名老年居民代表组成的《老年人代表常任制》和 236 名业主代表组成的《业主代表常任制》。今年 3 月，又建立了由 20 名新恒信人代表组成的《新恒信人居民代表常任制》，从而形成了楼组骨干网络。同时，由 16 名党员代表组成的《恒信党员议事会》，每季度召开一次议事会议。党员议事会代表在议事前把平时通过四方面居民代表收集到的群众建议和需求，经报党总支汇总后确定为议事会议题，经议事会讨论商议作出决定并抓好落实。这样既充分体现了党员主体地位，又充分发挥了党组织联系群众的桥梁和纽带作用。

“四方代表”居民群众自治工作机制的建立，引导群众互帮互助，引导群众树立家园意识，构建人与人之间的和谐关系，为建设和谐家园夯实了广泛的群众基础。从创新社区管理机制，努力提升新时期党的群众工作水平出发，把社区管理的立足点向每个楼组覆盖，把文明建设的主体向居民延伸。把群众自我教育、自我管理、自我服务的平台搭建在楼组，积极开展宣传，自我纠正不文明陋习。针对楼道居民中存在的乱堆物、乱种植、乱晾晒等现象，楼组群众代表以积极负责的态度，围绕“四个恒信”建设要求，要求居民树立“恒信就是我的家，大家小家都是家，建设管理靠大家，温馨和谐如一家”的家园意识。一户居民经常向窗外抛垃圾、丢烟蒂，老年代表王大伯走进他家，一边递烟一边笑着说：“小张啊，今后要注意，垃圾烟蒂扔下去，人家有意见，而且要是不小心扔到路人，还有危险。”小张红着脸，说今后再也不这样做了。刘家阿姨绿化地里种着几棵葱，楼长陈月华对刘阿姨说：“几棵葱不值几个钱，种着不好看，影响家园的环境，还是拔掉好。”听了一席话，刘阿姨当场就把葱拔掉了。

群众自我管理，也让群众相互关心、自我服务的风气发扬光大。一些楼道代表，主动为病瘫老人服务，为独居老人居室打扫卫生，为残疾居民办事。288 号楼道的楼长谈志余，发动楼道代表探望生病居民，用爱心温暖困难家庭，使这个楼道人际关系亲如一家。

在群众自我管理中，依靠群众的信任，积极化解邻居的矛盾纠纷。314号楼道的楼道代表，发现楼道里有一对小夫妻经常为小事吵闹，以致越来越僵甚至到了离婚的边缘，楼长和楼道代表多次上门做工作，进行调解，通过多次疏导，使小夫妻俩终于重归于好。有个楼道楼上楼下两户人家原来就是“老冤家”，搬进小区又住上下楼，一看见就相骂，这可急坏了楼道4位代表，于是先对一方说：“阿姨，若要好，大做小，你就谦让点，做点好事人家也会感动的。”这位阿姨听了代表的话，觉得也对。有次下雨对方正好不在，就帮忙收进晾在外面的棉花胎，事后，对方很感动，主动开始感谢阿姨。从此，冤家变成了和睦邻居。

群众自我管理，增强了群众之间的信任度和说服力。在物业费收取过程中，许多楼组群众代表对少数迟交和不交的居民主动上门动员，以群众的身份宣传群众，教育群众，说服群众，使一部分原来存在这样那样想法而迟迟不交、或是不愿交纳的业主转变了看法，交纳了当年度的物业费。

由每个楼道1名妇女常任制代表组成的“妇邻组”，直接面向楼组，组织开展文明楼道建设、妇女儿童维权、家庭纠纷调解、计生管理优生优育知识指导、独居空巢老人关怀等服务活动。热心的妇女代表还凭借曾经在服装企业工作过的技术基础和人脉关系，为社区中老年妇女承接钉纽扣、锁花边、修线头等小手工活，进行自主创收。目前已建立了5支自主创新队伍，人数已由最初的20人增加到现在的150多人，平均每人年可增收7000余元，从而增强了凝聚力和影响力。

实施五环联创——创建“五好”居民区党组织，组织开展“五佳”居民组长、“五好”楼道组长、“五星楼道”争创活动，开展“五和”主题实践活动

为了让农民迅速转变为文明市民，恒信居民区党总支和居委会在搞好硬件设施的同时，组织开展的旨在全面提升业主思想道德素质的一系列活动，也确实收到了良好的效果。

党总支、居委会始终把文明创建工作作为建设和谐家园的重中之重，在深入推进群众性精神文明创建中努力做到“五个结合”：一是把文明创建与解决群众实际问题结合起来；二是与改善社区基础设施结合起来；三是与完善环卫保洁管理长效机制结合起来；四是与培育居民文明素质结合起来；五是与法制宣传和公民道德教育结合起来。在和谐家园建设中注重社区文化的发展，把社区的文艺爱好者组织起来。居委会组织成立了秧歌舞队、腰鼓队、交谊舞队、老年门球队、花卉爱好队等十多支业余文体队伍，青年爵士舞队还成为工业区“一居一队”的特色品牌。文化广场已经成了恒信居民人气最旺的动感地带，人们把文化广场当作了茶余饭后享受文化、陶冶情操、愉悦心情的必去场所。社区文化的健康发展，有效引导广大居民逐步实现了从沉湎于棋牌室向文化广场转变；从原来只做观众向文体互动转变；从三五成群说长道短向参与业余文化转变。

为深入推进文明小区创建以及各类群众性精神文明建设，2008 年至 2010 年按照“领导班子好、党员队伍好、工作机制好、工作业绩好、群众反映好”要求，成功创建为金山区“五好”居民区党组织。在持续推进市、区级文明小区，市平安小区创建的同时，党总支、居委会制定了《楼道创文明、众手建家园》为主题的精神文明建设三年行动计划，自 2011 年至 2013 年连续三年，每年突出一个重点有序推进。2011 年开展了以“文明在你我、和谐在楼道”为主题的“五佳”居民组长、“五好”楼道组长、“五星楼道”三争创活动。2012 年开展了以“和谐家庭、和谐人际、和谐邻里、和谐环境、和谐家园”为主要内容的“五和”楼道建设主题实践活动。

通过以上活动的开展，“五乱”陋习少了，自觉遵守公共秩序的多了；家庭矛盾纠纷少了，增进交流人际和谐的多了；自私自利不相往来的少了，邻里之间互帮互助的多了，并涌现出了一批先进楼组和先进个人。2011 年评选出“五佳居民组长”6 名，“五好楼道组长”60 名，评出 2 星楼道 87 个，四星楼道 19 个，五星楼道 43 个，并在楼道宣传栏里挂星。2012 年评选出“五和”建设优秀组织者 6 名，示范引领者 46 名，五和建设单项奖个人 34 名，对评出的 46 个“五和”建设示范楼道，在所在楼道口给予上牌。今年又深入开展了以“遵守社会公德、履行职业道德、崇尚家庭美德、修炼个人品德、树立家园理德”为主要内容的“五德”文明楼组建设主题实践活动。通过连续三年的“五环”连创活动，进一步营造了“实践活动人人参与、文明行为人人做起、楼组文明人人有责、和谐成果人人分享”的浓厚氛围，有力地促进了农民向居民、居民向市民、市民向文明的华丽转身。

（金山区社建办供稿）

社会组织参与社区管理服务

社会组织通过公益服务项目参与社区服务与管理，成为闸北区大宁路街道社会建设领域中的一个重要特征和发展趋势。作为闸北区“公益项目孵化的实践园区”，大宁路街道通过深化公益服务项目化工作，推动社会组织的发展，进而创新社会管理方式，逐步探索形成“‘五区联盟’党建引领、街道共治推动、社会组织参与、项目化运作”的社区管理服务模式。

顺应时势，培育社会组织参与社区服务

“要围绕构建中国特色社会主义社会管理体系，加快形成党委领导、政府负责、社会协同、公众参与、法治保障的社会管理体制。”大宁路街道根据要求，积极培育社会组织，参与社区服务与管理。自2002年9月培育第一家社会组织——大宁路街道老年协会以来，陆续培育大宁路街道社工总站、楼组协会、民间组织服务中心等11家社会组织。2012年，街道为进一步激发活力，增强社区专业社工服务，积极创建“闸北区公益项目孵化实践园区”，引进上海东方公益事业发展中心、上海申爱社会工作发展中心等5家专业社会服务机构，形成了街道培育组织实施服务、专业机构提供专业支持的社会组织参与社区服务与管理的运作格局。

搭建平台，建立枢纽式管理服务平台

党的十八大指出“加快形成政社分开、权责明确、依法自治的现代社会组织体制，加快形成源头治理、动态管理、应急处置相结合的社会管理机制。”随着社会组织的不断增加，大宁路街道党工委、办事处从构建社区管理机制和社会组织运作机制的角度，积极探索行政管理与社会组织服务的有效衔接和良性互动。

建立行政统筹管理平台。街道专门成立以办事处主任为组长、各科室参加的领导小组，下设办公室。下发了《大宁路街道办事处关于居委会工作项目化的实施意见（试行）》等文件，明确社会组织参与社区服务的内容，规范了社会组织服务流程和申报材料。

建立枢纽式服务平台。对应街道领导小组办公室，街道积极探索以社会组织服务中心为枢纽的服务平台。主要负责街道辖区内社会组织的党建、政府购买服务、规范化建设、能力提升等服务工作。街道还积极探索外来社会组织与枢纽组织的对接机制，确保外来的社会组织能共享街道和居委会的各项资源。

把握需求，探索社区公益服务链条

2013年，当全街道推进社会组织项目化服务时，各居民区反响热烈，普遍认

为社区公益项目和居委会自治项目给居民创造了一个直接表达诉求的平台，是一个接触民生最直观的视角。通过这种“自下而上”的方式申报项目，让街道看到了许多平日里被“忽略”的人群，通过居委会自治项目化的平台，使得“需求出处更亲民，服务设计更便民，服务效果更利民”。大宁路街道因势利导，分层培育了居委会层面的自治项目和街道层面的社区公益项目，并将两者串联，形成街道惠民工程的社区公益服务链。

自治项目因地制宜满足群众需求。街道建立制度，在“立项前居民需求听证会、实施中居民发挥主体作用、完成后居民满意度评议会”三个重点环节保障群众全过程参与，通过社会组织服务和居民自治，用社区的资源就近、准确、因地制宜地满足群众需求。

社区公益项目扩大覆盖提升专业服务。当若干个居委会自治项目反映的群众诉求相似时，街道会根据群众需求和自治项目的实践，将自治项目孵化培育为覆盖街道的社区公益服务项目。通过政府购买服务的方式，委托专业社会组织提供服务。街道陆续孵化以老年活动室服务老人的“老年乐园”项目，关爱独居老人的“情暖空巢”项目，关爱困难群体的“慈善蓝纽带”项目，倡导志愿者服务的“便民直通车”项目，关爱优抚对象的“鱼水亲情”项目，倡导居民楼组参与的“邻里牵手情”项目，关爱残疾人的“阳光社区”项目，以及“居委会自治惠民”项目。项目涉及为老、助残、助困、优抚、志愿者、社区融合等多个领域，深受居民的欢迎。

公益链条的形成，转变了街道发现需求、回应诉求的方式，转变了行政无差别覆盖的服务模式，实现了社会多元参与、因地制宜加强服务针对性、社区各方共建共享的社区服务与管理机制。

培育社工，推动社区应用专业服务

多元化社会资源的引入，必定蕴含着不同团队间的合作。优质的服务品牌来源于专业的社会工作服务。大宁路街道在培育、引进社会组织的过程中，非常注重培育专业社会工作者，并在项目中积极注入专业理念和工作方法。目前，持有助理社工师专业资格证人数18人。

以“慈善蓝纽带”为例，项目重点关注贫困家庭孩子的成长危机、大重病患者的健康危机和独居老人的生活危机，通过建立共助—互助—自助的“助人自助”机制（见图1），以社会资源建立支持网络，以服务效应呼吁社会共助；以志愿服务传递互助意识，以社区互助推动管理发展；以发展眼光关注个人成长发展，以优势视角介入个人危机问题，逐步形成稳定的支持体系，使受助者树立起自信自强的信念，学会积极主动地面对问题，从生活中找寻解决问题的方法。

项目在运行中，还将社工作为组织引导的角色，对社区志愿者、大学生志愿者、爱心单位志愿者进行统一管理，并积极组织培训工作，优化服务质量，以“社工＋志愿者”联动服务的模式，促使志愿服务更加有序、高效的开展。同时，通过服务内容的引领，将助人自助的核心理念不断细化到实际的项目服务中去。

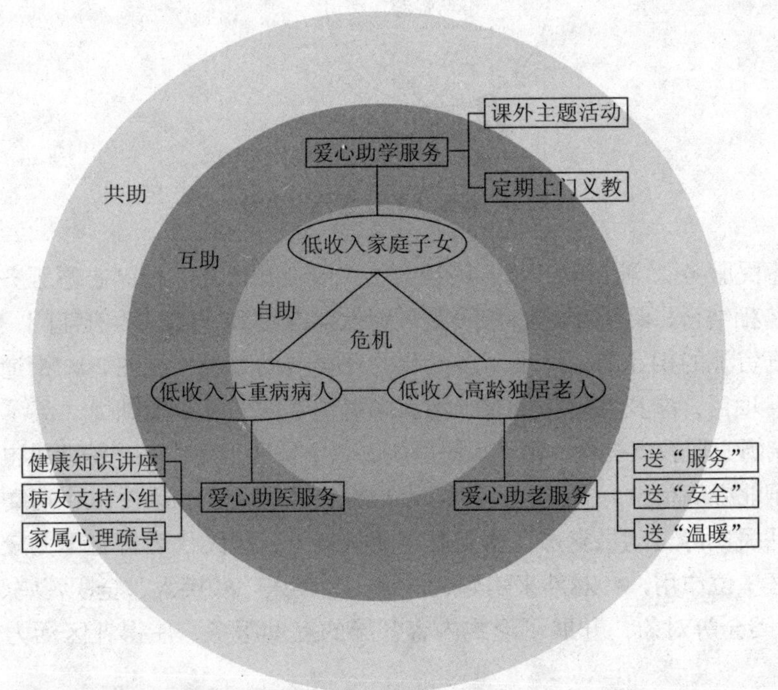

图 1 “助人自助”机制图

激发活力，加强党建引领共治自治

街道汇聚各方力量，共同开展惠民服务，逐渐形成了“区域化党建引领共建、街道共治汇聚力量、惠民项目链接资源”的社区发展模式。“五区党建联盟”引领，开展多方位共建。街道党工委和社区、医校院区、企业园区、商业街区和部队营区坚持以党建为引领，共同深化区域合作，在社会性、地区性、公益性工作中，推动大宁社区的发展。街道共治推动，汇聚各方力量参与社区服务。街道以网格为单元，通过将社区单位负责人选为社区代表会议和社区委员会代表等举措，开展活动，推动网格内的社区单位与居民区积极互动、相互融合。以共治为推动，积极动员各方力量参与社区的社区服务。社会组织链接，承载资

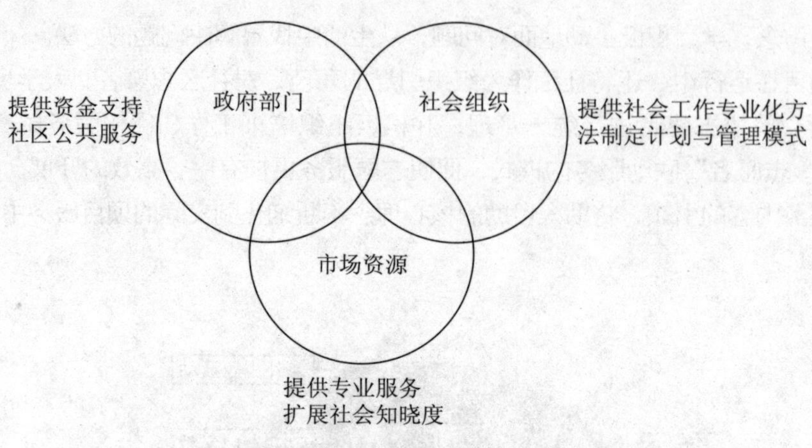

图 2　多元化的社会公主力量

源提升惠民服务。项目的开展，将社会组织专业化优势、社区志愿服务、社区资源优势相结合，将更多热心为民服务的伙伴连接到一起。政府部门、社会组织、市场资源的相互渗透体现了多元化的社会共助力量（见图 2）。街道“慈善蓝纽带”项目，涉及共建单位有上海大学通信学院、红星美凯龙、英孚教育机构、德瑞姆心理教育机构、第十人民医院、大宁社区卫生中心、沪北供电所、燃气市北闸北办等单位。居委会自治，动员各方共建共享。街道 18 个居委会结合本社区居民实际，动员党员、楼组长、团队骨干、居民代表等骨干力量，充分发挥社区单位作用，针对外来媳妇、侨眷、老年人、残疾人、全职妈妈、“漂老族”、业委会等对象，开展了形式内容各异的互助服务，使得社区活力进一步迸发。

（闸北区社建办供稿）

探索建立社区自治管理新模式

在市区住了 5 年后，莫翠萍一家三口今年中秋前夕高兴地搬回了宝山区大场镇华欣苑小区。

华欣苑小区现有住户 857 户，5120 人。过去，这里是城乡结合部，人口流动性大，人员复杂，曾经一度是让人头疼的“治安洼地”。无奈之下，不少居民都另选“新家”。2012 年，华欣苑社区改革管理体制，构建起以基层党组织为核心、社区党员群众积极支持、职能部门密切配合、社会力量广泛参与的新型社区管理格局。现在的华欣苑，社区和谐，邻里和睦，居民安全感和满意度分别上升 18% 和 17%，至今已有 30 多户搬出去的居民又搬了回来。

48 个“特殊人员”自动搬离

9 月 27 日，租住在华欣苑的一名房客杨小姐，在四周街坊邻居的注视下，灰溜溜地搬离了小区。原来，杨小姐是位“瘾君子”，不久前她在这里租了一套房子，不时叫上几个人聚众吸毒。谁知两三次之后，周围的邻居看出了端倪，立即向有关部门进行举报，并自发上门前去阻止。原本想这个地方是她的“安全港”，没想到小区居民这么爱管“闲事”，杨小姐只好退了房子，主动搬了出去。

“小区是我家，安全靠大家。”这句话在华欣苑，并不仅仅是一句口号。他们经过广泛征集意见，制定了《自治公约》、《议事制度》，明确了小区居民的责任和义务，人人都是社区管理的主人翁。现在的小区居民，对不安全因素不再熟视无睹，一旦发现安全隐患，第一时间就将“情报”上传有关部门，使一些别有用心的人员无法在小区生存。2012 年，在社区居民的监督下，已有 48 个“特殊人员”主动搬离了小区。

2012 年 8 月份，小区居民发现，963 号新来的房客整天鬼鬼祟祟，门口不时有小车来往，似乎在搬运什么东西。这一可疑现象引起邻居们的注意，经过连续几天的“秘密侦查”，居民们终于弄清楚，这是一个制作寿司的地下食品加工窝点。拿到证据后，大家立即向有关部门举报，很快，工商、公安等部门联合行动，给这个黑窝点来了个“连窝端”。

盗窃惯犯“翻了船”

长假期间，家住华欣苑小区 316 号的夏保康老伯在家接到了一个电话，说是某公司在节日期间进行回馈客户活动，夏老伯的电话号码“幸运中奖”了，但需要缴纳一定的手续费。夏老伯的第一反应是喜出望外，立马将“喜讯”讲给老伴听。老伴在高兴之余，突然想起了前不久她在小区的“市民平安学校”学到的防范常识。

在那次课上，大华派出所华欣苑民警徐劲舒结合实践经验，以“如何识别和防范电信诈骗”为题，给大家讲了很多关于电信诈骗的安全常识。在这“节骨眼”上，夏老伯的老伴对照徐警官教给他们的常识，避免了上当受骗。事后，夏老伯对老伴说：“你就是咱家的‘安全员’。”

在华欣苑，这样的“安全员”还有很多。华欣苑由社区民警指导和带领社区自治组织，与居民群众开展治安防范、法律宣传等群防群治工作。他们坚持利用黑板报、宣传栏宣传各类安全常识，每月召开一次“警情通报会”，根据防范形势和治安新动向举办“市民平安学校”培训，近2000人次聆听了公安民警的安全培训，社区居民个个甘当自己家园的“安全员”。

为架设一张全天候、全方位的安全防控网络，他们还组织“红袖章”和治安志愿者队伍共同参与小区管理。2012年1月7日晚上7点多，平安志愿者张培卿、郑建中正在小区内巡逻，行至371号门口，突然看见一名中年男子推着一辆助动车走了出来，边往外走边左顾右盼。张培卿和郑建中见其形迹可疑，立即上前询问，并打电话给社区民警。经查，这名男子为盗窃助动车惯犯，曾在周边小区得手30多次，不料想这次在华欣苑“翻了船”。

7起矛盾纠纷被化解

华欣苑小区流传着一个两户人家从亲家变仇人、再成朋友的故事。家住华欣苑的一名男青年和一名女青年经人介绍，相识相知，2012年5月，两人领了结婚证，并定下婚期。不料女方因种种原因“变卦”了，提出悔婚。这下男方不干了，他们本来家里就不宽裕，为了这门亲事，倾其所有，还四处凑钱，给女方拿了15万元的礼金，再加上装修房子、预定饭店等费用，已经花了30多万。双方陷入僵持，三天两头吵闹，甚至差点动起手来。

原本是件喜事，谁料想成了一出“悲剧”。大家看在眼里，急在心里。于是，小区的管理者和邻居们自发组成了一支“和事佬”队伍，分头去做工作。社区民警徐劲舒前后跑了5趟，居委会副主任孙飞宏上门3趟，党员志愿者张红上门4趟，邻居们更是有空就去做工作……经过大家1个多月苦口婆心的劝说，男女双方终于达成了谅解。男方觉得“强扭的瓜不甜”，女方也认为自己的行为给男方带来了损失，于是，在居委干部和邻居们的见证下，两家心平气和地坐下来，签了退婚协议，女方主动把15万礼金退还给了男方。

小纠纷如不及时化解，就可能演化为大矛盾，直接影响小区甚至社会和谐稳定。而化解矛盾的最好方法，就是依靠群众自身力量。华欣苑社区的管理者主动延伸服务阵地，并带动居民共同解决邻里之间的矛盾纠纷。邻里有纠纷，夫妻有矛盾，街坊闹意见，“和事佬”都会及时登门，积极协调解决，真正把各种矛盾消除于萌芽中，化解在社区里。据统计，2012年以来共为居民提供咨询服务26次，化解矛盾纠纷7起，排忧解难9起，处理各类诉求13件。

（宝山区社建办供稿）

探索基层群众自治机制

近几年来，城桥镇根据社会建设的形势任务要求，坚持加强党的领导，结合基层实际开展探索实践，继全面探索推广社区党组织协调居委、物业、业委和驻区单位的“1+3+N”机制后，又探索了“三向三谈三看”机制，形成了社区基层群众自治“采集问题、解决问题、注重实效”的体系。

基层自治的困境

坚持在党的领导下，积极推进社区基层自治，是加强社区社会建设的重要组成部分，但在实践中，作为社区党组织确实面临着一系列新情况、新问题。社区党组织“缺乏协调各方的平台与抓手”。例如，社区党组织能协调居委外，怎么去协调辖区内各小区的物业公司、业主委员会，包括驻区单位等，没有明确的抓手与平台。一些小区的物业公司、业委会在决定涉及群众切身利益的事项时，往往不会主动与社区党组织、居委会沟通，有的甚至故意绕道党组织去处理小区内的一些重要事务，造成了较多被动与矛盾。

社区党组织领导下的基层自治“缺乏必要的资源支撑”。尽管县、镇各级对社区的工作经费、活动场所等提供了坚强的保障，但随着群众日益多元化的需求，仅靠政府提供的支撑已显明确不足，而且各社区情况又有差异，完全依靠财政投入，还涉及财政经费支出的均衡、平等原则问题。

对社区基层群众普遍关注的问题还“缺乏一定的聚焦措施”。比如，通过组团走访等采集的意见建议，仅凭社区党组织和居委的力量一般较难解决，在这种情况下即使负责任的基层社区，也只能通过“联动”等平台上报。而较多问题可能采用群众自治的方式更为妥帖。另一方面，在搭建了社区党组织整合资源的平台后，有什么机制来监督社区党组织能负责任的努力把问题解决好，这又涉及一个监督机制构建的问题。

社区基层自治还“缺乏一个务实自治的平台”。尽管社区基层有党员、居民小组长等议事会制度，但这种平台往往以“务虚”形式出现，缺乏对一些问题的“聚焦”和“务实解决”。因此，需要构建“由群众参与讨论问题”、“由群众共同出谋划策”、“由群众共同监督问题解决”的务实平台。

"1＋3＋N"自治机制

针对上述新情况、新问题，城桥镇创新实践了社区"1+3+N"机制，并于去年开展了"三向、三谈、三看"机制的试点探索。

在广泛听取群众意见中，建立以"三向"为导向的突出问题采集机制

作为全县组团式走访联系群众的试点乡镇，城桥镇对基层群众的意见建议采集比较重视，去年开始试点、今年推广了"以问题为导向、以群众需求为导向、以项目为导向"的"三向"问题采集机制。要求各单位根据群众反映的意见性质，定期梳理出社区群众普遍关注的若干问题。比如，小区居民普遍关注的出租屋管理、居民乱搭建等问题，就涉及市、县、镇全面推进的"两个实有"、"违法建筑整治"等重要工作项目。还比如，很多意见建议不是反映存在些什么问题，而是居民有着更高需求的意见建议，如方便哪个小区就近健身的小型活动场所，这类就可列入群众需求类问题。当然，较多问题是属于要求社区各类组织进一步加强和改进的，如要求物业公司改善服务等，那就属于问题类的意见建议。分类的益处在于，对于项目类问题，可以结合正在推进的工作加以改进；对于需求类的问题，可以整合资源、创造条件解决；对问题类的意见建议，可以直接让相关单位提出整改措施。

在整合各方资源中，探索建立"1+3+N"的"三谈"机制

一般由社区党组织每月召集居委、物业、业委、驻区单位等，视情邀请相关小区的党小组长、居民小组长和镇相关条线同志参加，"谈存在哪些阶段性突出问题"、"谈产生这些问题的原因"、"谈解决问题的自治分工和办法措施"。如，去年通过社区党组织协调居委、物业、业委和驻区单位等机制，按照共建共驻、群众自治等原则，解决了近200个群众关注的各类问题。

在强化督促推进中，探索建立"四元考评"的"三看"机制

"四元考评"就是"月考评、季通报、年测评、讲奖惩"，"三看"就是"看社区干部和自治组织各相关参与方在履行职责、做好群众工作的思想认识上是否到位"、"看落实解决问题的办法措施是否到位"、"看解决问题的成效是否显现"。每月由镇班子成员带队分片组团走访社区，听取群众意见，结合镇条线考核，给每个社区考评打分；每三个月，通过一定形式对社区的考评情况予以通报；年底由镇党委派员参加，召开各社区居民代表、党员大会，听取社区党组织和居委的述职报告，在此基础上进行"勤廉满意度测评"，测评结果直接与社区干部的考核报酬挂钩；对出现工作不力、群众意见大、测评分值低的社区干部，及时通过规范程序予以教育提醒或组织调整。

（崇明县社建办供稿）

强化社区自治功能 生动实践基层民主

位于崇明县庙镇宏海公路1928号的居民楼，没有物业公司，环境卫生差。居民多次找居委会反映问题。居委会通过成立居民自治工作小组、事先排摸，信息公开、各方协调，解决矛盾、征求意见，完善管理等多项措施建立了有效的居民沟通表达机制，实现了利益最大化的解决途径，充分调动了广大居民参与居民区自治的积极性。

没有物业公司的“吵闹”

这幢居民楼的大门锁和走廊灯坏了，大楼后面杂草丛生、环境脏乱，无停车场、无绿化带，居民常常为争一小块地，种一些蔬菜、瓜果等小事而吵闹不休，互不相让，为一点小矛盾就找到居委会或镇政府。居委与上级领导协商沟通后打算维修居民楼的门锁和走廊灯，并计划将大楼后面的场地建设居民健身场所，解决环境脏乱的问题，为社区居民服务。

自治工作小组的物业服务

成立居民自治工作小组

由居委会两套班子和宏海公路1928号的居民共同推选出了大家信得过的人选，并将推选出的三位代表名单在楼道前进行了公示，得到大家的一致同意。

事先排摸，信息公开

由自治小组统计需要维修的故障点，将摸底情况向居民公示；将改建健身场地的计划向居民们交底，特别是在这片场地上种植的蔬菜、瓜果人家，事先告知情况，请其主动清除。

各方协调，解决矛盾

大门锁修好后，因未及时关门，导致电瓶车被盗，改造健身场地时，因清除了居民的“小菜园”，引起部分居民的不满。居委会、自治小组成员共同上门了解情况，在做好解释工作的同时，发动居民共同来维护治安、维护健身场地的清洁与绿化。

征求意见，完善管理

居民楼故障维修、健身场地改建完成后，居委会召开居民代表大会征求意见建议，大家都反映社区面貌焕然一新，今后将继续支持自治小组和居委会的各项工作，共同保持居民楼周边的治安和环境卫生。

居民参与，民主协商

培育居民自治组织，建立有效的居民沟通表达机制

由于该居民楼没有物业公司，也没有成立业主委员会，很多生活中的小问题处理不当，往往会演变成大矛盾、大冲突。由居民自己推选自己的代表，通过社区自治组织进行自我管理、自我教育和自我服务，让居民充分表达意见、参加沟通与交流，共同讨论解决问题的方法。

协调各方关系，寻求利益最大化的解决途径

社区内居住人员各有各的利益，不同人群的利益很难兼顾，这时更需要有一个组织主动倾听各方的声音，均衡各方的利益，寻求一条大家都能够接受的利益最大化的解决方法。此案例中，由居委会和自治小组成员共同上门协调，就是一个较好的工作方式。

（崇明县社建办供稿）

“草根”群众文化促乡风文明和谐

在奉贤区四团镇拾村村，活跃着一群“草根”文化活动积极分子，他们志趣相投，业余生活丰富多彩，不仅是村文艺队、丝竹队、腰鼓队、舞龙队等群众活动团队中的骨干，还是热心参与社会管理的志愿者、“老娘舅”，以文化传承新风、凝聚人心、促进和谐，四团镇群众活动团队走出了一条文化育人、社会管理创新之路。

先进文化的传播员

“家庭和睦最重要，共产党嘛最最好，养老保险都做到……”随着文艺队队员悠扬的歌声，拾村村宅基课堂开课了，70 多名村民自发搬着凳子前往听课。文艺队队员们自编自导自演了小品、舞蹈、说唱等节目，号召大家说文明话、办文明事、做文明人，寓教于乐、生动实用，村民们看得津津有味、意犹未尽。自

2011年四团镇推行“一堂两站三卡四会”工作法和开展“组团式联系服务群众”活动以来，团队队员主动加入志愿者队伍，用朴素的乡音，用村民们喜闻乐见的节目形式，宣传党的方针政策，弘扬身边的好人好事，在传播先进文化的同时，丰富活跃村民文化生活，助力镇精神文明建设。

政策法规的宣传员

老周是拾村村群众活动团队负责人，组建团队之初老周就想：能不能利用团队特点，把国家惠民政策宣传好，让村民做个政策明白人？说干就干，他和团队文艺骨干自发组成了一支义务宣传队，只要出台惠民政策，他们都会仔细研读，义务宣传。“实施土地整理，能增加有效耕地面积，提高耕地质量，改善农村生产生活条件和发展环境，促进农业产业结构调整……”对于土地整理的各项政策法规，老周和他的团队早已烂熟于胸。村里平整土地的时候，他的团队组成工作组，走东街串西巷，宣传土地整理项目的意义、标准、土地政策和有关法规等内容，协助村里挨家挨户上门做工作，了解每户村民的土地情况，核对数据。在做通村民思想工作后，又帮助村里组织丈量土地，分派农田。最后，原先零星五六十块的50亩农田顺利圆满地分给了23户村民，田间道路宽阔，明沟齐整，设施完善，得到了村民们的一致好评。

上下沟通的民情气象员

拾村村有一段河道，河床淤泥经日积月累，致使河床不断升高，护岸随之降低，沿岸村民深受其害。村里打算对河岸彻底改造，又担心涉及村民的自留地会引起村民不满。空竹队副队长沈兰芳知道后主动到村里签订同意书，对自家受损的庄稼没有要求一分补偿。“村里的河道整治能让我们村的面貌焕然一新，河道干净了，环境变美了，我们的生产、生活条件也能彻底改善了，再也不用担心汛期受淹了。”沈兰芳还主动协助村里做其他村民的思想工作，乐呵呵地劝邻居把眼光放远些，支持村里的惠民工程。对村民们提出的要求，她总是在第一时间及时反馈给村里。在她的热心奔走下，涉及的十几户村民都爽快地签订了同意书。这样的例子不胜枚举，团队队员们在队长的带领下，做好村里和群众的双向沟通工作，不仅把村里的重要事传递给村民，更把村民的所思所想、对村班子的意见建议及时反馈给村“两委”班子，成了实实在在的民情气象员。

热心公益的调解员

“在安徽桐城，有条著名的小巷，长100米，宽两米，是著名的六尺巷，原本这里没有巷的……”经常表演说唱的周亚仙讲起故事来头头是道，旁边的村民也听得津津有味。十几分钟前这里还是剑拔弩张，5组两户村民为建房地皮界线发生纠纷，闹得不可开交，眼看着就要大打出手。正在排练的文艺队队员周亚仙迅速赶到现场。在仔细问明了情况后，周亚仙没有跟他们讲大道理，而是先给他们讲起了桐城“六尺巷”的故事。小故事蕴涵大哲理，两个人羞得满脸通红，后悔自己刚才的举动。一阵春风细雨，几多润物无声，化干戈为玉帛。村里开展农村无职党员设岗定责活动后，团队里好些党员主动找到村党支部，要求认领村民纠纷调解岗。他们的手机24小时开机，无论何时何事，只要一接到村民电话，总是第一时间赶到现场，认真细致做调解工作。现在，拾村村群众活动团队已经成为了村里公认的“老娘舅”工作室。

（原载2012年7月25日《文汇报》，作者：张晓鸣）

打造自治品牌 推动社区和谐

社区自治金

一个小小的“爱心铃”，一头连着独居孤老，一头连着志愿者。碰上点什么急事难事，老人一摁“爱心铃”，志愿者就会立刻赶来帮忙。有了“爱心铃”，独居老人终于能睡上安稳觉，心里踏实多了。

“爱心铃”是陆家嘴街道2011年158个居委自治金项目中的一个，这项专门资助社区自我服务和自我管理的居委自治金项目，其核心，说到底，就是通过有序民主参与实现资源优化配置。曾有居委干部给居委自治金编了一段顺口溜：制度规则大家定、商讨之后再集中；项目设置大家议，居代会中来表决；所有活动大家知，人人都可来参与；经费去向大家明，财务公示少不了。如“爱心铃”项目，就是根据市新居委会针对小区60岁以上居民近三分之一、独居和纯老户多的特点实施的。谁能申请、怎么申请、怎么退出等都由居民说了算。自治金项目从居民需求出发，并将其转化为居民自我服务、相互服务的能力。

需求从群众中来、过程群众全程参与、效果得到群众广泛认可。自治金项目的实施，不仅让小区养狗、养鸽、无绳遛狗、楼道堆物等管理顽症迎刃而解，更成为撬动基层民主自治管理的“支点”。一笔笔小小的资金投入，推动了居民自治的“地球自转”。一个个项目的自治章程、约定、公约、管理制度等的产生，一批批“群众领袖”、社区管理骨干等进入群众的视线，开创了基层群众自治的活跃局面。

居委“自治金项目”是陆家嘴街道探索建立居委会自治机制的一个有效载体。一个居委自治金项目实施过程就是一个鲜活的居民自我管理、自我服务的过程。一直以来，街道主要从健全社区共治机制和居委自治机制两个层面开展社会建设，拓展社会管理深度。街道在社区共治机制上探索建立社区共治架构，建立了在社区党工委领导下的以驻区单位和街道职能部门负责人组成的社区管理委员会，和以社区各界代表组成的社区委员会。社区管理委员会作为协调操作平台、社区委员会作为议事协商监督平台；在居委会自治机制上，在坚持居民区自治事务听证会、协调会、评议会的基础上，设立居委“自治金项目”，开展“自治家园示范点建设”，形成居民广泛参与、自我管理、自我教育、自我服务的自治机制。

在陆家嘴，社区共治和居民自治正由一个抽象的概念逐步转为群众能切身感受并能亲自参与小区种种具体事务，正由一种自发的行为逐渐转化为制度安排和一种居民有序参与民主的行动。

（浦东新区社建办供稿）

社区“老大人”

发展新要求

经济社会发展新要求

当我国整个经济社会在近三十年急剧转型时，嘉定区外冈镇也身处这一潮流中，原来纯农村、主要依靠农业经济的外冈，虽然距上海中心城区相对较远，但工业经济已占绝对主导，经济形势的变化，使得原有的建立在农业经济之上的社区服务和管理方式已跟不上要求。与此同时，当整个社会快速走向法制化和民主化的时候，外冈镇的众多社区地处农村，居民文化程度普遍不高，居民的民主参与意识不强，这就要求一种能够适应其特点的社区自治方式。

人口结构变化新需求

外冈的人口结构体现出三大特点：一是外来人口和户籍人口倒置严重，截至2012年年底，外冈镇常住人口中外来人口超过60000人，但户籍人口只有31217人，外来人口并不仅仅从事工业制造，有相当数量的外来务工人员从事外冈的农业生产。二是人口老龄化明显，少子化突出，社区里到处都是老人的身影。三是农村人口占户籍人口主流，在31217名户籍人口中，农业人口12815人，总体上，外冈镇居民文化程度偏低。以上人口结构变化要求原有的仅对相对固定的户籍人口的管理要转变到占人口多数的流动人口的管理上，将原有的仅对户籍人口的服务和福利向外来人口有梯度地延伸，人口急剧老龄化和明显的城乡二元结构等问题都要求发挥居民自治作用来弥补政府职能部门的不足。

居住方式变迁的新需要

随着整个经济社会的变迁，特别是人口结构和城镇化带来的居住方式变迁给外冈镇社区管理带来新需要。一是分散居住，外冈镇镇域面积50.95平方公里，但户籍人口仅有3万多，经过区划调整，有些居住小区与居委会（村委会）之间最远的相距6公里，往返一次12公里，这么远的距离使得依靠居委（村委）的服务管理方式远不能满足要求。二是集中居住，在城镇化过程中，外冈镇采用置换宅基地的方式，使得原来分散居住的农民越来越集中居住，这就要求服务必须集中，管理必须集中，相应的，矛盾也易集中爆发。三是外来人口和户籍人口的混合居住，导致居民构成复杂，利益诉求不一，社会矛盾多样化。居住方式的变迁呼吁新的自治方式发挥作用。

自治新实践

所谓“老大人”是嘉定农村对长者的尊称，系指阅历丰富、热心公益、办事公道的老人。外冈镇在社区自治建设中发挥“老大人”带头作用，主要从以下几方面探索：

以党建工作为引领，发挥党员骨干模范作用

社区党总支在社区居民自治建设中，始终坚持以党建为引领，使社区“老大人”带领下的社区居民自治的活动自主、健康、扎实地开展起来。重视发挥党员骨干的先进作用，带领群众一起前进，如杏花居委的龚学清、蔡德明、周家冲等老党员已成为“老大人”中的代表人物，通过他们的言传身教，在广大居民中产生了积极影响，新一批的“老大人”正在茁壮成长。

通过“老大人”带领，增强居民自治意识

在外冈的农民集中居住区，一些居民长期生活在农村，乱丢东西，不重视公共卫生，小区环境一度脏乱差，为此，“老大人”们积极行动，带头改变这种生活陋习，并组织居民集体维护环境，在杏花社区，有30余人自觉参与每周四的清洁日活动，坚持至今已有三年，该社区的环境卫生有了显著改善。同时，促进邻里和谐，化解矛盾纠纷、传播传统优秀文化、提高人们道德水平等方面，外冈也在探索发挥“老大人”的带头作用。

探索“老大人”队伍建设，建立长效机制

为更好发挥“老大人”带头作用，使其在社区自治建设中可持续发挥作用，外冈镇注重建立长效机制。一是通过社区活动，培育“老大人”队伍，整合和利用社区资源，广泛深入地开展多种形式的群文活动，极大地丰富了社区居民的精神文化生活需求，参与居民自治的“老大人”服务团队正在日益壮大。二是探索建立“老大人”发挥作用的规章制度，社区各自治团队都订有工作（活动）的规章制度，正在努力将“老大人”如何发挥作用融入其中。三是鉴于“老大人”中多数人年龄偏大，文化程度不高，开展自治活动受到一定限制，为此，在队伍建设中，重视在年龄、文化程度、职业上加以优化，以提高他们参与社区自治的能力。

探索新成效

外冈镇在杏花居委探索“老大人”自治已有三年之久，目前正在向全镇推广，“老大人”带领社区自治主要成效体现在以下几方面：

凝聚人心，夯实社区自治基础

自外冈镇睦邻点和志愿者活动开展以来，在“老大人”们的带领下，各种活动开展得有声有色。“老大人”们生活在群众之中，了解社情民意，是政府、居委会链接居民的天然纽带。他们作为居民代表参与社区公共事务的协商、评议、决策，表达了民意，行使了民主权利，增强了他们的自主意识和参与社区自治的能力。如：2012年6月杏花社区内有三个小区共700多户要安装天然气，工期计划半年。一些用户顾忌家庭装修的破坏不愿意安装，邻里纠纷围绕天然气安装一下子突增，夏关德、周家冲两位“老大人”主动担当，一方面出面调停楼上楼下居民之间的纠纷，同时，又及时与施工队进行协调，其工作量大，任务之艰巨，可想而知。他们均已年迈，可是不辞辛劳，冒着酷暑走家串户，整天都在现场，解决用户与施工队之间的纠纷。至2012年底，施工队顺利完成安装任务，700多户居民都用上了新安装的天然气，居民和施工队都十分感谢两位“老大人”作出的贡献。

热心公益，扩大社区服务功能

长久生活在社区中的“老大人”们来自群众，群众需要什么，他们最清楚，提供的服务也最贴心。外冈镇冈峰新苑退休人员盛先生突发脑梗塞在上海住院抢救，可是，祸不单行，他的老伴刘女士不慎摔伤，严重骨折。老盛病危中需有人日夜陪护，家里老伴生活不能自理，子女无暇顾及。正在困难之际，楼组长龚明英和邻居施美芬等社区“老大人”挺身而出，带领几位居民毅然担当起照顾刘女士生活起居的全职，时间长达两个多月。共产党员、退休医生施纪泉，擅长外科伤科，在外冈地区颇有名气，他坚持每周三下午到居委会义诊，为居民问诊把脉，因慕名而来的病人多，常常下班时间过了，还坚持看病，医德高尚、医术高超的施医生被居民誉为“白衣天使”，他的义诊点也被命名为“白衣天使工作室”。

坐堂调解，维护社区安定团结

自外冈杏花居委“老娘舅工作室”成立以来，每周一、五下午，夏关德、龚学清两位“老大人”雷打不动坚持坐堂调解，接待来访居民。两位“老大人”怀着为民服务满腔热情和高度的责任心，排除重重困难，化解了一起又一起矛盾纠纷，至目前，接待来访人员45人次，解决问题15起。有一次，在接待来访中，了解到冈峰新苑的杨某和施某是上下楼邻居，施某经常向楼下倒菜汁、污水，污染了杨某家的窗台和雨篷，为此，两家一直争吵不休，关系十分紧张。可是要年逾80岁的老人施某去清除污垢，实在难以做到。于是，老夏亲自用梯子爬上窗台，用刷子蘸了碱水反复擦洗了一个多小时，终于清除干净。老夏以自己的实际行动化解了矛盾，又教育了当事人。从此，杨某与施某两家的关系重归于正常，杨、施两家人也在社区"老大人"的感化下，主动参与社区活动，积极关心起社区事务。

邻里同乐，丰富社区文化生活

社区"老大人"们利用自身资源，自我管理，因地制宜，因人制宜，把活动搞得精彩纷呈。目前，人气最旺、影响力最大的活动是社区举办端午节、重阳节和趣味运动会，吸引了广大居民参加。2010年6月，"衣线牵"的"老大人"为筹备端午节包粽子，她们早早采购好原料，组织好人员，花了2天时间，包了300多只粽子，通过居委会干部分别送到老党员、独居老人、残疾人、低保人员等32户家庭，让他们分享到节日快乐和邻里的亲情。去年秋季举办的趣味运动会，更是盛况空前，报名的家庭有200户，参加的项目达432人次。

（嘉定区社建办供稿）

绿主妇

徐汇区凌云社区（街道）梅陇三村位于徐汇区西南角，是上世纪90年代初建成的老公房小区。现有居民2369户，常住人口6500多，人员结构复杂，以动拆迁户为主，利益诉求多样，素质参差不齐，环境保护意识欠缺，是远近闻名的"垃圾村"，党总支敏锐地捕捉到居民的需求点和兴趣点，以当今社会共同关注、人人皆可参与的"绿色、健康、低碳、环保"生活作为群众自治工作的切入点，一步步引导、培育、扶持"绿主妇"居民自治组织逐步成长，最终成为社区自治工作中的中坚力量，小区面貌焕然一新，现在已是远近闻名的"花园村"，党总支在居民群众中树立起良好的公信力。

培育居民自治活动意识，形成居民共同生活价值

一天，凌云社区学校内一张简捷、坚固的长凳吸引了三村几位家庭主妇，当

得知它是由废旧塑料和利乐包装作原料时，既惊叹又兴奋，立即向居委主动请缨：在三村开展回收废旧塑料和利乐包的活动！得到了党总支积极回应。2011 年初，由 10 多名家庭主妇组成的“绿主妇、我当家”低碳环保自治行动小组成立了。为了让更多的居民知晓参与，党总支、居委利用组织优势，通过会议、活动，全方位进行推介，发动居委干部、党员、楼组长等率先加入。“绿主妇”们动脑筋、想办法，用废旧塑料和利乐包装尝试制成各种手提袋、围裙、遮阳帽、化妆包、家庭摆饰等生活物品，每次宣传时都将实用美观的“环保作品”拿出来展示，路过的居民们一下子就被吸引了，第三次回收活动参与的居民就超过了 100 户……雪球越滚越大，越来越多的居民走出家门加入环保行列。

党总支、居委及时增援，向“绿主妇”提供了固定的活动场地和有关设备，自治小组也升级成为“绿主妇”工作室，并和公益性社会组织——北京地球村环境教育中心签订了合作协议，定期开展垃圾减量回收活动。每月 28 日上午，小区里热闹非凡，“绿主妇”们一早就在回收点忙活起来，对收到的废旧物进行称重、登记、分类，居民们则认真核对各自申领的智能环保会员卡——《零废弃回收卡》中的积分，换取环保再生品。居民通过活动相识，并逐步养成了良好的生活习惯：喝完的牛奶盒，用水清洗一下，再晾干、压平；到餐馆吃饭，不忘将一次性塑料袋、塑料餐盒统统带回；低碳环保成为居民茶余饭后的共同话题，越来越多的老人感到退休生活不再无聊，越来越多的妇女感到家庭生活不再无趣，社区归属感和共同的生活价值理念逐步形成。

丰富居民自治活动项目，化解居民邻里矛盾

垃圾减量回收活动开展得如火如荼，2012 年初，一条重要讯息传到三村：市妇联联手环保公益组织正筹划开展一项以“美好家园 绿色生活”为主题的“家庭一平米小菜园”种植活动。党总支认为：垃圾减量回收活动初见成效，但要将居民的环保行动固化为一种习惯，不仅要借智，更要借力，开辟更多的活动项目，让更多的居民融入小区，营造“熟人社会”，“家庭一平米小菜园”不啻是一个良好的契机。这一想法立即获得了市妇联的支持，“家庭一平米小菜园”种植活动落户于三村，活动计划也随之出台，先由“绿主妇”和小区花卉小组成员组成的核心团队进行试种。“绿主妇”工作室也实现了华丽转身，“上海徐汇区凌云‘绿主妇’环境保护指导中心”正式注册成为民间公益组织。

听说在自家阳台上，仅需“一平米”的空间，就可以培育出既可观赏、又可食用的各种时令蔬菜，居民们都兴奋不已，种植活动正式启动现场被居民们围得水泄不通，短短半小时，种子和菜苗被居民“一抢而光”，党总支和居委干部们

仿佛看到了成功的希望："家庭一平米小菜园"种植活动宛如一阵和煦的春风，不仅吹绿了三村的环境，也吹暖了居民的内心，一些"鸡毛蒜皮"邻里矛盾也在种植的互动交流中不经意被化解。

核心团队中有一位黄阿姨，与邻居殷阿姨因为日常琐事而产生了误会，近年来一直不相往来。活动开展后，黄阿姨领受的任务是帮助、辅导殷阿姨，她心中不免有些犹豫和担心：会不会被拒之于门外？核心团队中的周阿姨见状，主动相陪，一开始，黄阿姨和殷阿姨的表情都有些尴尬，随着周阿姨热情地介绍种植注意事项，一旁的黄阿姨也情不自禁地开始讲解种植体会，渐渐的，殷阿姨表情越来越自然，黄阿姨不失时机地就几年前的误会向殷阿姨表示了歉意，几番你来我往，黄殷两家的关系也逐渐热络了起来。

钱阿姨的儿子买了一部私家车，因为停车位相争，与邻居张家发生了不快，虽经居委和"绿主妇"上门调解，但钱阿姨内心总还是有一点疙瘩。种植活动开始后，钱阿姨家茄子长势不太好，核心团队志愿者硬是拉着她到隔壁张家去取经，张阿姨热情相迎，不仅主动介绍起自己的种植心得，还一一解答了钱阿姨提出的问题，钱阿姨的心结也在张阿姨不间断地热情相助中逐步化解开来。

"绿主妇、我当家"活动开展后，居民爱护小区环境的意识普遍提高，但也存在一些难以攻破的"堡垒"。底楼的蔡伯伯在公共绿地上种植了一些小葱和大蒜，居委和"绿主妇"反复劝说，物业公司也三番五次整治，但蔡伯伯依然我行我素。堵不是办法，居委于是有意识地引导他加入"一平米"种植行列，蔡伯伯喜滋滋地看管着自家"小菜园"，还主动向居委表态：今后我就一心侍候自家的"小菜园"了！

陈大妈养了一条狗，非常活泼好动，邻居们也挺喜欢，可这条狗随地便溺的恶习总让大家感到有些不快，陈大妈脾气耿直，容不得任何人说狗的不是。种植活动开始后，"绿主妇"们不仅帮陈大妈领种子、育秧苗，还传授种菜的技术要领，并且有意识地把话题引到文明养狗上。一来二去，陈大妈看着自家一平米小菜园里茁壮成长的小番茄、小辣椒，文明饲养宠物的劝说也渐渐被她接受了。现在，陈大妈每次出门遛狗时，总不忘带上一些废旧纸张，及时清除狗狗的便溺。

"家庭一平米小菜园"的影响力、辐射力随着活动的深入不断得到拓展。第七届徐汇区学习节开幕式上，"凌云生态家——家庭一平米小菜园"展台成为热门展台之一，350多盆菜苗在免费发放过程中转瞬即逝，区业余大学将"家庭一平米小菜园"列为社区终身学习教育计划，一些社区教育机构也计划组织开展

“家庭一平米小菜园”活动。

完善居民自治组织架构，实现小区有序管理

随着“家庭一平米小菜园”种植活动、“爱心编结社”向贫困儿童捐毛衣活动等一个个项目的推出，小区志愿者的队伍日渐壮大，居民对小区事务的态度开始明显转变，一人有难、众人相帮的场景时常发生，“小区是我家、建设靠大家”理念得到了居民的呼应，党总支见时机成熟，“绿主妇”议事会经酝酿后产生了，在居委日常工作开展和推进过程中，议事会作为枢纽点，以“绿色环保”理念为抓手，利用女性居民在小区活动中占主导力量的优势，通过“绿主妇、我当家”行动小组旗下的老年读报组、侨联小区合唱队、花卉兴趣小组、凌梅梅艺术团、夕阳互帮服务队，以及“绿主妇”工作室旗下的低碳环保宣传队、垃圾减量活动组、环保创意设计组、社情民意联络团等团队和组织，引导居民从小家庭融入小区“大家庭”，参加居代会、小区事务联席会、听证会、妇女代表会等自治会议，让居民在社情民意交流平台、小区需求受理平台、小区矛盾调解平台、小区问题处理平台等自治载体上发挥重要作用，先后解决了小区道路设施改造、居民乱晾晒衣物、宠物随地便溺等老大难问题，小到邻里纠纷，大到建设工程，“绿主妇”们都能齐心协力将“大事化小，小事化了”，逐步形成了以居委会为支撑、“绿主妇议事会”为主导、居民自我教育和民主互助管理稳步前行的良好自治格局。

截至2012年底，仅梅陇三村就有1360多户家庭领取了《零废弃回收卡》，并带动周边7个小区共7490多位居民参与环保活动，共回收废旧塑料和利乐包装达9.6吨、废旧衣物11.4吨，“绿主妇”志愿者人数达2600多名，80%的家庭不同程度地参与了自治家园各种活动。“身心健康、家庭和睦、邻里关爱、社区和谐”的氛围日益浓厚，一个远近闻名的“垃圾三村”已成为被周边小区居民所羡慕的“花园三村”。

（徐汇区社建办供稿）

打造社区品牌 立足构建和谐

嘉定区真新街道以社区文明创建与规范管理为内容的“牵手工程”，经过十多年的探索实践、总结推广和深化完善，项目的建设日臻成熟，成为社区建设、

管理、发展的总品牌。在这个总品牌的引领下，全街道十五个社区，积极弘扬“牵手”主旋律，以求真务实的责任和态度，打造出了十五个目标一致、特色各具并且有可持续发展前景的“一居一品”。真新街道也因此在稳定、繁荣与发展上取得了很大的成功，先后创建成全国城市体育先进社区，全国文化先进社区，全国综合减灾示范社区，上海市和谐社区建设示范街道、上海市文明社区等。

早在2002年街道党工委在总结推广丰庄一村“牵手工程”创建品牌经验的时候就指出：“品牌创建不是标新立异，不是作虚做秀，更不是为创而创，它是推进社区建设与管理的手段，是全体居民认可和接纳的亲和形式，是挖掘和利用社区资源的最佳途径，是体现民意关注民生的可靠载体。品牌的基本思路是通用的，品牌特色特点是难以复制的。”

品牌创建应以构建和谐为目标

始建于20世纪90年代中期的真新街道，起初的功能定位是中心城区市政建设动迁的安置基地。因此它就不可避免地带有设计标准偏低，开发周期拖拉，建造思路各异和入住居民复杂的先天不足。加之受“先安置后建设，先入住后提高”的思想的影响，早期入住的居民住进的是一个公建不配套，交通不方便，条件不成熟的社区，居民的情绪波动十分强烈。拉横幅阻隔交通，包汽车集体上访时有发生，群众的无助、无望、焦虑和不满的心态，挑战着社区的和谐建设。

开发初始的七、八年里先后成型的小区，隐藏着表现形式不同的不安定因素，有的抱团闹事，有的拉帮结派，有的违章搭建，有的破墙开店，有的一盘散沙，有的贫困集聚，有的待业成群……

当时也有人认为：百姓搬到一个新的地方，对环境有一个适应期，对邻居有一个磨合期，对情绪有一个平息期，过一段时间自然会好。但是党工委、办事处经过集体讨论后认为：“构建和谐刻不容缓，应把矛盾解决在萌芽状态。”因此首先在成型入住最早的丰一社区发起“党员站出来，做和谐建设的带头人”的号召，要求“支部牵住党员手，党员牵住群众手”，从“串百家门，知百家事，解百家难”入手，迅速靠近群众，加快适应期，缩短磨合期，提前平息期。党总支通过逐步掌握和了解了居民的基本情况，有计划有重点地开始了扶贫帮困，排忧解难，敬老助残活动，这就是后来发展成全街道创建总品牌的“牵手工程”的雏形。

品牌建设把本社区影响最大、最需迫切解决的问题作为主攻方向，设计一种思路，确定一个载体，制定一个计划，寻求一种资源，然后将这“四个一”艺术地融为一体，互相补充，互相支撑，用三至五年的时间予以彻底解决。

“牵手”是大的前提和框架，至于牵什么、怎样牵、不宜一刀切。特别像真新这样社区与社区之间落差较大，更不能用具体到细节的设计批量生产一模一样的品牌。各社区自主开发、自由发挥，在和谐的大目标下，实现社区建设的殊途同归。

品牌创建应以顺应民意为起点

社区建设、社区管理、文明创建、品牌打造，归根结底是为人民办事。人民满意不满意，人民高兴不高兴，人民答应不答应是检验所做的一切正确与否的唯一标准。

在设计品牌之初，首先要知道，群众在想什么，群众要什么，本社区健康发展的瓶颈在哪里，社区里最可利用的资源是什么，怎样才能花最小的成本，获取最大的经济和社会效益。要掌握这些，必须身子沉下去，思想跟上去，行动贴上去，与群众交朋友，掏心窝，才能在社区创建的舞台上，导演出与群众心心相印的时代精品剧。

同是贫困家庭多、孤老残疾多的丰一社区和新郁社区，一个推出了“牵手工程”，一个采取了“春晖行动”。一个以结对帮困，扶弱济贫为抓手，编织“牵手网”，成为党建卓有成效的典型；一个以“送阳光，送政策，送温暖，送岗位，送技能，送服务”为基础搭建“爱心桥”，成为“基层低保化建设”的全国优秀单位。

铜川社区对党员要求的“知道天下事，了解身边事，管好自己事，关心别人事”，由于贴近实际门槛不高，参与者都能在其中找到相应的位置。金汤社区建设的“四和工程”，以举止和善、家庭和睦、邻里和洽、社区和谐为抓手，彻底消除了狭隘的小团体现象。

顺应民意，品牌建设就有了最广泛的群众基础，得到大多数人的参与和拥护，品牌的成长就有了适宜的气候和拥戴的氛围。

品牌创建应以汇集民智为动力

“群众中蕴藏着无穷的创造力”，这句话用在品牌创建中最为恰当。民智是取之不尽用之不完的财富，汇集民智，启用民力，往往能收到事倍功半的效果，几乎所有的社区都在巧借民力上下足功夫，这也是真新街道在较短的时间内让品牌建设遍地开花的成因。

金沙社区的居民大多数是原长宁区周家桥整体动迁过来的，邻里之间有着很深的相助情缘，且这批以解放初期产业工人为主的群体中，有一技之长的不在少数，社区党总支在设计“守望相助”品牌时，对社区内的人才资源进行了调查收集、登记造册、分门别类、合理组合，成立了“社区守望相助俱乐部”，向居民承诺提供技能、智慧、健康和临终关怀四个方面的服务，常年开展日常修理、法律咨询、文化辅导、科学理财、健康讲座、文体活动和临终老人的后事料理等服务，推进了“邻里一家亲”的氛围。

另外如丰二社区的“百名党员联系百户家庭”，吉镇社区的“业主自治”就是利用在职党员中的领导骨干的政策水平、组织才能和奉献精神，参加社区建设，参与社区事务，担任社区自治组织的领导。

品牌创建应以时尚元素为风景

由于真新各社区成型的时间跨度大、设计理念、建造风格和入住居民群之间有较大的差距。有的停留在当初的“安置型”位置，有的已迈入“智能型”的行列。一些“后起之秀”已经具备了维系生态平衡的条件，在这样的社区中引进时尚元素，制造宜居风景成为大多数居民的期盼和品牌创建的目标。清峪社区在充分发挥硬件作用中，以与时俱进的意识移植生态理论，研究生态科学，优化生态结构，重视生态平衡，着手生态清峪的架构。其中“春之美，夏之热，秋之韵，冬之寒”从不同侧面诠释“天人合一”的道理。世博会之后又掀起了人人行动，家家参与的“节能减排，低碳生活”的热潮。在街道的全力支持下，建起具有示范效果的“低碳体验屋”。爱护环境，保护地球，最佳生态，成为居民群起响应的自觉行动。

虬江社区是最新提出“智能化管理”的社区，然而入住的居民中现代化生活的理念并不准确，离科学健康的生活有较大的距离。白领人群拼命工作透支体力，经商成功者吃烟喝酒放纵人生，动迁回住者启蒙不足知识匮乏，老年群体社交狭隘自我封闭，与“城市——让生活更美好”的理念愈行愈远。社区党总支极有针对性地把社区品牌创建定位在“科学普及”上，提出了“科学与文明牵手，科学与进步共舞，科学与愚昧对垒，科学与创建并肩”的口号。扩建健身广场，主办科普画廊，开放东方信息苑，举办“环境日、知识周、健康月”活动，号召告别麻将、抛弃鬼神、远离毒品、抵制邪教。经过一段时间的努力，居民的精神风貌大大提升，实现了文明建设与时代发展的同步。

品牌建设应以深化升华为阶梯

尽管品牌的经营过程十分艰辛，但品牌一经完成就会不断产生巨大的社会效应和成功惯性，使许多难题、痼疾迎刃而解。但要使品牌成为人们心目中的精神高地，成为社区建设的有力推手，成为化解矛盾的金钥匙，仍需不断地栽培和浇灌。因此，品牌建设应以深化、升华为阶梯。

丰一社区以“民有所求，我有所应”的做法拉开牵手工程的序幕以后，在走家串户、扶贫帮困、结伴同行的热潮中，居民从孤独到合群，从相熟到相知，从信任到信赖，从接近到融洽，完成了“牵手工程”第一阶段的使命。党总支因势利导，使牵手的形式扩展到社团牵手、单位牵手、异地牵手。牵手内容由当初的助困、助贫、解难，扩展到励志助学、教技助业。与单亲家庭牵手，与失足青年牵手，与新上海人牵手，与灾区学校、居民牵手，更是让“牵手”向道德、情操、品行、理想的全方位扩展。

铜川社区的“四事活动”，把“知道天下事”，上升到关注时事终身学习；把“了解身边事”上升到热心公益，参与自治；把“管好自己事”上升到廉洁自律，以身作则；把“关心别人事”上升到奉献大爱，见义勇为。

祁连社区的“邻里文化”从“远亲不如近邻”起步，发展到一年举办七、八场“我把特长献邻里”活动，从开展“爱家人、爱邻里”发展到爱党、爱国、爱民族、爱家园。

品牌创建应以居民自治为根本

居委会虽然也接受和完成政府部门指派的工作任务，但其本质是我国社会主义发展阶段基层群众性的自治组织。在国家方针政策的大框架下，按照《中华人民共和国城市居民委员会组织法》的规定实现自我管理，自我发展，社区品牌建设应该贯彻执行这一宗旨。真新十三个社区的不同品牌，无一例外地紧紧围绕自治根本，建立规范的管理秩序。吉镇社区的“业主自治”较好地诠释了品牌建设中的自治创新。

吉镇社区由多个开发于不同时期的小区组成，各小区的软硬件条件和居民结构相距很大，在管理与建设中，不适宜采用一种标准和模式。为此，党总支制定了“一区一法”的推进自治方案，以激活业委潜力、完善物业管理、强化三位一体为载体推进居民自治。社区着力做好四件事：配班子，审查把关，为业委配备一班好的当家人；梳辫子，对社区事务条分缕析，在各负其责中促进居委、业委、物业公司的协调运转；搭台子，为业委带动社区自治创造条件；定调子，宣传方针政策，法律法规，布置工作任务，社区的评议会、听证会、协调会、工作例会吸纳业委会成员参加，把居委会的部分行政事务融合在业委工作中，实现了社区自治的多元格局。

品牌建设载德载物，载情载意，载勤载廉，但又不是什么都可以装的“筐”，她需要深入的调查、精心的策划，深情的呵护，艰辛的栽培和艺术的嫁接，生拉硬拽，牵强附会，构不成品牌。只有在思考中探索，实践中前进，总结中提高，经营中完善，才能把文明创建，品牌建设，居民自治，社区发展融会成一个整体，任何的急功近利是品牌创建的大忌，它应该是成功化解一个地区或某段时期社会矛盾的方法和措施。

（嘉定区社建办供稿）

打造“一居一品”特色

朱泾镇地处金山区北部，全镇总面积 77.11 平方公里，常住人口 12 万人，辖 16 个居民区、11 个行政村。近年来，朱泾镇党委政府从满足社区群众最需要、最直接的利益出发，按照“一居一品”的个性特色，结合“服务和活动”抓创建，努力打造特色社区品牌，推进社区和谐。

服务社区居民，打造“服务型社区”

努力构筑“政府公共服务、社区居民互助服务和社区单位共建共驻”的“三位一体”互补服务体系，在居民区实行服务大厅“一站式”集中办理；鼓励和支持社区兴办中介服务组织，组织开展“志愿者社会救助、优抚、助残、老年服务、再就业、维护社区安全、科普和精神文明建设”等活动。东林居民区针对小区老干部多的特点，以创建“长青驿站”为载体，以“让老干部安享幸福晚年生活”为目标，整合社区资源，为老干部提供全方位服务。通过开展“长青快乐行”、“长青追忆”和“艺海长青”等特色活动，使“关心、爱护、服务、凝聚”老干部的理念深入人心，老干部们切身体会到生活在东林居民区的幸福和快乐。同时，成立了“老干部革命事迹展览室”，宣传老干部的丰功伟绩，组织“老干部革命故事演讲团”，弘扬老干部的革命精神，让革命传统在社区得到继承和发扬。目前，全镇各居民区普遍开办了 10 个以上不同特色的便民利民服务项目，志愿者组织已发展到 60 多个，志愿者达 4000 多名。

弘扬先进文化，打造“文化型社区”

朱泾镇努力发展富有时代气息和地方特色的社区先进文化，着力提高社区群众思想道德和文化素质，促进和谐社区建设。临东居民区以创建“社区群艺坊”为载体，以提升社区文明程度和市民文明素质为目标，成立了锡剧老艺人艺术队、天童民间小马灯队等11个文化团队。这些文化团队，突出社区文化特色，打造社区文化亮点，形成了各自鲜明的文化典型。同时，全镇各居民区普遍建立门球队、戏曲队等文体分队，做到“天天有文体活动，月月有主题演出”。在此基础上，镇政府筹资180多万元，建成了16条健身路径，为16个社区配备了健身器材。文化、体育部门还每年对社区文体骨干进行3至4次培训。同时，启动“文化惠民工程”公益演出广场活动，在镇的紫金广场、金上海广场、文化活动中心和16个居民区演出达300多场次，坚持每年举办社区文艺表演和社区体育运动会。

维护居民安全，打造“平安型社区”

各居民区以社区警务室为核心，以社区单位和居民楼为依托，以建立专群结合治安安全防范体系为目标，努力为广大社区居民打造稳定和谐、安全有序、邻里关系融洽的“平安社区”。南圩居民区根据流动人口多、人员复杂、治安防控难度大的特点，以创建“法制多视角”为载体，创办“社区模拟法庭”和“社区法律事务服务站”，引领社区居民“学法、知法、懂法、用法”，营造安定稳定的治安环境、规范有序的法制环境、安居乐业的生活环境。居民区先后被上级部门评为安全社区、无毒社区、依法治理示范单位和先进社区。各居民区普遍建立了社区警务室，配备社区民警和协警，印发《刑事、治安案件登记簿》、《治安巡逻登记簿》等“六簿、一册、一表”，规范管理。构建社区防控网络，由社区民警负责户籍、治安、内保、外管和消防等方面的工作建成30多支各种形式专兼职治安防范队伍。

提高科学素质，打造“科普型社区”

朱泾镇从科普知识宣传入手，创建了“科普绿舟”特色品牌，以社区科普活动中心为平台，积极推进“科教进社区”工作。临源居民区举办“科普图书进社区”、“科技手工艺品展示”等活动，吸引了社区许多老年人和青少年参加，在辖区内营造“崇尚科学，尊重知识”的良好氛围。自创造科普型社区以来，现已开展科普书展、培训、宣传、健康知识讲座和科普知识竞赛等活动30多次，受教育群众达10000多人次。通过一系列的活动和举措，使社区居民既增长了科普知识，又丰富了业余生活。

引领终身学习，打造“学习型社区”

各居民区坚持每周举办1期“社区半小时”读书讲座，宣讲朱泾历史文化和建设成就、形势政策、文明礼仪、法律和科学知识，组织社区居民撰写读书心得、札记等，引导社区居民确立终身学习的先进理念，倡导“人人学习、时时学习、处处学习”的好风尚，使生活学习化、学习生活化。金龙居民区创建“青苹果乐园”和“社区四点半”学校，以“让青少年在阳光下茁壮成长”为目标，使辖区内的青少年在“欢乐、欢愉、新奇”的活动中，拓展学校课堂有限的学习空间。在求知与创造之间，个性得到进一步发挥，身心得到全面发展，使社区成为青少年校外的学习乐园。通过举办“七彩阳光”、“小小法官”、“快乐家园”等特色活动，凝聚辖区内青少年和楼组家庭，使青少年的思想道德水平得到明显提高，较好解决了“上班族”孩子课外管理问题。目前，全镇“全民读书活动”已蔚然成风。

共享和谐生活，打造“帮扶型社区”

各居民区以“为了一切需要帮助的人”为目标，面向弱势群体，积极开展全年度、全方位、全覆盖、全天候的送温暖、献爱心、助老弱、帮贫困活动。新汇居民区以创建“红帽子”义工站为载体，以“为居民办实事、做好事”为目标，调动辖区内的个体工商户积极开展“红帽子”义工服务和“结对帮困”的活动。通过“红帽子”夏日关怀行、“红帽子”阳光亲子、“红帽子”亲情结对等特色活动，使“红帽子”义工服务精神在社区内不断得到发扬光大，为建设和谐新汇作出了贡献。广福居民区以创建“新市民之家”为载体，以“让来沪建设者融入社区”为目标，在辖区内开展“我服务、你参与，携手建设新家园”的帮扶活动。通过“新市民爱社区”、“人口与计生”、“零距离、手牵手”等特色活动，使来沪建设者充分感受到“和谐社区”的温暖。新市民还志愿组成世博文明队、治安巡逻队，为民服务队、计划生育宣传队等志愿者队伍，使社区充满“和谐一家亲”和文明向上的良好氛围。

（金山区社建办供稿）

社区自治 维护一方稳定

徐泾镇卫家角第二社区居委会地处西虹桥商贸开发中心区域，是由 8 个别墅小区组成的生态社区。小区总面积大、人员杂、居住散，特有的地理位置，高端居住人群多元化的需求等特点导致各类矛盾频发，主要表现为“一强二多二少”：居民的维权意识强；群体性矛盾多，个体性矛盾少；复杂性矛盾多，简单性矛盾少。顺人意，聚人气，保平安是新建居委的首要工作。

抓活动 树品牌 聚民心

居民来自五湖四海，像一个“小小联合国”，人文习俗，各有不同，要想使居民融入社区不是一件容易的事。为此居委会打好了“三张牌”。一是以文聚人，精心打造“文化牌”。广泛开展、培育合唱、舞蹈、书画、健身、手工制作等文体团队，以丰富多彩的社区文化吸引、凝聚人，使居民走出小家，融入社区。二是以活动育人，用心点亮“亲情牌”。结合开展“缘来一家亲”睦邻文化节系列活动，精心设置“邻里亲、社区情”主题演示活动，使8个小区融为一体，互助互爱。三是以“星”聚心，全心树立“明星牌”。结合妇女节主题活动，弘扬孝亲敬老、助人为乐、奉献社会、慈善爱心等美德，群众推荐评选出11位“理想品格女明星”。

整资源 睦邻里 共自治

邀请社区内退休离岗老干部成立“市民顾问团”，参与社区自治管理，为社区管理献计献策；由居委会、居民代表、物业公司组成人民调解、文化、民政、老龄、卫生等“五大专业工作委员会”，拓展居委自我管理、自我教育、自我服务、自我监督的自治功能；成立“为老服务志愿者”队伍，低龄老人为高龄和独居老人结对。

讲服务 办实事 保稳定

居委刚成立室碰到康虹花园在自来水改造时，业主与物业公司为遗留的矛盾而闹得不可开交。居委会及时召开党员、居民代表大会，和居民一起挨家挨户听意见。对矛盾最大的居民，人民调解委员会经过一百多天的艰苦、耐心说服，晓之以理，动之以情，最后他们带头缴了水改费用和拖欠的物业费。今年6月碰到水改工程，在工程实施前，居委会广泛听取群众意见，发动群众成立业主监管小组，居民马跃民主动当起了施工义务“监理”，确保工程顺利进行。

一年多来，顺应形势，顺应民意、顺应民心，拓展居委会“四自治”管理服务功能，找准不同的工作切入口，落实民主管理，推进社区共治自治，始终把握好社会稳定大前提，努力维护一方平安。

（青浦区社建办供稿）

民主自治建家园

“居委会自治家园”项目是围绕“富有中国特色的基层社区民主自治生活”这一主题，为充分展示城市基层社区真实精彩的自治生活，邻里互助、和睦友爱的人际关系，丰富多彩、参与广泛的文体活动，功能多样、自我管理的自治组织等美好城市社会生活所探索创新的一个新载体、新形式。2011 年青浦区盈浦街道盈中居委会全面开展了“居委会自治家园”创建活动，收到了明显的效果。盈中居委会区域面积约 27 万平方米，有 10 个居民新村，常住人口达 6700 余人，有两条商业街、两所小学、两所幼教学校。近年来，盈中居委会致力于探索和研究鼓励居民依靠自身力量解决共同面临的困难和问题，使居民在公共利益、公共事务、公共管理和公共服务中拥有更多的发言权，在基层民主中发挥更大的积极性和创造性。

营造自治氛围，调动居民积极性

从居民群众的文化兴趣爱好入手，充分发挥文化阵地和文体队伍的作用，以“晚霞艺术团”为基础，组织了 12 支文体团队，以“社区自治”为主题，自编自演各类文艺节目，形成了“天天有活动，周周有歌声，节日有庆典，年年有汇演”的文化型特色社区。

整合社区资源，推进社区民主自治

先后与 6 家单位签订了社区共建协议书。区域内学校体育场馆、图书室等向居民开放。建设了盈中社区服务中心，建起了阅览室、戏曲室，开辟了健身角、演出角、学习角和休闲角等场所，为居民活动创造更好的条件，为开展自治活动奠定了基础。

以民所需为导向，提高自治工作活力

凡社区中重大事务首先由“党员代表议事会”进行讨论，再交“居民事务工作室”通过居民自治的方式作出决定，调动了居民自我管理、自我服务、自我监督的积极性。

建立志愿者队伍，创建成效显著

居民的志愿者服务蔚然成风。“五员”志愿者队伍活跃在社区的每一个角落，在小区安全防范，环境治理，文化生活，公益互助等各方面发挥了积极的作用。

现在，居民们参与社区建设的氛围浓厚了。居民的社区意识和参与创建意识不断增强，居民的综合素质不断提高。干部生活在群众中，群众参与到决策中，形成了党员群众一起关心支持居委工作的格局。**守望相助的观念提升了。**志愿者从原来的30多人，发展到现在的80多人，而且都乐意做热心人。**党组织的凝聚力增强了。**社区党员自愿充当志愿者，有效促进了社区其他各项工作的开展，推动了和谐社区建设，充分发挥党员先锋模范作用的同时，也增强了群众对社区建设未来发展的信心。

（青浦区社建办供稿）

社会工作理念之社区实践

搭建社区工作新平台——社会工作室

为了顺应新时期社会工作的发展趋势，夯实基层社会工作基础，促进社区工作者转型，发挥社区注册社会工作师示范引领作用，突出专业服务为特征的新型社区服务平台，进一步整合盘活社区服务资源，拓展提升社区服务，推进社区服务专业化，为居民提供更多元、更便捷、更优质的社区服务。在上级领导的大力扶持和帮助下，闵行飞吴径镇创办了闵行区首家以注册社会工作师命名的胡新花社会工作室。社会工作室由注册社会工作师领衔，社区工作者、大学生志愿者和社区志愿者组成。社会工作室遵循“助人自助、专业服务、社会责任、共建和谐”的工作理念，推动社会工作专业化、规范化、社会化建设。尝试运用“1+X”管理模式，“1”代表社会工作师，“X”代表志愿者（义工），利用小区论坛、博客、微博等新媒体，积极探索社区工作，有效地为居民服务。

吴泾镇胡新花工作室运用社会工作理念，引入社会工作专业方法，从社区居民群众需求出发，通过个案会谈、小组活动、资源共享等方法，帮助社区居民探索自我、认识自我，提高居民的认同感和认知度，发挥社区居民的潜能。社会工作室用专业化的服务、个性化的方式传递对人的关怀、满足人的需求、促进人的发展。社会工作室通过团队合作，运用个案、小组、社区等专业社会工作方法，项目化服务，为居民搭建沟通交流的平台，充分挖掘社区资源优势，发动和组织社区居民参与集体行动，开展具有特色的社区服务，不断提升居民满意度。

运用社会工作理念具体探索和实践

吴泾镇胡新花工作室运用社会工作专业方法，为探索社区群众工作提供有益的尝试和实践。社会工作室通过个案专业技巧、小组整合社区资源、建立社会支持网络等方法，策划和组织开展爱心家教、书画摄影交流、趣味比赛、主题讲座、茶话会等各类活动，引导居民参与社区建设，激发社区居民的潜能，更好地服务居民。

社会工作室，倡导“有困难找社工，有时间做义工”的理念，探索群众工作有效途径，经过发动宣传，网上网下招募，社会工作室逐步建立和健全规章制度，完善登记制度。召开了志愿者座谈会，发展和培训工作室的热心志愿者，积极推动社会工作室制度建设。现有登记注册志愿者82人。在吴泾镇志愿服务中心，设立接待办公室，为居民提供咨询服务。

社会工作室联合华师大政治系和义工队开展了丰富多彩主题活动。运用专业方法设计一系列的具有发展性、建设性的主题小组活动，开展了一系列居民群众喜欢的志愿者活动。如：“奉献一小时，幸福一大家”主题活动，内容有春天的英语，春季中养生知识，拇指操和黄梅戏；“风雨路上的爱心传递”内容有面部操等；“不畏料峭春寒，志愿服务暖心窝”内容有剪纸，黄梅戏等活动；“爱”——坚持，有唱歌，素描绘画活动；“春日里的浓浓爱意”、“爱心传递，你我同行”等活动；还有毛笔书法教学，健康五行操、太极拳，“夏日里的一抹清凉”等等。社会工作室通过专业社会工作方法，通过系列化的活动，组织居民群众进行自我管理，通过自我参与，自我发展、自我完善，增强社区的凝聚力，促进小区居民安居乐业。

青少年社会工作

由于青少年所处人生阶段具有独特性，即过渡性、快速发展性、群体性等特点而言，以系统的视角来检视案例以“人与环境互动”的视角剖析青少年成长与发展的现象与问题，并能够多方合作，专业有效地介入。社会工作室利用个案和小组工作的方法，开展了暑期青少年系列活动开展帮困助学，爱心义务家教等。

- **彩虹微笑——“大手拉小手”暑期关爱青少年志愿活动**

为了让社区青少年度过愉快的暑假，胡新花社会工作室联合华东师范大学大学生开展暑期实践志愿活动，服务社区青少年，创新活动形式，增强趣味性，提高吸引力。

“彩虹到身边”活动。社会工作室联合华师大学生开展“彩虹微笑”活动，让社区青少年加强相互了解，相互熟悉，度过愉快的暑期。与青少年聊天，辅导作业，才艺展示。活动提高了青少年人际交往能力，解除了家长后顾之忧。

“服装彩绘”活动。在暑期实践之中，社会工作室加入娱乐性较强的活动来丰富青少年的活动项目，让他们展示动手能力和创造能力的机会。在服装上作图绘画以彩虹为主题，强化主题色彩，活动分为3组，并将绘画工具和白汗衫分发给每一组青少年，让他们按照自己的想法在汗衫上画出有关彩虹的图案。这个活动培养了青少年的团结协作精神，增强了动手能力和创造能力。

“彩虹心愿瓶”活动。每个小朋友的心中都有一个小小的心愿，希望每个小朋友写下自己的心愿。社会工作室联合华东师范大学政治系大学生开展的此项社区志愿活动，拓展了社会工作室志愿活动的形式和内容，还温暖小朋友的心灵世界。活动先指导小朋友如何做明信卡片，主要写哪些内容，具体做些什么。然后将明信卡片和一些装饰品发给小朋友，让他们发挥自己的创意来制作自己的明信卡片。正面引导小朋友人生理想、梦想，托起中国梦，传递正能量。

社会工作室开展的活动，使大学生志愿者在实践中学习，在学习中实践，不断提高大学生与人沟通和策划协调的能力，增加朋辈联系，关爱他人，锻炼才干，通过系列活动，丰富了社区青少年的假期生活，带给他们快乐，让家长们放心。

老年人社会工作

老年人社会服务：包括老年人救助福利、老人家庭服务、医疗保健服务、老人的社会适应与心理健康、老人发展服务、老人社会参与。

- **圆满解决孤老顾老伯银发无忧保险理赔金事宜**

家住某小区的顾老伯，是一名73岁的孤老。由于出门不小心摔跤骨折住院，不久后老人过世，居委会为其办理的“银发无忧保险”，受益人一栏填写的是本小区结对帮助的社区干部，根据保险公司的有关规定，理赔金的办理和处分只认受益人。为此社区干部多次与保险公司联系，咨询法律司法部门，与有关部门沟通，社区干部以人为本，坚持原则，敢于担当，不计较个人得失，发扬风格，不贪不占，放弃受益，经受住金钱诱惑的考验，表现出社区干部良好的素质、职业道德和一名共产党员应有的品质。由于其同父异母五位弟妹长期不相来往，天各一方，都不住在本小区，有的住在市区，还有的住在外地，一时联系不到。我们经过多方打听联系，几经曲折终于联系到了顾老伯的弟妹。社区社会工作师，运用社会工作的理念，主动积极调解，不怕困难，几经反复波折，最终达成了一致意见，把保险公司壹万多元理赔款全部交给顾老伯的五位弟妹，通过这件事后，五位弟妹之间的亲情也得到了改善。为此，顾老伯的五个弟妹送来了大米，食用油、长寿面和锦旗，表示感谢。社区干部又将这些食物分送至小区孤老及90岁以上老人的手中，赢得社区居民群众好评。

为居民做好事，办实事，助人自助，既要依法办事，又要以人为本，社区干部真心实意地为居民着想，表现出了大度、奉献和爱心。由此可见，引入社会工作理念，坚持务实的工作方法，人性化操作，把矛盾化解在社区，把居民问题解决在社区，收到了理想的效果。

• **爱驻同心园系列活动**

随着现代社会生活节奏不断加快，由于子女大多忙于工作，无暇陪伴年老的父母。空巢老人越来越多，平时老人感到寂寞孤独，针对这种情况，社会工作室与华东师范大学数学系大学生共建结对，每季一次组织大学生志愿者来到永南社区老人身边，关爱空巢老人，和老人们聊天、做游戏，开展爱驻同心园系列活动，为老年人培训电脑知识，英语角学习，并在小区论坛发帖，互动交流，效果很好。

社会工作室利用大学生志愿者的资源，走入社区，走近老人身边，给社区老人带来丰富多彩的娱乐活动，带来了温暖，丰富了他们的晚年生活，让老人们感受到青春朝气，重温年少时的成功经验，体现人生价值，通过社会工作的小组活动，加强了社区居民之间的密切联系，促进社区和谐、家庭稳定。

残疾人社会工作

康复服务：包括物理治疗和精神康复。通过物理治疗和精神康复，旨在提高残障人士的各种机能，创造适宜的环境条件以帮助他们参与社会、融入社会。

• **帮助残疾人士融入社会**

由己及人，投身公益。利用个案工作和残疾人社会工作的方法，真诚扶助，让残疾人员扬起生命的风帆。如：小区内有一名年轻人，因意外致残，一度失去了生活下去的勇气，得知这一情况后，克服困难，主动介入关心，为其开导，运用“尊重平等”和“助人自助”的理念原理，开展面对面、心对心的交流，用同理心的态度主动接纳，走访她的家庭、亲戚朋友，联系她的工作单位，帮助她走出家庭，走向社会，积极引导她参与社区的各项公益活动，走出人生低谷，逐步走上正常的人生轨道，并且发挥她的长处，提高她的自信心，做一些力所能及的公益活动，帮助那些更需要帮助的人。从一个不稳定因素，经过社会工作师的引导沟通，心理疏导，成为社区志愿者，融入主流社会。

妇女社会工作

妇女社会服务是针对女性群体需要，为了促进女性正常生活和发展而开展的专业服务。关心困难母亲，慰问困难姐妹及时伸出援助之手。如：网友乐乐妈的孩子兴趣问题，外来媳妇的生育问题，小区借房人员突发性问题，通过网络平台，妇女姐妹得到了信息及时伸出援手，帮助疏解心理压力，重整信心，渡过难关。社会工作师联系上海东海学院艺术系学生开展了“感恩父母、感恩社会”活动，让大学生在社区的舞台上展示才华，让社区姐妹感受到下一代的关心。

• **邻里守望相助**

剑川路150弄有一户家庭发生困难，志愿者邻居邵阿姨得到消息，主动帮她买菜，联系家政服务员，平时经常关心帮助她，有空去看看陪陪，虽然她自己也是上有老母要照顾，下有小外孙要接送，但她还是挤出时间关心老姐妹；上次另外一位老姐妹脚骨折，她也主动上门关心陪伴照顾，远亲不如近邻，体现了人世间的关怀。为了增强能力，发展技能，工作室积极创建姐妹编织沙龙，让妇女姐妹聚在一起，互相交流学习，提高编织技能，密切了妇女群众之间关系。

吴泾镇胡新花工作室作为一个新生事物，立足社区、融入社区、服务社区，用“入地”的方式，贴近生活，服务居民，经过不断探索、不断尝试、不断完善，取得了一些成绩，做到了最有效的贴地服务。社会工作室创新了工作形式，倡导社工理念，普及社工知识，推动社工人才建设，把社会工作引向深入，推进社区工作职业化、专业化、规范化。社会工作室树立起“助人自助、专业服务、社会责任、共建和谐”的工作理念，运用科学专业的工作方法，进一步发挥社会工作师在社区工作中的示范引领作用，为社区居民提供专业的、最直接的惠民利民服务。社会工作室着力进行创新探索，先行先试，克服困难，锐意进取，不等不靠，勇于做社会工作的先行者和探路者，不断摸索符合社区实际的发展之路。社会工作室整合社区资源，创新工作思路，做好新时期群众工作，增强社区的凝聚力，努力打造为民服务新品牌，进一步探索实践社区工作有效途径。

（闵行区社建办供稿）

“邻里社区”的基层自治

石门二路社区（街道）党工委、办事处紧紧围绕静安区委提出的“自治在社区”工作理念，积极探索，大胆创新，通过多年来的工作实践，总结出一套适合社区实际的基层自治工作机制，归纳起来就是四句话：“围绕一个目标，深化两个着力点，筑牢三级网络，依靠四股力量”。“围绕一个目标”，即建设一个由居民自治逐步走向社区共治，并最终实现社区事务共商、环境品质共创、精神文明共建、发展成果共享的“邻里石二共同体”。“深化两个着力点”，即做实做细以改善公共服务设施为重点的“小小实事”和做深做透以提高社区文明程度为要义的“小小文明”(“小小实事”和“小小文明”以下简称“两小”)，并通过项目化运作，将自治在社区的各项工作落到实处，务求实效。“筑牢三级网络”，即以社区党工委（社区自治部)、居委会、楼组作为组织和推进基层自治的三级架构，切实加强和发挥好他们在自治工作中的指导、主导和引导作用，使自治在社区各项工作在“组织化”的轨道上有序推进、有效落实。“依靠四股力量”，即紧紧依靠党组织的引领力、政府行政支撑的推动力、社会组织加入的协同力和公众积极响应的参与力，并融合四方面的力量，形成合力。

党组织的坚强领导、政府的有序推动、社会的协同效应和公众的广泛参与，是推动社区自治，引导社区共治的重要力量。

党的引领汇聚区域力量

以“共同行动”区域化党建主题实践活动为引领，以党建联席会议和社会建设联席会议为平台，整合驻区单位资源，形成共治共建的良好氛围。

实现资源共享

2011年形成了28个党建项目，2012年形成了14个党建项目，助推驻区单位参与社区助医助学、医疗保健、金融服务、信息化建设、公益旅游等多个方面建设。例如，兴业银行捐赠5万元，市政协机关党委募集4万元，中国电信捐助1万元，汇银集团募捐4000元，用于社会化帮困救助；中国电信主动提供就业岗位录用社区失业人员；中国劳动组合书记部旧址陈列馆与街道共建职工素质教育基地；市民宗委热心助老帮困，市政协机关、东方公证处、农商银行静安支行、现代建筑设计集团物业管理有限公司、良友饭店等社区单位资助困难儿童完成学业；其他单位党组织也积极认领服务项目，体现了强烈的社会责任感和大局意识。

加快合作共建

落实区政府2012年3号实事“建设智慧城区”，石二社区和中国电信携手合作，加快建设石二智慧社区，为社区信息化的高速发展作出贡献。

加强服务互动

街道根据驻区单位需求，与社区文化活动中心、社区事务受理中心、综治中心等一批平台对接，为单位提供社区实践岗位、员工子女假期入托等个性化服务。市政协多名年轻干部曾参加基层锻炼，街道和驻区单位的服务互动和人才互动得到进一步加强。在全国城市文明程度指数测评中，市政协机关党委、市民族和宗教事务委员会机关党委、现代建筑设计（集团）有限公司党委、中国电信上海公司市场联合委员会、石油天然气有限公司党委、中国航空技术上海有限公司党委、电气集团财务有限责任公司党委派出志愿者参与从早上 7：00 到晚上 7：00 的路口和路段的交通文明执勤工作，为静安争创全国文明城区发挥了积极的作用。

社会组织发挥协同效应

坚持党建引领，以激发社会活力为落脚点，大力培育发展社会组织，统筹协调各类资源，广泛参与社区管理和建设，提高社会协同参与水平。

在社区文化活动中心的建设和管理中，街道大胆尝试，委托社会组织——上海华爱社区服务管理中心管理负责，以专业化的服务品牌、人性化的服务理念、精细化的服务方式为社区居民打造了社区精神家园。华爱社区服务管理中心主要发挥了三方面作用：负责社区学校、图书馆、武定书场等中心日常服务项目的管理运作；策划组织了街道元宵、端午、重阳等传统节庆活动；利用华爱本身的文化资源和品牌优势，组织石二文化中心与外区、外省市乃至港台同胞开展群众文化交流与巡演。街道、华爱和居民代表三方组成的文化中心管理委员会不定期听取文化中心运作情况报告并决策中心重大事项，既保证了华爱在文化中心管理上的主体地位，又确保了街道对文化中心全方位的监督，使文化中心全年 365 天都能为社区居民提供教育、文化、体育、科普、健身、娱乐的优质服务。中心已于 2010 年通过中国质量认证中心 ISO9001 质量管理体系的审核认证，目前每年约举办各类活动 600 多批（次），活动总人数近 30 万人次，年活动数和居民参与人数均呈上升趋势。

2010 年，成立了上海市第一家以少数民族同胞名字命名，为少数民族同胞服务的社会组织——“上海静安区达庆熙志愿者工作服务中心”，为社区少数民族同胞重点打造四个“家”：**“就业指导之家”，**与侨界企业上海求必应咨询服务公司合作，为社区及来沪少数民族同胞提供见习基地和就业、商务投资、企业登记代理、开业贷款评估等咨询、服务项目。**“法律咨询之家”，**与社区单位泰吉十方律师事务所合作，定期为少数民族同胞提供法律、法规政策咨询服务。**“民族文化之家”，**开放中心作为少数民族同胞学习、娱乐、健身场所。**“志愿服务之家”，**整合社区侨、台、少数民族和宗教界各类志愿者队伍，为少数民族同胞提供医疗、健康、保健等服务。自“达庆熙志愿者工作服务中心”成立以来，石二社区的少数民族工作进一步明确了工作方向，服务内容更加多样化，服务形式更加丰富，少数民族同胞的自治热情得到了进一步激发，成为社区建设中一支重要的补充力量。例如，少数民族拉面馆定期为社区孤老、“阳光之家”智障人士举办爱心慰问活动。街道少数民族联络组组长定期与少数民族同胞谈心，及时了解并解决外来少数民族同胞在生活、经营、维权等方面遇到的问题，维护了社区一方的稳定。

畅通利益诉求表达渠道

完善党和政府主导的维护群众权益机制，充分发挥党代会代表、人大代表、政协委员密切联系群众的作用，畅通和拓宽公众诉求表达渠道。高度重视群众诉求，深入开展组团式联系服务群众工作。在组团式服务的人选中，精心配置了三股力量：**牵头力量**。建立了街道党政领导和机关党员干部联系居民区制度。居民区每个片块至少明确一名机关联络员、居委干部或楼宇工作者作为团组的牵头负责人，组织开展本片块走访联系和服务群众工作。**骨干力量**。利用居民区党总支（支部）委员、楼组长、“五大员”、群众活动团队负责人、在职党员和居住在本片块的党员积极分子等力量，形成走访和组团式联系服务群众的工作骨干。**协同力量**。发动辖区内对应设置部门、驻区单位、结对共建单位、社会组织等共同参与，形成本片块组团式联系服务群众团队，利用这些资源优势，在问题发现、矛盾解决、信息反馈等方面发挥积极作用。以组团式联系服务群众的方式，2012 年走访居民 46609 户，收集问题 1963 条，已解决 1802 条，解决率 91.8%。

群众自治团队发展壮大

自我管理类

街道成立精神文明巡访队，并健全二级管理网络，每个居委会成立精神文明巡访小组，街道队员担任巡访小组组长，畅通上下信息，及时发现、反馈和整改问题，有效提升了社区环境文明和居民文明素质。达安城居委会成立小区居民楼道文明安全督查小组，定期进行楼道安全巡查，对发现的公共通道的堆物现象和不安全隐患，及时反映给物业督促整改，逐步完善了楼道管理常态化措施，有效治理和预防了小区楼道堆物、消防通道安全隐患等两大顽症，小区整体面貌得到进一步改善。

自我教育类

东王“理论学习屋”自 2006 年成立以来，开展了一系列具有特色的系列活动，近年来，利用小区网校学习平台，让居民上网学习插花、健康、调解、烹饪、摄影、剪纸等 80 门课程，不断吸取新的知识来充实和丰富团队活动的内容，丰富了社区居民的精神生活。新福康里居委会建立“社区居民健康自我管理小组”，在2003年成立的高血压俱乐部的基础上，继续提升拓展，不断发展参与人群，开展一系列有针对性的教育活动，有效提升了小区居民的健康生活水平。奉贤居委会的柏万青老娘舅调解工作室、光明居委会的“相约星期四、说说心里事”小组等，在调解邻里纠纷、宣传睦邻友好、开展心理疏导、学习时事政治等方面发挥了自治作用，激发并展现出居民的自治活力。

自我服务类

郑家巷居委会建立睦邻点，每月开展睦邻活动，为独居老人、空巢老人搭建了互相交流、互助解难的平台，让老年居民感受到邻里胜远亲、互助互关心的浓厚氛围。培德居委会组建了一支小区志愿者服务队伍，定期开展关爱孤寡老人、关爱贫困家庭、关爱残疾人的“三关爱”志愿服务活动，让小区弱势群体感受到浓浓的社区关爱。恒丰居委会的侨眷医疗服务队、西斯文的义务消防队等，通过志愿活动，为小区建设做出积极贡献，为小区居民提供贴心服务。

自我提高类

新德居委会以文化建设为自治特色，组建了合唱队、舞蹈队、英语班等各种文化团队。健身排舞队经常参与社区、居民区演出，在同行中进行技艺的交流和切磋，提高了队员的舞蹈技巧、应变能力与临场表现力。桥牌文化团队在丰富居民文化生活的同时，锻炼了反应能力和思维能力，提高居民的沟通与协作能力。恒丰居委会“妇女之家”自2002年成立以来，逐渐发展成熟。妇女之家每两周举行一次活动，活动内容丰富多彩，形式喜闻乐见，每个成员在活动中学习，在活动中锻炼，在活动中成长，互相学习、互相提高。大家都说：“参加妇女之家活动是一种享受，妇女之家是一所大学堂，参与后得益匪浅。”东斯文居委会的“阿拉也是上海人工作室”、东王的职工书屋、华沁的远中风华插花班，通过各种针对性活动，吸引了新上海人、社区单位员工、高档小区居民等特定人群参与，并积极投入小区自治建设。

邻里石二的社区自治工作，以“两小”项目为助推器，实施中整合了驻区单位、对应设置部门、社会组织、两代表一委员等社会各方力量，取得了较好的效果。

基层工作关系进一步理顺，居委会主体地位更加凸显

“两小”项目是在居民区党总支的领导下，居委会发动广大党员干部、居民骨干、群众团队以及社区单位等共同参与实施的。在居民自治工作中，党总支把握方向，居委会全面落实，社工配合推进，为进一步做实做强基层自治夯实了基础。新德居民区充分发挥小区居民特长，由居委会牵头，各方参与和配合，每年

举办一届小区文化节，至2012年已经连续举办六年。2011年壹街区22号楼组先行试点，创建成特色文化楼组，将试点经验逐步推广后，2012年又创18号楼组为文化楼组，通过将文化建设和楼组建设有机结合，形成了以“邻里文化”为主题的自治工作特色品牌。华沁居民区挖掘资源，邀请台湾籍插花艺术家在居委会开办插花班，以花会友，吸引远中风华高档社区居民参加活动，为居委与高档小区居民沟通架起了桥梁，扩大了居委会的群众基础。

社会动员能力逐步加强，社区建设基础得到夯实

加强社区建设，是构建和谐社会的重要内容。各居民区通过项目的实施，整合辖区资源，提供便民服务，解决居民困难，凝聚居民群众，争取到更广泛群众的认可。新福康里居民区有42幢无电梯的多层楼房，针对老年居民“爬楼难”的问题，党总支和居委会经过多方调研，提出了“为多层楼房配置公共折叠休息椅”的实事项目，通过先试点后推广，在42幢多层楼房的三楼楼道全部安装了折叠椅，一定程度上缓解了老年居民的爬楼困难。东王居民区为55户行动不便的老年人家庭安装了卫生间防滑扶手，为了确保使用安全，居委会反复比较扶手材料，监督施工质量，尽力为老年人解决问题，提供生活便利。郑家巷、张家宅等居民区为居民楼电梯安装扶手，确保居民安全乘坐电梯。各种小小便民项目使小区居民感受到了温馨和便利，增强了居民群众对小区的认同感和归属感，进一步奠定了和谐社区建设的基础。

社会协同参与机制逐步健全，基本形成自治和共治双轮驱动的格局

各居民区在项目运作过程中，不仅从居民群众中挖掘资源，更是积极寻求与相关部门、驻区单位形成合作，争取驻区单位的支持和配合，共同推进“两小”项目实施，提高项目完成效率，扩大居民群众的受益面，逐步实现由“自治”向“共治”的转变。新德居民区的驻区单位东方公证处为壹街区凉亭设施进行修缮，配备了桌台和座椅，为新德居民区打造室外文化角，促进小区文化建设贡献了力量。西斯文居民区小区路面不平整，容易积水溅水，居委会和张宅物业联系后，物业给予了大力支持，及时对路面进行整修，重新铺设了吸水砖。祥福居民区晾衣设施陈旧，共建单位地铁13号线建设工地为186弄居民修理晾衣架，提供晾衣竿。奉贤居民区和上海市中天律师事务所合作，开展“社区老娘舅、和谐邻里情”自治项目，项目运作两年来，不仅逐步扩大调解志愿者队伍，提高调解志愿者工作水平，而且还建立健全如咨询、接待等各类工作制度，加强调解工作室规范化建设，提高小区矛盾化解力度，保证了矛盾不出楼组、不出居民区。

“三自”能力建设进一步增强，居民认同感和满意度有所提升

通过“两小”项目的开展，居民群众的自我管理、自我教育、自我服务的“三自”能力建设得到加强，居民对小区更具有认同感，生活幸福指数有所提升。张家宅居民区在小区“智囊团”的基础上逐步转型，发展为“智慧乐苑”议事会，发挥成员的专业和特长，为小区建设建言献策，解决了小区大门管理、设施维护修缮、消防器材更新、居民纠纷化解等“急、难、愁”问题。西斯文居民区成立“义务消防俱乐部”，成立消防志愿者队伍，定期开展消防安全宣传、培训和演练，提高居民面对火灾时候的自救互救能力。东斯文居民区 2011 年建立新上海人自治管理委员会，把新上海人治安、计生、维权等方面的热点问题纳入一揽子管理，为他们找到了“家”的感觉。2012 年东斯文居民区进一步拓展和完善新上海人自治管理，由原来的“新上海人管理委员会”更名为“阿拉也是上海人工作室”，通过新增“学讲上海话沙龙”等活动，吸引更多的新上海人加入小区自治建设。

井亭苑的自治路

近年来，虹桥镇井亭苑居委会在镇党委、社区办的正确领导下，坚持以人为本、服务居民的原则，通过创新自治方式和途径，充分发挥监督、协管、自治职能，奋力推进居委会自治建设，努力创建功能健全、管理有序、服务完善、文明祥和的新型居委会。

井亭苑是原井亭村村民动迁安置小区。在撤村建居的推进过程当中，居委会依据上海社会建设的新理念和闵行社区建设的新趋势，结合虹桥镇农村熟人社区的基本特征，着力淡化居委会的行政色彩，将社会职能工作、公益性服务工作和居民自治工作等三项内容分域，同时致力于引导和培养居民的自我管理、自我教育、自我服务的意识和能力，充分让居民在小区建设、管理和精神文明创建工作中发挥积极参与、积极支持的作用，以此来推动小区整体稳定和健康发展。

与此，自 2008 年以来，在虹桥镇党委、政府的指导下，井亭苑居委与原井亭村开创了“村居共建”之治理模式，为小区居民提供全方位的服务平台。井亭苑居委会自治家园建设正是以此为基础，进一步拓展居民自治的空间，发展便利且高效的网格化自治机制，通过搭建平台在一定程度上实现居委会角色的转变和

功能的复原。下面介绍井亭苑居委会自治格局（一点二线——议行合一）、自治机制、自治功能、价值、意义和工作创新点。

创新的自治基本格局

目前，井亭苑以居委会为自治核心，通过居民的参与和实业公司的支持，已经形成了“一点二线——议行合一”之矩阵型自治格局。

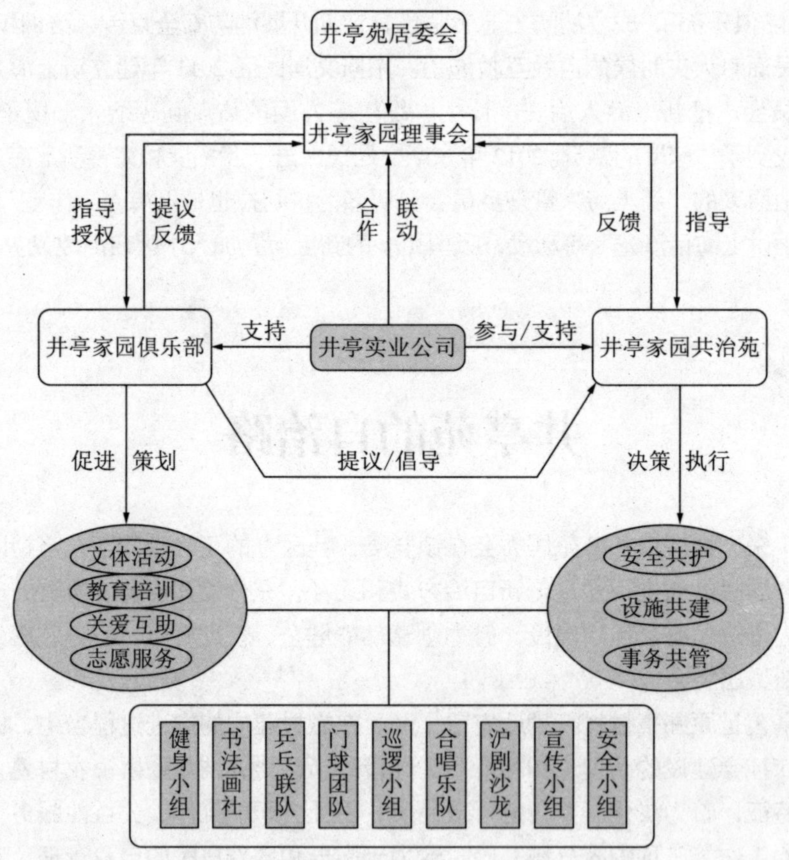

“一点”是指以井亭家园理事会为中心点，以“议”为主；“二线”是指以井亭家园共治苑、井亭家园俱乐部为条线推进和创新自治工作，以“行”为主。其中，井亭家园共治苑，通过民意收集、民主协商实现设施共建、事务共管、安全共护；井亭家园俱乐部，通过文体活动、教育培训、关爱互助、志愿服务实现自我教育和自我服务。

创新的自治机制

在居委会自治格局中，居委始终置于核心地位，井亭实业公司主要是资源提供者的角色，而理事会、俱乐部以及共治苑更是在居委的指导下与认可下开展自治工作。井亭实业公司不与居民发生直接关联，一般是居民向理事会传递需求的意愿，然后向实业公司寻求帮助，且帮助主要集中于物质上的提供。通常井亭苑的大型活动开展，井亭实业公司主要提供物资资源，从而支持居民活动的顺利开展。

在“井亭家园共治苑”的自我管理条线中，通过决策与执行，在社区的设施、安全、事务等方面，实现了自我管理的目标，同时共治苑及时向居于核心地位的居委会反馈各方面情况。例如，小区安全管理方面。居委会联合建立了一支胜任居民区管理的复合型人才队伍，并于双月开展村居联席例会和每月安全例会，还结合居民区实际，充分整合村和小区里队伍资源，建立了小红帽护楼队、夜间巡防队等各类队伍，为注入了更大的活力和人力支持。

在“井亭家园俱乐部”之自我教育和自我服务的条线上，俱乐部通过开展各种活动，包括文娱、教育、志愿、互助等来满足居民的服务与教育需求。同时俱乐部会及时向居于核心地位的居委会反馈各方面情况。俱乐部的特色工作较多：重阳佳节，村宅内 80 岁以上老人品重阳糕；元旦、春节期间，走访辖区内的困难家庭，为他们送去爱心慰问金，每年井亭村都会提供 20 余万元的慰问物资用于走访。结合小区内虹鹿幼儿园井亭分园的教育资源，由居委制定全年早教家庭课程，村委制定 0—3 岁幼儿家庭早期教育补贴政策，拓宽亲子教育渠道。同时为居民提供了五大特色服务项目，即免费理发、免费早茶、免费治病专车接送、每隔两年免费健康体检、每月为 60 岁以上老人送生日红包。小区改建成了一流的文化教育活动中心，同时井亭村还为开展各类社区活动提供资金来源。由于硬件到位、软件完善，联手开展的各类讲座、活动等都能满足群众求知、求乐、求新的需要，如沪剧沙龙、沪剧班、合唱班、书画社、文艺舞蹈队以及联欢会和各类文体活动等等，都获得了村民和居民的热情参与和好评。每年寒暑假，针对不同年龄阶段的小朋友，开展趣味暑期班、暑期一日游、参观消防部队等，寓教于乐。在这条线上，井亭家园俱乐部很好的满足了居民自我服务与自我教育的需求。

在村居共建苑之“一盘棋”全局意识的引导下，居委会先后制订了共建制度，对公共服务、小区稳定、重大矛盾协商等问题进行讨论解决，并推动了矛盾的自我消化。同时，建立健全村居共建工作制度。一是联席会议、安全及重大事项联系制。每月举办居委、村委、物业、社区民警参加的联席会议，商讨小区内的重要事、热点事和难点事；安全及重大事项联系会议商讨涉及小区建设、群众集体利益和社区和谐稳定等重要事项。二是条线分工协作制。根据村居在工作职责上有交差重叠的情况，村、居委干部及时沟通，坚持分工协作，避免不必要的重复操作。三是联合走访慰问和活动制。全年逢重大节日，村居委进行联合集中走访慰问小区困难党员、群众，并联合慰问退休生病住院的居民。同时，采用村出资、居委搞活动的模式，村居联合举办文体活动，引导居民们增进邻里友谊。四是通报反馈制。将村居委工作开展情况通过班子会议、居民、村民（股民）代表大会等形式向居民通报反馈，并作为党务公开内容之一。五是共建经费管理制。根据共建内容和年内计划在年初制定经费预算，规范使用流程，接受百姓监督。

井亭苑居委通过不断健全机制，结合社会治理和公民自治的理念引导和促进整个社区的自治氛围，居委主动搭建自治的平台，拓展自治渠道，丰富自治内涵，实现了自治的常态化与长效化。

创新的自治功能

井亭苑居委坚持以新鲜的理念引领统筹共建，以新颖的载体烘托统筹共建，以创新的方式推动统筹共建，逐步实现了班子建设共抓、工作队伍共建、社区管理共议、民生工作共谋、社区稳定共护、精神文明共创、党建工作共做等七项工作，积极探索村居文化教育设施在运行、管理、使用等方面的新路子，将居民区办活动、搞比赛的经验与村特色文化底蕴有机结合，让村民广泛参与社区文化特色品牌活动，受到了社区广大“农转非”居民的认可和欢迎，为村居整体营造了一个和谐、温暖、团结的良好氛围。

井亭苑居委会通过“一点二线”自治载体，健全了社区居民自治组织体系，并进而发挥了自治组织的作用，规范了居民自治的实践活动；整合了社区的资源，挖掘并调动群众自主自治的积极性；完善了居民自治制度体系，落实居民民主权利；提高居民民主素质，培养民主的参与意识，从而增强广大社区居民主动参与社区建设的自觉性。

（闵行区社建办供稿）

整合资源 共同治理

社区委员会：社区共治新平台

虹口区8个街道2012年社区代表会议相继召开，来自社区各界的代表1600多人，从市属单位的领导、驻地部队官兵、学校校长，到社区居民、新上海人、社会组织带头人等，在社代会上畅所欲言，共商社区大事。社代会后，推进售后公房物业达标补贴、建设市民驿站、新增老人助餐点等社代会确立的民生实事项目一件件开始付诸实施。社区代表提出的改进社区工作的书面意见一件件认真办理……这标志着虹口区以社区代表会议制度建设为抓手，社区共治步伐显著加快。

社代会——从体制内向体制外深化

2006年，为扩大社区民主，虹口区各街道由居代会向社代会转型。转型后，代表们感觉，不论是居代会还是社代会，街道工作会议味浓，社区共治会议味淡。会议召开，街道说开就开了；台下看台上，主席台坐的是街道领导；听大会发言，社区各界声音不多。2011年和2012年，虹口区借市社会建设大会和社区建设大会的东风，以市民政局开好社代会意见为蓝本，结合区情，着眼于推进社区共治，由区地区办、民政局发文，从形式和内容两个方面加强社代会民主建设。

顺应民意，解决社代会形似问题。为了使社代会浓厚社区共治气氛，从规范会标、会期、会议对象、会议形式入手，改变社代会召开的流程和形式，社代会不再由街道说开就开，需与社区委员会协商；会期与区“两会”衔接，街道之间基本同步；以年冠名，改变了以届和以年冠名并存的状况；社区代表增加外来务工人员、外来媳妇等新面孔，体现代表广泛性；社代会主持人由社区单位的社区代表主持，主席台就座的主要是社区委员会和社区专业委员会负责人；街道报告不再洋洋洒洒，区职能部门派出机构、社区专业委员会、社区单位和居民代表都有大会发言；会场内外营造欢乐祥和的民主气氛，社代会当天各街道插彩旗，拉横幅，有的还安排腰鼓队、扭秧歌；区四套班子领导到会祝贺。一些社区代表说，这才像社区代表会议。

汇集民智，解决社代会神似问题。为了把社代会开成凝心聚力、社区共治的会议，从民主审议、民主评议、民主商议三个方面，提高社代会实效。民主审议，规定街道办事处新一年安排的民生实事项目，必须向社代会报告，接受审议。在2012年各街道社代会上，新增老人助餐点、改进小区养老设施、实施住宅小区综合改造等一批事关民生福祉的实事项目获社代会通过，实现了政府行政管理与社区共治的良性互动。民主评议，街道办事处、社区"双重管理"单位工作以大会交流和书面交流形式向社区代表述职，接受民主评议。民主商议，安排社区代表专门用半天讨论时间，共商社区成员关心的身边事，做到讨论问题有记录，闭幕会上有回应。一些社区代表说，这才是社区共治会议。

专委会——从社区建设配角向主角转换

虹口区各街道社区委员会都下设专业委员会。但曾经一段时间，专委会作用发挥不理想，想做事呢，担心越俎代庖；不做事呢，也无关紧要。为了充分发挥社区专业委员会作用，虹口区指导各街道从选好领军人物、搭建工作平台、抓好典型引路三个方面，促进专委会在社区建设中发挥作用。

选好领军人物。专委会主任采取组织推荐和民主推荐相结合的办法，推选热心公益事业、有群众工作基础、又有专业背景的体制外的社区代表担任。例如，曲阳街道社区民生专业委员会主任请建阳医院的院长担任。该院长通过社区代表会议了解到社区养老机构不能满足社区老人的需求，积极协调多方，促成建工医院原门急诊大楼改建为建阳养老院，并依托建工医院，把养老院建成"养医结合"的老人之家；今年，他还准备筹建建阳护理院，为社区老人提供更好护理服务，得到曲阳社区老人们的好评。

搭建工作平台。为使专委会有效发挥作用，街道建立专委会工作向社代会报告制度，城市管理、民生保障、综合治理、精神文明建设等政府工作向专委会及时通报制度，使专业会工作有责有权，与街道工作对接，并支持他们发挥作用。例如，江湾镇街道为了整合平安社区建设资源，支持综合治理专业委员会，于2011年建立江湾镇街道综合治理协会，会员成员由辖区内的央企、市企、区企、私企和教育医疗等单位共同组成，并建立协会临时党支部。协会成立后，成员单位和居委会建立"1+1"共建形式，积极认领综治平安志愿服务项目，有力促进了平安江湾建设。

抓好典型引路。利用《虹口社区》、街道《社区报》和经验交流等形式，发扬光大专委会发挥作用的典型事迹。例如，2011年夏天，凉城街道社会保障专业委员会，发现社区一幢部队居民楼因周边施工，导致水压低，居民用水难。专委会立即将问题反馈到街道。同时，又借助专委会一名海军基地成员力量，联系施工单位，协商解决问题。在专委会的积极协调下，居民的用水难问题得以妥善解决。凉城街道以此为典型，加以宣传总结，起到示范引领作用。

代表作用——从社代会向闭会期间延伸

“人大代表举举手，社区代表拍拍手”。为了改变社区代表在部分群众心目中只有在社代会上鼓掌的形象，推进社区共治，虹口区着眼于充分发挥社区代表作用，指导街道与社区代表会议制度相匹配，建立发挥社区代表作用的制度。

建立书面意见办理制度。社区代表对社区工作的意见不是嘴上说过、街道听过就结束，而是由街道参照人大代表书面意见受理程序办理，做到件件有着落，事事有反馈。如提篮桥街道由于是老城区，老人洗澡难问题突出。2011年，社区代表提出书面意见呼吁街道解决，街道认真受理，采取“政府补一点、企业让一点、居民出一点”的出资方案，解决了老人洗浴难问题。又如，凉城街道文苑三小区公益配套设施落后，老年人活动室狭小。2011年，社区代表提出书面意见。街道花了九牛二虎之力说服小区物业，将70平方米的出租门面房转租给街道，由街道进行装修，改造成老年人活动室，满足了小区老人的文化活动需求。

建立社区代表活动制度。社区代表不是社代会结束就完成使命，而是每季度以组为单位，开展活动，重在了解和反映社情民意。例如，欧阳街道专门成立社区代表工作室，负责社代会期间和闭会期间社区代表工作。与社区代表活动制度相配套，建立社区代表联络制度、经费保障制度。2011年，街道以视察网上敬老院为社区代表活动的内容。社区代表通过视察，建言街道要加大网上敬老院的宣传，街道采纳了社区代表活动组的意见，通过制作和发放宣传手册、改版网上敬老院页面、开设“网上敬老院”微博、建成“爱老文化墙”等措施扩大网上敬老院宣传范围，使服务社区老人工作更深入。又如，凉城街道在确立十二五社区发展规划和每年社区实事项目前，事先通过10个社区代表小组季度主题活动征求社区代表意见，实事项目确立后请社区代表全程监督实事项目的落实情况。

建立社区巡访团制度。以社区代表、人大代表、政协委员、社区志愿者为骨干建立社区巡访团，专门查找社区管理中问题。如江湾镇街道社区巡访团，常年投身文明社区创建、文明指数测评、漂亮楼道评比等活动中，将巡视中发现的各种不文明现象及时记录下来，反馈给街道，并督促整改，成为江湾镇社区名副其实的“啄木鸟”。同时，巡访团还是社区的“报春鸟”，在街道每年开展的“漂亮楼道”创建评比中，巡访团不论严寒酷暑，坚持赴各个楼道进行打分评比，发现有特色的“漂亮楼道”，及时反映给街道文明办进行宣传推广。

社区单位——从社区一员向共同体成员发展

社区是否共治，关键看社区单位作用发挥如何。近年来，虹口区各街道坚持以社代会制度为纽带，服务和凝聚社区单位，使社区单位由社区一员发展成为社区共同体建设的成员。

以共建共享为旗帜。虹口区各街道秉承“要发挥社区单位作用，首先要服务好社区单位”理念，社区文化活动中心、党员服务中心、街道图书馆等向社区单位开放；社区单位利益诉求通过社代会反映或通过社区代表书面意见办理；街道举办社区艺术节、社区运动会、表彰社区志愿者、奉献在社区先进表彰等活动，都吸纳社区单位参与，使社区单位深感作为社区大家庭的一员应该为建设社区共同体多做贡献。例如，各街道在建设充分就业社区中，深入开展“进万户家庭、访万家企业、助万人就业”专项活动，既依靠企业，也服务企业。定期向企业宣传促进就业优惠政策和企业享受减免税有关政策，巩固发展了社区就业基地。截至2011年底，全区街道依靠社区企业共建立各类就业援助基地85个，使一批就业困难人员在社区就业基地得到安置。又如广中社区，在“百联又一城”、“凯德龙之梦”建设、招商和开业中，街道积极协调各方为企业解决周边市容环境、交通环境整治和企业用工等问题，以实实在在的服务赢得了企业对社区的认同感、归属感。

以共建活动为抓手。社区单位和社区街道没有行政隶属关系，虹口区各街道探索走出了一条以共建活动为抓手，发挥社区单位作用的道路。例如，嘉兴街道于2012年3月举行了“五联共建三结对”活动签约仪式，街道商会的11家会员企业分别与辖区11个居民区党组织签订了首批帮扶协议，捐款资助社区生活困难家庭，标志着街道开展的“千企联万户”活动拉开了序幕。又如，四川北路街道辖区单位上海集邮总公司、上海工业合作经济研究所、城投原水股份有限公司、上海第一人民医院分院等企业，先后成为街道的共建单位，在开展社区帮困结对、为老年人提供义诊、弄堂外墙粉刷等方面为社区做了大量工作。上海大微供应链管理有限公司为配合提篮桥街道旧区改造，成立了“上海北外滩感恩爱心服务中心”。该公司以在职员工每人每月20元和每完成一笔业务2元钱的提成，筹集善款20万元，旨在依托中心，带动北外滩相关航运企业，为促进提篮社区旧区改造，加快北外滩开发，实现虹口新崛起作出贡献。

（虹口区社建办供稿）

构建社区管理共同体
着力提高社区管理效能

针对近年来社区管理过程中出现的新问题和新挑战，松江区岳阳街道自2011年3月起积极探索和建设岳阳社区管理共同体，并在2012年将其确定为街道3项重点工作之一，制定和实施了《2012年岳阳社区管理共同体建设纲要》。

居民自治、社区共治、联合整治，是岳阳社区管理共同体的基本要求

社区管理犹如一场音乐会，街道如何扮演好指挥的角色，相关职能部门、社区成员单位以及广大社区居民如何各据其位、担当主角，精彩演奏岳阳社区管理的交响乐，共同完成岳阳社区管理的各项目标任务，这就是岳阳社区管理共同体的基本构思。

随着经济社会的不断发展，客观环境的变化促使社会管理的对象和范围呈现出“面广量大、点多事杂”等新特点，从而必然要求社会管理方式由过去一元的政府大包大揽向社会多元主体共同参与的方向转变。鉴于对世博会期间社会管理成效凸显以及延续后世博效应的考虑，街道希望通过社区管理共同体建设工作的推进，最终形成“居民自治、社区共治、联合整治”的社区管理新局面。概括起来，岳阳社区管理共同体建设的主要做法，就是充分发挥街道党工委和办事处的平台作用，围绕街道区域内出现的各类管理问题，广泛组织和发动广大干部、居民群众、社区单位、区属职能部门，明确目标、落实责任，用最简捷有效的方式，解决问题、化解矛盾。同时建立长效管理机制，使管理效果常态化。最大程度避免以往社区管理过程中经常出现的“头痛医头，脚痛医脚”和“有的事没人干，有的人没事干”等现象，细化责任，做到事事有对应，人人有目标。也可以这么说，岳阳社区管理共同体的特点就是以出现的问题为导向，把解决这些问题作为目标任务，在此基础上进行全方位发动，建立机制，充分发挥“居民自治、社区共治、联合整治”的作用，各方行动，直到出现的问题和矛盾化解为止。

广泛发动、机制创新、彰显成效，是岳阳社区管理共同体的基本做法

岳阳社区管理共同体建设工作重点围绕三个要素开展：

目标任务明确。根据制定的《2012年岳阳社区管理共同体建设纲要》，明确了2012年岳阳社区管理的四大目标任务。一是环境目标，重点抓岳阳社区范围

内九条道路“六个无”、居民小区“无六乱”，确保市容市貌干净、整洁、有序；二是安全目标，重点开展五项教育、强化四项检查、实施四大整治、完善三十五处设施，最大程度消除辖区范围内各类安全隐患；三是稳定目标，重点做到矛盾调处“三个有”、治安防范“三到位”，确保人民群众安居乐业、社会秩序平稳可控；四是服务目标，重点实现党员服务群众、部门服务基层、政府服务发展，努力落实社会需要、居民关心的一系列民生问题。

发动面广。客观现实表明，社区管理的主体不能只局限于政府及其相关职能部门，还应当包括社会各类组织、单位、部门，以及广大社区居民。因此，岳阳社区管理共同体建设工作首先在“组织发动”上下功夫、做文章，在《建设纲要》中明确了组织发动“九类人群”，即区职能部门、驻区单位、机关工作人员、“两代表一委员”、统战人士、市民巡访团、物业公司、社区工作人员、社区居民等，并在每类人群确定一至两名班子成员负责组织发动，协调关系，开展活动。同时，也在《建设纲要》中确定和细化了每类人群在参与社区管理共同体建设过程中具体该做些什么、具体该怎么做，确保制度设计和工作举措不会止于纸面、流于形式，而是使九类人群都能够在共同体建设中找到自己的位置、找到自己的事情。

整合度高。在以往的社区管理过程中，最难克服的现实问题就是“条块分割、条块冲突”，街道有发现问题的优势，委办局有解决问题的资源，需要的就是如何把两者相结合，实现互补互通。因而在社区管理共同体的制度设计中，除了把区职能部门确定为组织发动的九类人群之一外，还特别设计了联席会议机制，主要职责是研究讨论有关环境、安全、稳定、服务等方面整治工作的相关制度与具体举措，明确相关职能部门的责任分工、目标任务。截至2012年8月中旬，共召开社区管理共同体建设联席会议4次，讨论各类社区管理问题8大类38项，开展联合整治24次，涉及区属职能部门9家，处置问题涵盖无证经营、跨门经营、乱设摊、违章搭建等，基本达到预设的整治目标，同时取得良好的社会效果。

任务透明、责任明确、公众监督，是岳阳社区管理共同体的基本保障

在推进岳阳街道社区管理共同体建设的过程中，社区坚持认为，责任明确，监督到位是提高管理效率、增强组织活力的重要手段。因此，社区管理共同体在已经形成的十项工作机制中，充分重视将各项内容制度化、长效化，形成便于政府操作、群众参与的工作机制。

透明，形成管理征询和公开通报机制。在社区管理项目推进之前，运用管理征询机制，通过呈送和发放意见征询单、召开专题会议、上门走访等形式，向相关部门、单位、组织及社区居民等征求对于街道社区管理的具体意见建议及要求等，以确定社区管理共同体下一阶段的工作重点和实施举措。在社区管理项目完

成后，运用公开通报机制，通过报纸、电视、网络、简报等载体，向社会各界通报区职能部门实际解决问题的情况，以及对驻区单位行业测评的情况，同时，通过表扬信、曝光台等形式，对个体及单位，表扬先进、激励后进、鞭笞落后，形成良好的社会舆论氛围。

明确，形成叠加巡查和归口派单机制。社区管理共同体的主要目标就是发现问题、解决问题，因而在实际操作中，侧重于体现“各据其位、各司其职”的责任性。在发现问题上，设计了叠加巡查机制，要求社区管理共同体中的六类人群根据区域、行业划分，针对岳阳范围内环境、安全、稳定、服务四方面存在的突出问题、热点问题开展巡查，并通过网络平台及时上报。在解决问题上，设计了归口派单机制，由社区管理共同体办公室汇总巡查反馈信息及其他单位或居民来电来信反映的情况，分门别类后向职能科室、居委会开具《存在问题处置单》并限期处置及反馈。

监督，形成反馈评价和跟踪监督机制。公众监督是保证社区管理共同体建设工作始终朝着正确方向发展并取得实效的重要保证。首先设计了反馈评价机制，定期或不定期开展街道、区职能部门、驻区单位及社区居民等的互动活动，征求他们对于共同体四大任务推进情况、热点难点问题处置情况的意见建议及满意度等，并及时进行解答反馈。另一方面，作为完善，还设计了跟踪监督机制，街道安排专人对共同体办公室是否及时派单、职能科室是否及时落实整改、相关部门是否及时采取联合整治等情况进行跟踪监督，对于不得力、不及时的，予以警示提醒或诫勉谈话等。

街道通过推进社区管理共同体建设，拓展了解决问题、化解矛盾、表达诉求的渠道，取得了初步成效。2012 年 1 至 6 月，110 报警率同比去年下降 8.3%，偷窃、偷盗案件同比下降 21.2%，信访数量同比下降 37.8%。一些长期困扰街道的老大难问题，如：小区“牛皮癣”、景家堰停车难、景德路乱停车、普照路乱堆物、中山中路噪音扰民、戴家浜违章搭建、龙兴等四小区毁绿种菜、17 家违约经营店铺、24 家无证餐饮等九大顽疾被一一化解，市容市貌得到大大改善，居民的幸福感不断增强。

（松江区社建办供稿）

践行共治理念 探索长效机制

徐家汇街道位于上海市中心城区西南部，是上海城市副中心之一，面积 4.04

平方公里，辖29个居委会，常住人口近11万。辖区内，各类机关、企事业单位7000多家，日平均流动人口70万人，是一个集居住中心、文化中心、商业商务中心及公共活动中心为一体的综合型城市化社区。其具有典型的城市化社区特点：群体需求差异化，区域内的居民群众在社会关系、人际交往、价值观念、生活方式等方面存在很大差异；居民身份社会化，由“单位人”转变为“社会人”，“陌生人”社区的特征更为凸显，需要培育核心价值、塑造公共认同；社区资源多样化，既有各类社区单位，还有不断成长的社会组织、公益机构等，为整合政府、市场、社会多方力量开展共治提供了基础和条件。

对于徐家汇社区这个异质性很强的复杂形态社区，徐家汇街道坚持从社区共治的角度进行有益探索和尝试，不断建立完善长效管理机制，以社区居民的需求为导向，以服务社区成员为宗旨，努力通过公共资源、社会资源的有机整合，形成了社区代表会议谋发展—商圈“大联勤”共管理—社会组织同参与的社区共治格局。

基础植根民生，社区成员共谋社区发展

随着经济社会的迅速发展和社区结构的变迁，徐家汇社区呈现出利益多元化、需求差异化、服务复杂化等诸多特点，原来的社区居民代表会议已经不能适应徐家汇社区整体发展的需要，徐家汇街道在全面贯彻中央、市委市府文件精神的前提下，为充分了解民情、反映民意、集中民智，进一步完善社区共治形式，于2005年7月15日成立了上海首个社区代表会议。

全组织构架，增强代表性和广泛性

社区代表会议作为一个反映社情民意议事协商机构，在街道党工委的领导和办事处主导下，对社会性、公益性、群众性的社区事务进行议事协商、协调联络、监督评议和在社区进行宣传动员。第一届社区代表会议在第四届社区居民代表会议的基础上，通过民主协商推荐增加了40名社区企事业单位、学校、新经济新社会组织等单位的代表，共计207名代表，形成由社区居民、驻区单位、社会组织和社区党政组织等各方代表组成的代表结构。社区代表会议代表的名额一般为社区总人口的千分之二至千分之三，代表每届任期三年。第四届社区代表会议，共有217名代表组成，其中：居委干部29名，占13.4%；居民代表31名，占14.3%；企业事业单位99家（其中非公65家），占45.6%；社会组织17家；占7.8%；党政军单位41家；占18.9%。

从第一次社区代表会议开始，徐家汇社区代表会议开始在休会期间设置常设性的工作机构——社区委员会，并由新一届社区委员会集体讨论决定主

任、副主任、委员和秘书长名单，产生了城市管理专业委员会、社会事业发展专业委员会、社会保障专业委员会及社区安全专业委员会四个专业委员会，在闭会期间行使社区代表会议各项职责。社区委员会的两个作用：一是要充分发挥好议事协商、沟通作用。二是要发挥好监督评议作用。为引导社区成员参与讨论、协调需求、沟通意见、达成共识，保证社区成员反映利益需求、参与民主管理的有序进行，常务委员会和各专门委员会主要以听证会、协调会、评议会、咨询会和视察调研等形式开展活动。通过社代会的工作，达到“进一步完善社区成员民主参与机制，进一步优化社区治理结构，进一步畅通民主管理渠道，进一步形成有利于各方参与、平等协商、安定有序的现代社区建设合力”的目标。

定期召开会议，加强民主建设

每年 1 月份定期组织召开徐家汇社区代表会议，全体代表听取街道办事处和社区代表会议社区委员会工作报告。并在分组讨论中积极行使知情权、建议权、监督权，为加强徐家汇社区建设管理等提出了许多宝贵的意见和建议。

落实代表提案，讲究工作实效

程序化、系统化落实社区代表会议代表意见和提案，制度化确保代表提出的合理化建议和意见能够被采纳和办理。一是领导重视。街道领导对代表提出的各类建议和意见给予高度重视，要求办理人员认真、及时地处理好每件代表意见和提案，特别对社区代表提出的各种新情况、新问题要深入调查研究，尽力把工作做细、做实，力争做到件件有落实，事事有回复。二是部门配合。根据徐家汇社区代表会议代表意见处理程序，社区代表会议社区委员会及秘书处在街道相关职能科室的积极配合下，本着对代表负责、服务于民的态度，对收到的代表提案，进行及时汇总分类，认真梳理。三是督促落实。社区委员会秘书处将代表提案分类后，及时转交到相关职能科室，并督促落实到位。社区委员会秘书处会同街道相关职能科室，结合实际情况，做到急办的先办，能办的积极办，暂不能办的留作参考，努力使居民普遍关心的问题能够尽快得到妥善解决。

开展视察调研，丰富会议内涵

社区委员会及各专业委员会按照《社区代表会议章程》的相关规定，充分利用好全体会议制度、例会制度和临时会议制度，认真开展对社区建设和管理的重大事项、街道年度实事项目、公共设施建设项目和某一领域内的专门事项等的听证、协商，在社区民主自治管理中切实起到一个组织协调、充分反映民意的作用，为社区管理注入新的活力和内涵。

在社区代表会议闭会期间，社区委员会、城市管理专业委员会、社会事业发展专业委员会、社会保障专业委员会及社区安全专业委员会以视察、调研、座谈、评议等形式开展活动。先后视察了徐家汇社区文化活动中心、9幢高楼改造工程、中漕新村动迁工作、为老服务中心、宛平输变电工程动迁工作、泰东新村卫生服务点、西塘旧小区改造、王家堂旧小区改造、中小道路景观改造、精神病日间照料中心及徐家汇社区生活服务中心等；调研了灯光改造工程、特奥会社区接待工作、支援四川抗震救灾捐赠工作、轨道交通9号线动迁、迎世博600天行动、社区教育发展、徐家汇社区服务信息平台建设和社区网络文化建设等项目。委员们充分发挥好议事协商、协调作用，监督和支持社区的各项工作，交流社区建设工作，为街道实施重点工作项目提供了参考。

条块联动，创新管理，联勤联动共管社区建设

2012年2月，区委、区政府在徐家汇、枫林、华泾三个区域启动城市综合管理“大联勤”试点，徐家汇主要围绕重点区域管理，从解决区域问题、创新社会管理出发，着眼于整合社会资源、推进前端管理，建立完善了一系列管理机制。

强化条块联合，构建“三个一体化”的协调指挥网络

一体化指挥。依托徐家汇地区管委会和徐家汇商圈综治委两大管理平台，积极整合区域公安、城管、市容、交警、工商等职能部门和商城集团、东亚体育集团等商家企业，建立了“条块联动、内联外合”的指挥体系。该体系采取“公安派出所为主，七所八所配合，企业积极参与”的模式，充分调动了区域内资源，形成了齐抓共管的合力。

一体化协调。将大联勤办公室设置在徐家汇地区管委办（徐家汇商圈综治办），负责统筹大联勤工作日常事务，并制订了工作例会、绩效考核、信息反馈、快速处置等一系列流程和制度。办公室每周召开联勤工作例会，汇总情况，布置任务、反馈结果等，并设有一名联勤专管员，负责与管理队伍进行日常信息沟通和联络。

一体化管理。大联勤办公室下设执法办公室、街面快速处置队伍、重点区域综治工作站等，均由徐家汇派出所商圈治安班组负责人进行统一指挥，充分发挥了公安在防范、打击和保障方面的主体作用。徐家汇派出所大力支持，所领导多次开会内部动员，并为街面快速处置队伍、重点区域综治工作站等配置了精干力量。应该说，公安一体化管理的机制运转几个月来，成效非常突出，暴力抗法的现象少了，执法管理工作越来越顺畅了。

强化问题导向，建立“三方联动”的联勤联管网络

管理空间上突出上下联动。在成立全区第一家轨交执法工作站的基础上，进

一步协调轨交派出所、申通公司与城管一分队、保安公司加强地面与地下的联合执法，共同管好地铁通道、出入口等边界区域。

管理边界上突出内外联动。积极加强公共区域与企业红线区域、自我管理区域的边界联管和联控，形成管理上的无缝衔接。建立综治工作站，组织体育场派出所和城管一分队联合执法，实现上海体育场内外的整治联动；完善徐家汇公园管理队伍联席会议机制，组织公园三保人员与公安、城管共管共治，实现公园内外的执法联动；组建商圈企业治安联谊会，公安牵头搭建治安共建平台，实现市场内外的维稳联动；聘请91名保安协助参与街面日常管理，实现店铺内外的管理联动。

管理资源上突出队伍联动。组建商圈快速处置队伍，实现问题共同处置、管理相互补位、整治成为常态。该支队伍采取“4+X”制，分为日常队伍和应急队伍两部分。日常队伍，由公安、城管、工商、保安派专人组成。分为两队，每队均配备一辆4人座电瓶车，由公安指挥，巡逻时间为：早上10：00—晚上22：30。应急队伍，包括交警、卫生等管理部门和商圈13支管理队伍，负责及时增援快速处置队伍。应急队伍配备15辆单人电瓶车，由管委办负责协调指挥。

强化前端管理，完善“4个站”的基层工作网络

积极整合多部门，探索引入第三方，共同破解区域管理顽症问题，初步实现社会管理由事后处置向主动式、前置式管理的转变。徐家汇社区在商圈重点区域：数码城、东亚体育文化中心、徐家汇公园和鸿基广场设立了4个综治工作站，形成了一张基层联动工作网。这张网络承担着治安防范、矛盾调处、法制宣传和预防犯罪等主要任务。其中，针对矛盾纠纷的高发地——数码城区域，牵头协调徐家汇派出所、徐家汇工商所、上海先行民商调解中心在综治工作站共同坐堂，全年无休调处该区域的矛盾纠纷。同时，积极加强综治工作站与四大数码商场管理部门的信息联动，共同排查矛盾纠纷，实现了“一早和一快”。即，矛盾纠纷发现早、介入早、处理早、解决早；警力调配快接警、快调警、快出警。

强化队伍整合，打造“七位一体”的街面防控网络

为进一步强化街面管控力度，徐家汇社区整合资源强化联动，建立了街面综合信息平台。主要内容为：“一支队伍、一个袖章、一套制度”。一支队伍，即整合区域七支街面管理力量，如：城管、辅警、交通协管员、出租车协管员、非机动车协管员、环卫、保安等，建立了规模近500人的街面信息员队伍。上述队伍在各司其职的基础上，承担着发现并反馈街面市容、治安、交通等信息的任务，真正实现了“一岗多责”。“一个袖章”，专门印制了1，000只大联勤工作袖章，发放到各支街面信息员队伍，营造了联勤联管的良好氛围。“一套制度”，即制定

了街面信息定期搜集、汇总、反馈等一系列制度，专门制作了信息搜集表格，定期汇总街面信息并及时反馈至相关管理部门处置。

强化绩效考核，形成全员覆盖的闭环管理网络

为配合大联勤试点工作，在原有 6 支管理队伍参加绩效考核的基础上，进一步延伸考核范围，扩充到 13 支管理队伍全部参加季度及年度考核。同时，进一步健全考核流程、指标、机制等，完善了发单、执行、监督、考核、奖惩等环环相扣的闭环管理体系。考核注重“六个率”，即问题的发现率、执法的效率、顽症的解决率、整治的回潮率、公众的满意率、信息的报送率。从实施效果来看，对激发队伍士气，营造争先氛围起到了积极的作用。

积极培育、合理引导，推动社会组织参与社区建设

徐家汇街道高度重视社会组织工作。近年来，街道在培育扶持社会组织、推动社会组织参与社区建设、促进社会组织健康有序发展等方面积极探索，取得了明显的成效。目前，辖区内注册登记的社会组织有 122 家，其中民非单位 87 家，社会团体 35 家。各类社会组织在加强和创新社会管理，服务和促进社区和谐中发挥着积极作用。

搭建平台，优化服务，积极培育扶持社会组织

徐家汇街道在全区率先建成徐汇区社会公益组织孵化园（徐家汇园）、徐家汇公益组织社区实践基地，于 2011 年 12 月正式运行。孵化园、实践基地与徐家汇街道社区生活服务中心相融合，建筑面积 1200 平方米，形成“园区、基地、中心”三位一体的联动运作模式。

提供政策扶持。入园的社会组织一般孵化期为两年，期间可享受《徐汇区社会公益组织孵化园管理和扶持办法》中规定的扶持政策，免费使用园区提供的办公场所或席位、基本办公设施、公共活动场所和相关培训等，优先获得人事代理，党、团、工建代管和财务代理等服务，对符合条件新开办的社会组织，还一次性给予 2—5 万元的开办费补贴。同时，还可获得社团登记代办服务、财务代记账等其他优惠扶持。

积极培育社会组织。街道先后扶持培育了上海市徐汇区徐家汇社区嘉汇物业事务指导中心、上海先行法治调解中心、上海旗袍文化中心等社会组织，在参与社区民生服务、化解社会难点问题、弘扬传统优秀文化等方面发挥了积极作用。

为社会组织参与社区建设搭建平台。在社区生活服务中心建立社会组织服务工作室，为社会组织免费提供公益活动阵地，形成生活服务与社会组织发展的有效联动，促进社区居民了解公益、体会公益、享受公益。同时，通过每月两次的

进社区志愿服务活动，带动社会组织参与为民服务。公益组织提供的社区志愿服务活动内容丰富，涉及医疗、文化、卫生、慈善、信息、教育、科普、交友等方面；对象广泛，针对白领、残疾人、老年人、青少年等开设不同需求的特色服务，受到被服务者广泛好评。

加强合作，扩大参与，充分发挥社会组织作用

一是主动对接，吸引社会组织项目落地社区。2010 年以来，通过上海市公益项目招投标和公益创投，“倾情伴夕阳——独居老人关爱”、“星光计划——无障碍电影进社区”、“同沐阳光——社区精神残疾人士关爱”和“社区老年人互助团体建设”等项目相继落地徐家汇社区，在社区为老服务、助残关爱等方面发挥了积极作用，形成社会组织的专业优势与政府的组织资源优势互补合作、共赢发展的良好态势。二是购买服务，鼓励社会组织参与社区建设。近年来，街道加大政府购买社会组织服务的力度，先后与社会组织服务中心、嘉汇物业、春晖社工师事务所、上海索益、青年志愿者协会等入驻社会组织签订购买服务协议，以政府购买服务等方式加大对社会组织的资助力度。三是跨前服务，为社会组织发展创造条件。街道以预警网络工作为载体，加强为辖区内 122 家社会组织服务力度。一是建立定期走访机制。定期将辖区内社会组织的基本情况下发到各居委会，要求各居委会通过上门走访、电话询访等方式，了解社会组织的基本运行情况、询问其需要帮助解决的困难和问题等，并及时将走访情况反馈到街道，做到底数清、台账明，同时也增强了社会组织在社区的归属感和责任感。二是建立宣传展示平台。建立社区信息化服务平台，社会组织可通过签约成为平台单位，为宣传展示社会组织工作、促进社会组织参与社区服务提供了舞台；组织社会组织参加徐汇区社会组织公益成果展、社区公益项目推介会等，扩大社会组织影响，促进服务与需求的有效对接。

（徐汇区社建办供稿）

社会力量共同参与城市管理

近年来，徐汇康健新村街道积极探索依靠社会力量共同参与城市理的新机制，按照“系统性规划、高标准建设、精细化管理”的要求，着力构筑起了市容环境综合管理社会力量广泛参与的新天地。2010 年街道首批创建成为上海市市容环境综合管理示范街道，市容环境社会公众满意度测评在全市中心城区街道镇的排名也有上升。

康健新村街道位于徐汇区西南部，呈现六多六少的特点：

人口众多，商业网点少。康健街道现有常住人口近9万人，加之流动人口整个社区人口达12万之多，属于纯居民住宅小区，商业需求量大，但规划的商业网点先天存在不足且布局不合理。

老小区多，商品房小区少。在65个自然小区中，39个为老式公房，更有西薛家宅、老坟山、杨家桥三个“城中村”；另在24个商品房小区中，也有近一半始建于八十年代中后期，基础设施陈旧。

各类院校多，配套设施少。社区教育资源丰富，中共上海市委党校、区委党校、建委党校、上海师大、上海应用技术学院等各类大中小院校共计17所。校园周边配套设施明显无法满足“学生流”的需求。

中小道路多，景观道路少。18条道路中，市级主干道只有2条，非主干道的中小道路及背街小巷却占极大的比例。值得一提的是，康健街道的各类市场及门店却大都集中于这些非主干道中，甚至达到密集的程度。

一地两管区域多，管理人员少。康健街道的庙桥市场、张家浜市场、梅陇经济开发城及桂平路以西、钦州南路以北、漕宝路以南、虹梅路以东广阔区域，直属管辖权分属漕河泾街道、华泾镇桂林实业公司、闵行区梅陇镇等多个街镇，长期处于异地托管，日常管理人员相对较少，长效管理捉襟见肘。

三小行业门店多，品牌商业少。社区内有责任单位781家，其中各类集贸市场有10个，上档次、有规模的品牌商店少，业态结构也不甚理想，多无证无照的三小行业，占总门店的85%。

针对这些特点，康健在区绿化市容局的指导下，坚持拓展思路、创新机制，整合资源，积极探索发动社会力量共同参与城市建设和管理的有效路径，打好城市管理的主动仗。

“四联”机制

街校联建

桂林路上师大周边48家门面房的管理，一直以来都是工作重点和难点。因需求量大，许多商店不仅跨门经营严重，而且乱设摊、黑色烧烤、夜排档屡禁不止，街道虽多次组织多部门进行联合集中整治，但效果很不明显，暴力抗法时有发生。为有效解决这一地区的管理顽症，康健主动与上师大取得联系，街道与校方进行共建，通过街校联建的形式进行综合治理。上师大领导对街道工作十分配合和支持，专门成立了资产经营管理公司，改变了原来多单位多头管理的格局。上师大那些有违规经营现象且不听劝阻的商户，学校即使损失租金收入也要坚决关闭。自从开展“街校联建”以来，桂林路的市容面貌有了根本性改变，特别是商家自觉履行“市容环境卫生责任书”的意识明显增强。

街街联动

冠生园路上的庙桥菜市场原属漕河泾街道管辖，后地域管理权划归康健街道，但所有权仍属漕河泾街道所有。管理与产权的分离，致使管理权限不明、职责不清，市场周边一度陷入混乱的境地，历史遗留问题比比皆是，各种违法违规行为频发，成为管理的重灾区。成为居民投诉、新闻媒体曝光和市民巡访团督查的焦点地区。严重影响社区整体形象。针对此状况，在区市容局牵头协调下，协商决定康健和漕河径街道建立“街街联动”机制，形成合力，齐抓共管。集中开展乱设摊；跨门营业；乱堆物；机动车、非机动车乱停放等5个影响市容市貌突出问题的专项整治，强化街街联建联动共管机制。通过合作，效果立竿见影，庙桥市场内外的市容市貌、环境秩序得到彻底改善，由原来的重灾区成为现在的样板路。

街商联席

浦北路是康健地区唯一的一条商业街，门店相对集中、人流量大。过去各商家“市容环境卫生责任区”履责不到位，跨门营业、乱招贴、乱抛物现象十分严重。为此街道动员沿街72家商店成立了“浦北路商家门责管理联席会”，推选商家代表作正副会长、市容所长为秘书长，并制定商家联谊会《意见》、《章程》、《公约》等文件，实行商家自治管理。为了监督落实管理实效，联席会定期组织商家代表对履责情况进行自查自纠，这样做既起到了互相监督作用，又能逐步增强商户的自律意识。同时为鼓励、支持广大商家积极参加联席会经常性开展自律活动，街道也采取一系列政策扶持措施，如安排专人走访联席会成员单位，提供市容环境、店招店牌设置、门面装修等方面的相关咨询，经常性地听取成员单位对市容环境工作的意见和建议；定期或不定期开展评比活动，对守约的成员单位给予一定的奖励等。经过不断地实践和摸索，浦北路商业街的市容环境面貌和门责状况大为改观，不仅减少了职能部门的工作难度，更使浦北路商业街的长效管理打开了局面。

执法联合

为整合执法力量，从2009年初起，根据区里的统一部署，由街道牵头协调公安、工商、食药监等部门组成联合执法队，开展联合执法。这样做既保证了执法主体的准确性，又通过联合执法这一形式给违章对象造成了高压态势，确保了执法效果。为进一步提高执法效能，街道专门成立了由主要领导挂帅的联合执法办公室，负责组织、指挥和协调联合执法工作。街道分管市政的领导任联执队队长、市政科长和城管分队长任副队长，同时形成例会制度，定期召开工作例会，听取总结前期工作汇报并制定整治计划，讲评各职能部门的参与情况，共同商讨在工作中碰到的各种困难和问题，积极研究解决的办法及措施。联合执法队伍成为社区管理的先锋队和排头兵。

“三自”机制

商家自律

严格落实门责各项规定，街道与辖区沿街各个单位、门店签订了门前市容环境卫生责任书。同时，要求业主将责任书悬挂于单位、门店醒目位置，增强他们落实门前市容环境卫生责任的意识。把店招店牌巡查与“市容环境卫生责任区”检查有机的结合起来，建立了日常督察考核制度，做到每周对沿街商家“市容环境卫生责任区”履责情况进行专项检查。对存在问题的，及时上门做宣传教育工作，并限时整改。对少数屡教不改且态度恶劣的商家，则由相关职能部门按照法律法规进行处罚。为了调动大家落实“市容环境卫生责任区”管理的积极性，每月还评选一次“市容环境卫生责任区管理先进单位”，每条马路评选数家，并颁发流动红旗，给予一定的物质奖励，来提升商家的自律意识。

居委自治

杨家桥、老坟山、西薛家宅是康健地区的“城中村”，人口聚居密集，简陋居住条件、不良生活习惯给市容环境带来诸多问题。康健街道高度重视，在进一步强化“城中村”内部管理，落实“城中村”综合整治上狠下功夫，从管理要求、人员安排和经费上下大力气，在三个居委的鼎力配合下，充分发挥杨家桥和老坟山的“新上海人”联谊会和“路管会”组织的作用，在投入资金大力改善基础设施和生活环境同时，加强宣传教育，倡导健康生活理念、推崇文明生活方式，定期开展“城中村”专项整治活动，使市容管理与自我管理相结合，为“城中村”的长治久安奠定了扎实的基础，通过多年的整治和长效管理，环境面貌得到了有效的改善。

志愿者自主参与

为了真正做到全民参与市容管理的目的，发动社区居民，组建志愿者队伍。同时为了提高社区居民的环境意识和责任意识，动员居委会和物业公司在各个居民小区利用黑板报、发放宣传资料和设点咨询的方式进行广泛的宣传发动，让大家充分理解和支持街道的工作，从而参与工作。“小区是我家，清洁靠大家”，只有大家都自律了、参与了，才能有一个真正良好的居住环境。街道成立了志愿者管理中心，每个小区都组建了20人的城市管理志愿者队伍，结合“三五”活动，他们不仅分批在小区内巡察，而且对小区大门外两侧100米范围内的各类有碍市容观瞻的现象进行清理和管理。在集中整治过程中，有意识组织志愿者到现场充当路人做工作，收到很好效果。

“三化”机制

市场化运作

菜市场是人流量最集中，管理要求高难度大，尤其菜场尾巴是整治的难点。曾经一度乱设摊成灾，周边居民怨声不断。为了根治乱设摊现象，加强市场的规范化管理，街道经研究决定将其推向市场，由企业承包经营，并要求其专门加强对市场门前非机动车停放和乱设摊、跨门经营管理，并与经济奖惩挂钩。现在，街道已将除桂东市场外的集贸市场全部推向走市场化运作之路，从目前管理效果来看，不仅市场内部管理规范有序，而且周边环境良好。

针对管理区域大、难点顽症多、管理人员不足的实际进一步提升精细化管理水平。街道党工委、办事处决定以政府购买劳务的形式组建专门的市容环境管理队伍。实行全覆盖、全时段对各类违章现象及人员进行教育、劝阻和固守。解决了多年困扰我们的一些难点顽症。基本杜绝了跨门营业、乱设摊等问题。

网格化管理

康健街道先后成立街面和小区两支网格化管理队伍，采用网格责任区管理模式，划分为6个网格。分别由6名房屋协管员和7名市容协管员专门负责每日对口巡察小区内和街面上的各类有碍市容环境面貌的现象，一旦发现问题立即以拍照的方式进行定格，并及时上报各职能管理部门予以查处整改，并将处理情况在规定的期限内以照片形式进行反馈，加强事后监督。康健房地办在全区率先建立小区网格化管理的工作模式，区房地局已将这一做法在全区进行推广。另外4名市容协管员清除马路两侧以及行道树上的乱招贴、乱涂写，4名市容协管员专门负责进小区巡察暴露垃圾以及占绿毁绿、乱堆乱放等，其余人员和城管协管员一起配合城管队员在重要路段进行定岗。这样的网格化工作运行模式，使得康健街道各类问题能够得到“及时发现、及时处置、及时整改”，提高了常态管理的实效性。

社会化监督

成立由市民寻访团组成的5个检查组，划分小区和市容两个组，检查组根据实际情况，每周进行至少两次全覆盖检查。小区组每3天对小区进行一次检查；市容组对市容环境进行不定期检查曝光。并将检查出来的问题通过图片加文字说明及时通报各居委、物业，限时整改。街道再采取“回头看”的方法，对未达到工作要求的居委进行上门指导，力争把辖区内的环境卫生进一步得到提高。发挥好巡团成员的宣传、参与和监督作用。

（徐汇区社建办供稿）

“五区一会”搭平台 社会协同显共治

真新街道地处嘉定、普陀和长宁三区交界的城郊结合部，是上海早期城市建设动迁的大型人口导入区。作为老、弱、病、残、穷等边缘群体、弱势群体汇聚的“盆地”，由此引发的大量社会治安隐患和社会管理矛盾，使真新一度被列为上海市社会治安复杂重点整治地区。为努力提升地区城市化水平，真新街道通过创建“五区一会”党建联盟，创新社会管理，动员社会力量，引导公众参与，形成社区共治的新局面。

五区一会，党建联盟引领社区共治

创建“五区一会”党建联盟，实现党建工作全覆盖

为认真贯彻嘉定区委关于开展基层组织建设年活动和推进“五进四民”联系服务群众工作的要求，党工委结合真新街道实际，决定以构建以机关、事业单位党组织组成的行政区；社区、村改居社区党组织组成的社区；公办、民办学校党组织组成的校区；专业市场党组织组成的商区和资产公司、经济城、3131 园区、“两新”企业党组织组成园区的“五区”党建联盟；并与“党建峰会”，共同构建成“五区一会”区域化党建工作平台，实现社区党建工作全覆盖，着力推进基层组织建设，为实现社区共治，发挥党的政治引领作用打下坚实的基础。

为使“五区一会”党建联盟在加强社会建设，推动社区共治中发挥政治核心和政治引领作用。2012 年 6 月 25 日，街道隆重举行庆祝建党 91 周年大会暨“五区一会”区域化党建工作平台启动仪式，并为“五区”党建联盟、《真新讲坛》、3131 电子商务园区联合党支部和 3131 电子商务园区党群联合服务中心揭牌；为“五送”服务队授旗；同时进行共建签约。

创新机制，创新载体，创新方法，实现党建有效性

为确保“五区一会”区域化党建平台正常运转，健全了“八大”工作机制。

先后建立了街道党建工作领导小组、“五区”党建联盟联席会议、各单位党组织的“三级组织网络”等组织领导机制。一年一度的以党建“推进会”、党建经验“交流会”和党建理论“研讨会”为内容的党建峰会机制；每季一次，实行“轮值主席制”的党建联盟联席会议机制；以及紧贴党员群众的思想和工作实际，紧贴党组织建设现状，开展党员管理和增强党建工作活力的党建专题研讨机制；研究制订了一套客观反映和合理评价不同类基层党组织建设情况的党组织先锋指数和党员先锋指数测评体系的先锋指数测评机制；发挥党建在创新社会管理中的引领作用，形成“组织就在眼前，党员就在身边”的联勤联动机制；选派党建指导员参与“五区”党建工作，加强分类指导，强化督导检查，定期通报的督导指导机制；鼓励基层党组织锐意创新，形成富有特色的基层党建工作品牌和对外有影响力的街道党建品牌的品牌创建机制。

“五区”党建联盟各具特色，规范运转，初见成效

行政区党建联盟坚持“四强”联动，转作风提高工作实效。即：强党性，同心协力。积极创建“党员示范岗”、“党员先锋号”和“党员责任区”，做实“三亮三比三评”。强素质，同源共振。发挥行政区党组织和党员加强学习的示范作用，推进学习型党组织建设，创新中心组学习的形式和内容，使党员干部的综合素质和服务大局的能力明显提高。强服务，同步优化。要求机关党员干部做到为所联系的社区党员上一次党课，参加一次社区党组织民主生活会，走访一遍联系户，参加一次社区党群议事会，开展一次社区调研，参加一次社区工作分析会。强作风，同频推进。广泛开展“找差距活动”和争做“四个表率”活动。

社区党建联盟创造“五联”工作法，密切联系社区居民。即：党群联网。构建横向到边，纵向到户的党群互联网，实行两月一次的常态化联系走访，通过块区民情联系卡和民情档案等多种形式实现全方位“互联”。党群联动。建立社区党群议事会，块区党群议事厅，组织党员群众交流互动，共同参与社区事务，推进居民自治。党群联助。建立群众诉求必应机制、督办机制、考核机制和回应公示制度，开通“回应诉求”的直通车。组建五支服务队，深入社区开展“五送”活动。党群联勤。成立社区“党员联勤队”，协助社区开展“小联勤”工作。党群联评。由社区居民代表组成的社区监督委员会，按照党组织和党员先锋指数测评体系，对党组织和党员进行群众认可度测评。

校区党建联盟联动，助教师素质提升，增教学效能提高。即：通过公办、民办学校党建结对联动，党员优秀教师“结对带教”活动，提升教师教学能力；推广丰庄中学“岗位见习”成长平台和“言之有理”网络课堂经验，丰富校区党建联盟内教研交流活动的内容和形式，增教学效能提高；引导组织共青团、少先队

开展手拉手等活动，拓展联动内容，凝聚兴教化新风。

商区党建联盟联动，凝聚商户，集智创新，诚信示范引路。即：通过“红色号召”，创立“红色家园”，营造“红色氛围”等党建联动，凝聚商户；成立市场党员先锋队，参与市场“小联勤”；成立“市场党员议事会”，建立党组织与市场“双向交流、双向承诺、双向服务”制度，集智创新，共促发展；推广轻纺市场“一岗一区一联户”制度，设立“党员示范岗”，党员经营户亮出“红色招牌”，张贴践行诚信服务承诺，建立“党员责任区”，形成示范引领效应。

园区党建联盟联动，创立3131党建网络社区，实现“四个零”。即：党建覆盖零遗漏、组织生活零差异、党员服务零障碍、党建园建零距离。

政府主导，创新管理推动社区共治

2010年初首创了以“一元化统筹领导、常态化综合管理、现代化技术支撑、社会化力量参与”的城市综合管理“大联勤”模式。构建了条线资源与块上力量相整合，行政执法与综合管理支撑的管理“四大模式”的新格局，用行政体系的优化，加速地区城市化水平的提升，推动社区共治。

联体指挥实体化模式

成立以街道主要领导为首的真新地区城市综合管理委员会，统筹、调度辖区内城市执法管理的有关职能机构及社会化参与力量，下设联勤指挥中心及督察考核队，分别负责任务指挥调派及日常督察考核。“条块结合、以块为主”的属地管理原则得以落到实处，实现综合管理、监督专业管理和社会资源协调三者有效统一。

联队管控长效化模式

组建城市综合管理联勤大队，将在地公安巡警、城管队员、社保队员、城管协管员混编组成四个分队，工商、食药监、安监等职能部门适时按需参与，在辖区内四个网格二十四小时联勤巡逻并简易处置；不能简单处置或超出权限范围的问题，通过数字信息设备“城管通”及时上报信息平台。

联动处置及时化模式

对于不能由各联勤分队简易处置的常规案件，由联勤指挥中心调度相邻网格分队联合整治，市容保洁、绿化养护、小广告整治、车辆停放管理等社会化服务企业相应成立应急分队响应处置。对于超出联勤大队处置权限的重大、疑难案事件，由综管委研究决定，联勤指挥中心组织指挥，各执法管理责任主体联合行动。联合执法集中整治由突击变为常态，各类执法管理力量互为支撑，借势借力，共治共享。

联手监督社会化模式

推动城市综合管理进社区，组建由居民志愿者组成的社区管理队，配有“城管通”、电喇叭等设备，在各小区执勤值勤。白班以协管环境卫生为主，采信取证、上传反馈；督促居委、业委自治，督促物业公司行业管理，督促业主整改。夜班以协防治安管理为主，会同物业保安即时即地处置，重大情况上报联勤指挥中心。社区群防群治队伍与城市综合管理网络有效对接。

社会协同，整合资源促进社区共治

工青妇群众组织在社区共治中发挥桥梁纽带作用

街道总工会认真落实“两个普遍”，以构建和谐劳动关系为重点，建立以职代会为基本形式的民主管理制度，开展工资集体协商，签订集体合同，维护职工的合法权益。组织职工开展建功立业、岗位练兵、技能比武活动，推动社区经济发展。

街道团工委在实践中摸索总结“四缘三区工作法”攻团建、搞联建。将两新团建（园区团建）作为发力点，探索“园区、校区、社区三区团建联动”机制，用社会化手段和载体逐步消除团建“空白点”、澄清团建模糊点、孕育团建闪光点、探寻团建增长点，开创团工作的新局面。

街道妇联坚持抓好宣传教育，推进道德建设；弘扬社会美德，构建和谐家庭；组织女职工立足岗位建功，拓展创业就业渠道；积极参与社会管理，突出关爱服务，实现美好生活。

搭建“参与”与“服务”两大平台，促进社区共治

搭建社区管理参与平台：建立了“统筹协调、资源整合、突发事件应急响应、机关与社区联动和社区内部协调运行”等五大机制为载体的社区共治参与平台。

统筹协调机制，街道社会建设领导小组统筹街道层面的共治，聘请专家学者研讨品牌社区建设，编制品牌社区三年行动计划。社区管理委员会统筹协调社区层面的共治，如清峪社区依托青草地幼儿园、银河证券等共建单位，成立宝宝俱乐部、股友会等团队。

资源整合机制，社区管委会一方面整合社区内部资源和驻街单位资源，另一方面采用“走出去，请进来”的方法，利用社会资源。在组织配对之外，还与市商务委、市综治委、市委党校、市企业联合会等单位开展党建共建；与普陀城郊结合部文明同创共建，与都江堰“守望相助”援建；与真光消防中队、双拥艺术团双拥，与检察院开展挂职锻炼、老年维权服务；与同济大学医学院开展科普医学社区行活动等。

突发事件应急响应机制，规范了社区突发事件应急响应工作小组和社区负责人的属地管理、首要管理责任；明晰了有关业务部门及公安、综治、宣传等职能部门的业务管理、职能管理责任。如处置轨交站点建设扰民、房屋开裂问题引发居民群体性矛盾，分管综治、市政、社区的领导与社区干部一起，第一时间赶到现场直面居民，甚至通宵达旦。

机关与社区联动机制，积极推行机关干部定点联系社区、党员干部组团服务工作；选派机关干部下社区任职、选调年青社工到科室工作，实行双向交流。机关职能科室“费随事转”，把政府购买服务作为减轻居委会负担的重要途径。

社区内部协调运行机制，社区党总支负责全面领导，社区居委会、服务站分别侧重“软件管理”和“软件服务”，小区业委会和物业公司分别侧重“硬件管理”和“硬件服务”，各司其职，各尽其责。每天召开社工例会，每月召开居委、业委、物业例会，每季度召开社区管委会例会。

搭建社区服务参与平台，积极探索多元化、契约化和社会化的共治服务机制，构建多层次的共治服务体系

多元化投入：除街道财政每年划拨 200 万元设立扶贫帮困专项资金、促进就业专项资金每年 25 万元等政府投入外，街道积极发动社会各界协同共建。如中国银行嘉定支行资助 15 万元，为各社区添置计算机、改建修建社区宣传橱窗；中国建设银行嘉定支行资助 5 万元，为真新 3 万多户居民家庭免费赠送贺年台历。

契约化运作：与上海大学体育学院、上海师范大学法政学院、嘉定区青年志愿者协会等签订社会力量共建协议，为社区开展送健康、送法律、送服务等活动；向铜安清真店发包为社区少数民族居民清真牛羊肉送货服务，向体育俱乐部发包小区健身苑点器材管理维修服务，向书香驿站发包社区老年教育服务；向社区工作指导服务中心发包节能灯发放服务。

社会化管理：制定培育和发展社会组织方案，设立社会组织扶持资金每年 20 万元，鼓励社会组织积极参与公益服务项目招投标，目前社区工作指导中心、真科社工师事务所、残疾人服务社、银采为老服务社等组织分别承接了市、区、街道各级政府公益项目 8 个，共计资金 175 万元；鼓励社区居民参与社区服务，街道社区志愿者总队下面共有 320 个分队，区级志愿者注册登记 3745 人，街道级备案登记 4895 人，全年累计提供无偿、低偿服务 27782 人次 4426 小时。

公众参与，实现社区民主协商共治

建立社区代表会议制度，广泛畅通民主渠道

自 2003 年建立街道社区代表会议制度以来，坚持每年一次会议制度。社代会代表对地区性、社区性、群众性、公益性重大事项不仅享有知情权、建议权，而且享有一定的民主决策和监督权。街道党工委、办事处坚持将社区建设三年发展纲要、社区区域大调整、撤村改制、每年实事工程安排，在决策之前均提交社代会讨论。并建立社区代表提案制度，让社区代表共同参与社区建设，形成社区协商共治机制。

建立闭会期间常设机构，发挥专业委员会作用

建立社区代表会议闭会期间常设机构——社区委员会。并下设综合经济发展、社区建设管理、城市建设管理、社会事业发展、社会管理综合治理等五个专业委员会。社区委员会通过调研、巡防、监督等方式，履行议事、协商、评议等职责。

设立社区代表接待日制度，充分发挥代表作用

每周三上午各专业委员会社区代表在联系点社区开展代表接待日活动，确保社区代表在闭会期间积极参与社区事务，持续推进社区共治。对于不能当场解决的问题，社区代表归纳整理，提出办理意见，由秘书处交社区委员会主任批转相关职能部门办理。

“加强社会建设，是社会和谐稳定的重要保证。必须从维护广大人民根本利益的高度，加快健全基本公共服务体系，加强和创新社会管理，推动社会主义和谐社会建设”。对照党的十八大报告对新形势下加强社会建设的新要求，真新的工作尚存在一些不够完善的地方，将总结经验的基础上对照十八大的要求，在创新社会管理，健全基本公共服务体系方面，不断拓展加强社区管理的新思路，推出改善民生的新举措，让居民获得更多的实惠，使社区共治达到一个新高度。

（嘉定区社建办供稿）

发挥“三位一体”作用 推进居民区共商共治

山阳镇金豪居民区由金山豪庭、金天地、宝华海湾城三个住宅小区组成。总户数3444户，总人口6939人。由于小区管理成绩突出，金山豪庭、金天地小区获得上海市文明小区、上海市平安小区、上海市民主法制示范小区等多项荣誉。

金豪居委会所辖小区属高档商品房住宅区，居民文化层次相对较高，但人员

来自四面八方，存在一定群体文化差异。如何在多元中形成合力，创新社区自治模式，建立和完善了“三位一体”工作机制，共同提升社区管理服务能力。

党支部引领“三位一体”工作机制

“三位一体”工作机制就是在居民区党支部带领下，居委会、业委会、物业公司三方联手，齐抓共管，形成长效共治机制。打铁还需自身硬，要发挥好“三位一体”工作机制的作用，必须首先做好居民区党建工作。

重视社区党建，提升党员凝聚力

结合创先争优等活动，对党员进行经常性教育。定期召开民主生活会、组织生活会，开展民主评议活动，使广大党员积极参与社区建设，为社区的环境、文化、服务等工作建言献策。以迎世博为契机，把支部活动和社区志愿者活动有机结合起来。多次召开党员志愿者会议，就如何在世博期间发挥党员先锋作用进行深入交流和讨论。支部38名党员全部加入了志愿者队伍，大家在维护公共交通秩序、市容环境卫生、社会安全稳定和公共场所文明等方面发挥了骨干作用。

重视整合资源，完善社区同创共建

居民区党支部与金山区市政管理署党支部自2008年结对共建以来，每季度开展一次主题交流活动，双方不断通过学习交流，形成共建意识。多年来，小区与共建单位定期开展“学雷锋”、“庆三八”、纪念建党日等活动，帮扶小区弱势群体，慰问困难党员。并参与小区各方建设，累计开展活动20多次，受助对象60多名，资助物品折合人民币5万多元。

“三位一体”推进文化型社区建设

居委会始终坚持把社区文化建设作为构建和谐社区的重要抓手，开展形式多样的活动，彰显人文关怀，实现文化共享。几年来，连续举办由居委会、业委会、物业公司共同参与的金豪社区文艺演出专场。社区经常开展剪纸、毽球、广场舞、广播体操等活动。2007年，成立了一支由25人组成的金豪女子红鼓队，成为居委会“一居一品”的特色亮点。在此基础上，社区还成立了舞蹈队、毽球队、合唱队，龙舟队等，开展面向大多数居民、覆盖不同层次、形式多样的社区活动，真正做到文化惠民。居委会选送的舞蹈、拳操等节目多次在社区汇演中获奖，并被选送参加市、区一级的文艺演出。2010年9月，社区舞蹈队编排的舞蹈“桃花谣”登上了上海世博会市民广场的舞台。2011年，金豪女子红鼓队参与中央电视台《小镇之恋》的外景拍摄，展现了金豪文化型社区的精神风貌。

“三位一体”推进服务型社区建设

齐心协力，共商共治，使居民矛盾及时得到化解，居民需求及时得到满足。如金天地小区居民反映无活动场所，经过多方协调沟通，金天地社区活动中心于2011年5月1日正式开放。金山豪庭居民反映停车难，经过居委会、业委会、物业公司与开发商的多次沟通，并在区房管局的协调下，开发商最终表示将与物业公司、业委会一起制订方案，这个问题目前正逐步解决。在金天地小区创建“市节水型小区”过程中，通过“三位一体”机制协调社区各方力量积极参与，维修、检漏、宣传工作步步扎实。小区被评为2011年上海市节水型小区。

社区平安建设关系到居民的切身利益，社区定期组织管理人员、物业保安、志愿者等进行业务培训。利用寒暑假对社区中小学生进行防灾减灾、安全警示等教育培训。小区物业、业委会联合组织业主、保安开展消防演练活动，提高防灾减灾能力。2010年，居委会成功创建为全国综合减灾示范社区。

“三位一体”推进生态型社区建设

金山豪庭等小区环境优美，树木苍翠。社区成立了一支护绿保洁志愿者队伍，参与小区生态环境的建设与管理，定期在小区宣传巡逻，发现难点问题三方及时协调解决。通过多次专项整治，并积极倡导“科学、环保、健康、文明”的生活方式，切实提高了居民的环保意识，共同把社区营造成环境优美、人与自然和谐相融的美好家园。2010年，金豪居委会被市园林所评为上海市生态花园住宅小区。

如今，随着人民生活水平的不断提高，社区居民对居住环境、生活质量、精神文化等方面的需求日益多样化，社区管理和服务面临更大的挑战。金豪将不断总结小区管理经验，学习借鉴好的做法，以社区党建为引领，健全完善“三位一体”工作机制，进一步推进社区居民自治、共治，使居民区环境更友好，居民生活更美好。

（金山区社建办供稿）

创新机制　共建共享

以社区共治为着力点 加强和创新社会管理

白天缺少2000个工作停车位，晚上缺少2000个居住停车位。“停车难、乱停车”的社区管理难题怎么解决？车位资源一共享、空间和时间一转换，“潮汐式停车”成为破解停车难题的“老娘舅”。

社区公共事务一定全部是由政府管理吗？停车难题的解决，不是塘桥街道“一揽子”包干下来的，而是得益于街道、房管办、物业公司等多方出谋划策和通力配合。社区共治的重点在于加大公众协商和参与。怎样让各方都愿意参与进来？塘桥街道公开选举产生的社区委员会在其中穿针引线，问需于民抛议题、问计于民解难题，社委会成为汇聚民意、议事协商、监督评议的一个共治平台。在实施过程中，措施全公开、资金全透明、第三方监督、公众评议，在一系列规范程序和机制保障下，社区不同主体主动参与到社区事务中来，形成了社区各方协作服务，共同治理的新格局。

成功的社区共治一定是把握好了各方的关键利益点。在“潮汐式停车”中，塘桥街道为不同群体找到了共同利益，找到了参与这件事的动力：有车的人解决了停车的难题，没车的人愿意让外面车停进小区可增加一笔维修金，物业管理找到了方向，政府的工作效率也更高了……政府的行政权、居民的自治权、市场主体的经营权，多方实现了共生共赢。

停车难题的成功破解，也为另一些老百姓急、难、愁的公共问题提供了很好的借鉴。塘桥街道以“限时菜场”为重点突破买菜难问题，以“青年创业孵化机制”为重点突破就业难问题，以“物业党建联建”和“城市地下空间管理”为重点突破物业难问题，以“平安医院创建”为重点突破就业难问题，以“社区多层次养老”为重点突破养老难问题。“六大难”，通过共治协商都得到了不同程度的缓解和突破。

如果没有党组织和有关政府部门的强势推动和主导，社区共治也很难起成效。为此，塘桥街道形成了以社区党工委为领导核心、以街道办事处为责任主体、以社区委员会为共治载体的格局，三方共同推动工作，形成了“大赋权、大联盟、大合作”的共治工作路径。其中，“大赋权”的根本就是公共资源的共享。“大联盟”的基础就是公共议题的策划。“大合作”的关键就是要公共认同的塑造。

着眼于基层政府职能转变，着眼于群众自治制度实践探索，着眼于体现人民当家作主。在塘桥，我们看到，政府的工作理念和方法手段在变，从管治转向共治。政府职能在变，从全能政府转向法治政府和服务型政府，不再是“发号施令”，而是参与“搭台”和“唱戏”。

在共治共享中，塘桥真正成为工作在这里、生活在这里的人们的温馨驿站和宜居家园。

（浦东新区社建办供稿）

镇管社区 社区共治

眼下，在浦东川沙新镇华夏社区，一种共商共治的良好氛围已基本形成，“凡事必听证、有事大家议”沉淀为一种大家公认的“规则”。通过搭建载体和平台，广泛调动社区单位和社区居民参与管理社区事务的积极性，以共商共治机制来协商、解决、管理、发展社区事务，社区居民们尝到了“镇管社区、社区共治”运行模式的“甜头”。

健全组织网络

据川沙新镇社建办相关负责人介绍，为确保社区单位和居民充分参与社区事务，华夏社区建立了跨系统、区域全覆盖的社区党委。党委委员由坐班和兼职人员共同组成，其中兼职委员主要来自村、居党组织和社区单位，社区党委下设1个办公室和1个党群专业委员会。

在社区委员会方面，20名社区委员会委员中坐班6名，兼职14名，兼职人员主要由村、居委、社区单位班子负责人，老干部代表，社区居民代表，社会组织代表组成。社区委员会下设3个专业委员会：平安事务专业委员会、行政事务专业委员会、社会事务专业委员会，每个专业委员会由8—9人组成。

随着社会组织、群众文化团队、村（居）委自治组织、党建联系单位、85名社区党代表和101名社区代表的积极参与，各自的功用得到充分发挥，仅2012年就解决了包括小区通道停车、小区活动室噪音等43个问题。

推行自我管理

在华夏社区，每年年底都有一个“规定动作”——通过下发通知、张贴海报的形式，向区域内的居民、村民、社区代表、老干部、社会组织、社区单位征集下一年的实事项目。

就拿今年来说，第一步以直接申报、网上申报、电话申报的形式，收集到2012年度实事项目47项；第二步由社区将各方提出的实事项目进行汇总，合并同类项35项后再反馈到社区代表；第三步根据征集的项目由社区委员会各专业委员会初步筛选出20项大多数群众关心、区域内迫切需要的项目；第四步由社区委员会将20个项目和有关业务部门就项目规划许可、资金保障、政策保障等可行性征求意见，在此基础上筛选出下一年度可行性实事项目10项；第五步，将以上2012年度实事项目征集及筛选情况，报社区代表大会讨论表决通过，正式确定10个实事项目；第六步，由社区委员会负责在新的一年度内具体组织实施。

华夏社区推行自我管理后，居民们加入到共商共治社区事务中的积极性不断提高。妙龙居委所属的临河小区是1993年建造的动迁小区。前不久，不少居民提出，小区设施简陋，没有健身休闲场所，居委召开居民议事会后，及时将居民要求建设休闲广场的呼声反映到社区委员会，社区委托行政专委进行实地踏勘，确认居民反映属实，就地考察拟充分利用小区内荒芜的一片草地改建休闲广场。设计图出炉了，再回到居委组织临河小区居民开听证会。第一版的方案中有一条长廊，而居民提出小区老年人比较多、喜欢出来聊天，碰到下雨天露天长廊就不顶用了。最终，社区采纳居民意见取消长廊和葡萄架的设计，改建一个可容纳二三十人的大亭子。在工程正式施工过程中，聘请居民代表进行适时监督，通过代表的监督，在工程中又及时添加了几个休闲石凳。整个工程结束后，再组织居民进行评议，在评议中考虑到居民夜间休闲，又及时安装了两个太阳能路灯。

改善环境促进和谐

几年共商共治下来，华夏社区积极鼓励群众参与和监督，区域内公共配套和城市面貌明显改观：新增大小健身广场12个，新增小区居民活动室16个，实施8个小区的平改坡工程，1个小区的污水管道改造工程，实施老小区自来水改造工程10个……

社区居民普遍感觉到：共商共治不仅改善了环境，还促进了和谐。妙境公寓的污水管道改造工程就是最佳例证。由于污水管道大面积老化，经常发生粪管堵塞，邻里漏水事件。污水管改造不同于自来水管改造，足足涉及到490户家庭的马桶等管道翻修，对居民家庭的室内装潢多少有破坏。按照共商共议的流程，整个工程进展得非常顺利。短短4个月，490户家庭的污水管全部改造完毕，结果无一户投诉，无一起纠纷。

（原载2012年12月19日《文汇报》，作者：唐玮婕）

海湾共治实践探索

市、区两级社区建设工作会议后，奉贤区海湾镇突出问题导向，坚持因地制宜，针对长期以来社区党组织与居民区党组织组织建制倒挂、管理体制不顺等问题，抓体制理顺，抓职能调整，以社区党组织管理改革试点为突破口，积极探索适应海湾镇情、凸显海湾特点的社区共治工作格局。

为顺应新形势下社区党建的新任务、新要求，进一步理顺社区、居民区党组织关系，优化社区党组织管理体制，经奉贤区委组织部批准，2012 年 6 月，海湾镇党委将星火、燎原、五四等三个社区党支部升格为社区党委，明确社区党委为镇党委领导下的基层党组织，领导所在社区工作。三个社区党委下设一兴、中港、洪卫、燎原、星火一居、星火二居 6 个居民区党总支和明城居民区党支部，居民区党总支下设一个在职党支部和若干退休党支部，社区在职党员编入居民区在职党支部。社区党委班子成员 5—9 人，书记由镇正科级干部担任，副书记由区域内大型国有企业党委委员兼任，委员由各社区所属党（总）支部书记、公安、城管、物业等负责人兼任。至此，海湾镇形成了社区党委—党总支—党支部三级社区党建组织网络。

社区党委成立后，大胆突破传统党建工作思维模式的束缚，把区域党的建设同解决区域经济社会发展中的实际问题结合起来，同协调化解区域各方矛盾、维护区域社会和谐稳定结合起来，同维护区域各方合法权益、凝聚区域各方力量推动科学发展结合起来，不断增强区域化党建工作活力，实现区域内党建工作全覆盖。

平台建起来

社区党委成立后的第一件事，就是把制度建起来，把规矩立起来。每月 10 日前，社区党委班子都要召开工作例会，交流情况，研讨问题。社区大小事、居民身边事、紧要事都要在社区党委这个平台上议一议。为确保工作实效，提高办事效率，例会召开前三天，有关议题均以书面形式提交至各党委委员酝酿，例会召开时集中提出解决方案。例会的每一项议题、每一个决策、每一个动议都详细记录在册，项目承办、责任落实、时间节点都有据可查。借助社区党委这一组织平台，事务共商、难题共议、问题联解的社区共治氛围悄然形成。社区是个家，管理靠大家的共治理念逐渐深入人心。

资源整合起来

社区党委将不同系统、掌握不同资源的党组织联系成为紧密型党建共同体，来自不同领域的社区党委委员，都在社区党委这一组织平台上找到着力点。如，星火社区党委副书记、星联公司党委委员仲伟民利用星火开发区内丰富的就业资源，主动联系区域内企业，推荐社区居民就业；五四社区党委副书记、光明集团五四总公司党委委员陈明强牵头促成集团党委所属12家企业支部和8家居民区党支部结对。组团式联系走访活动中，五四总公司党委、星联公司党委和司法、水务、房管等25个驻区单位党组织一并编入服务团队，下社区走访，进居民家中慰问，面对面了解居民群众生产生活困难，推动了一批原本需要镇级层面协调解决的问题在社区层面的及时妥善解决。社区党委成立以来，先后与28家驻地单位签订社区党建共建协议，社区下属6个居民区与12个驻地单位合作共建，发展共谋、资源共享、优势互补、整体推进的区域化党建工作合力日益增强，区域化党建服务机制实现了向社区建设领域的全覆盖。

党员凝聚起来

在社区党委倡导下，来自机关事业单位、企业等不同条线的社区党员队伍逐渐在社区聚合。如，社区卫生服务中心燎原分中心党员在燎原社区党委委员、分中心主任张标带领下，组成党员医疗志愿者服务队，深入燎原社区为150多位老人免费体检，提供健康咨询，贴心的服务赢得了社区居民交口称赞；星火第二居民区联合共建单位党组织每逢节假日组织党员慰问帮扶居民区大重病、特困户、残疾户家庭，把党组织的关怀送到居民家中；中港居民区组织在职党员参与“四个一”活动，鼓励引导党员认领小区内一个公益岗位、联系一户困难居民、参加一支志愿者队伍、提供一项为民服务。如今，140多名在职党员主动到现居住地居民区党组织亮明党员身份，参与社区结对帮困、环境整治等公益性活动。党员志愿者队伍正成为海湾镇社区建设的骨干力量。

海湾镇社区党委的成立，克服了以往社区党支部规模小、力量弱、职能单一、服务能力不足等弊端，进一步理顺了社区、居民区党组织关系，增强了驻区单位党组织对接社区党建和社区建设的主动性、创造力。变“分外事”为“分内事”，变“被动应接”为“主动对接”，实现了社区党建资源整合、能级提升和功能拓展，迈出了社区管理体制改革坚实有力的步伐，为其他镇、社区、开发区提供了有益的借鉴。

（奉贤区社建办供稿）

打造文化大联盟 共建和谐大家园

黄浦区南京东路街道社区文化大联盟是南京东路街道基于创新社会管理的理念，本着完善公共文化服务体系的具体要求，以服务促管理、寓管理于服务的一项有益尝试，即通过街道搭建平台、依托社区文化单位、面向街道社区居民，采取低价、免费享受观影、品戏、鉴赏、教育培训等文化服务，让社区文化资源在整合开发中产生更大的社会效益。目前，加盟单位包括上海大剧院、上海博物馆、上海美术馆、上海城市规划展示馆、上海音乐厅、上海人民大舞台等37家南京东路社区内的市、区级文化单位，运转有序，反响良好。

把握机遇，率先行动

南东社区结合黄浦打造“文化先行区”的契机，积极探索以完善公共文化服务推动社区管理的新路径。作为上海中心城区的中心社区，在文化方面，南东社区有着得天独厚的优势、也面临着难得的发展机遇，主要表现在：一是社区文化要素聚集、文化生态良好，文化设施面积、人均面积、文化水平和功能在全区居于前列；二是社区文化事业繁荣、文化产业发达，10分钟文化圈已然形成，福州路文化街贯通东西；三是社区文化土壤肥沃、挖掘潜力显著，以人民广场为圆心1平方公里的范围内有剧院11家，还分布有区图书馆、区青少年活动中心等区级文化单位。基于这样的先决条件，街道党工委、办事处确定了通过“共建共享、互惠共赢”的方式，建立社区“文化大联盟”的工作设想，率先走出了打造社区文化大联盟的第一步。

有效整合，应需而生

实践证明，各级领导期望、成员单位希望、社区群众盼望，这些都成为文化大联盟成立的坚实基础。一是各级领导期望。文化大联盟的筹备工作得到了区领导的高度重视，区政府领导专程到街道进行调研，听取街道的专题汇报，并给予工作指导。为更好的组建社区文化大联盟，街道党政主要领导亲自过问，听取科室关于工作进展情况的汇报，提出明确具体的工作要求，同时主要领导、分管领导带领科室同志深入走访社区文化单位，充分表达构想，征询意见和建议。二是成员单位希望。在走访社区文化单位的过程中，文化单位纷纷表示南东社区不缺资源，就缺整合，不少单位提出要加强文化流动、文化互动、文化联动，打开区域之间的横向通道。在走访达成初步意向的基础上，街道先前召开了社区文化单位文化大联盟的预备会议，向与会单位代表通报并提出文化大联盟的基本设想和做法，得到了文化单位的一致认同。三是社区居民盼望。随着经济的发展和居民生活条件的改善，社区居民的精神文化需求日益增长。居民群众希望能有更多的机会零距离感受文化的魅力、享受高贵但不贵的文化艺术的熏陶。社区文化大联盟就是要将居民们耳熟能详的上海文化“重镇”联手送到社区居民身边，“搭起戏台”唱起“大戏”，让居民轻松享受国内一流的文化盛宴。

精心打造，共建共享

行动凝聚共识，共识推进工作，社区文化大联盟历经理念到行动、尝试到常态，“广覆盖、有特色、可持续、惠大众”的公共文化服务格局在南京东路社区正逐步呈现。一是明确领导。各成员单位切实把文化联盟工作摆在突出的位置，纳入重要议事日程，加强领导、精心组织，周密部署、全面实施，明确分管领导，配备专人负责。同时，加强信息交流、资源共享，充分发挥各单位的作用，努力形成共同推进活动开展的工作合力。二是界定责任。社区文化大联盟通过要约的形式明确界定了各成员单位承担义务和具体工作项目，每个成员单位都在要约上进行了签章，以表达投身社区文化大联盟工作的决心。如上海大剧院提供免费艺术教育活动入场券，上海音乐厅每年为街道免费提供一次社区音乐演出场地，天蟾京剧中心逸夫舞台向社区居民提供公益演出票，大光明电影院、黄浦剧场向社区老年人提供低价场电影，格致中学为社区免费提供家庭教育、声乐指导，社区内中小学校在双休日免费向社区单位和居民提供体育场地，幼儿园针对社区单位和居民义务提供小伙伴文艺演出等。三是迅速行动。文化大联盟成立以来，大剧院组织浙江小百花越剧艺术团与社区街道文化活动中心的越剧沙龙进行互动、规划馆邀请同济大学副校长在市新闻发布厅会议室为社区老年读书会的成员作“中国城市的建筑风格”讲座并组织免费参观、市工人文化宫专门邀请到了市级插花艺术专家王路昌先生为社区居民上了插花艺术课、逸夫舞台为社区老人派送 200 张公益票、新世界电影城为社区中小学生提供暑期观影优惠券 1 万多张……四是分类实施。社区文化大联盟针对社区文化需求的多层次和多样化特征，将居民代表纳入联盟体系，切实从群众实际需求出发，搭建群众性文化活动平台，通过策划开展文化大篷车“四进”系列活动，即进居民小区、进商务楼宇、进部队军营、进外来务工人口集中地，通过将本土文化深入居民、拓展楼宇青年文化流动书吧品牌、建设军营图书室以书香传递双拥情、送上文化大餐关爱来沪务工人员等务实举措，激发各类人员参与文化活动的热情和积极性，联盟作为有效体现，联盟影响不断扩大。

完善公共文化服务体系是加强和创新社会管理的一项基础性工程，南京东路街道坚持以人为本的原则，树立服务为先的理念，主动探索，认真实践，边推进、边总结、边提高，精心打造社区文化大联盟，以文化凝聚群众、以服务感召群众，充分调动社会各方和广大群众参与社会管理的积极性、主动性和创造性，最大限度激发社会活力、最大限度增加和谐因素，努力让南京东路社区成为服务更加完善、管理更加科学、动员更加广泛、环境更加文明的和谐大家园。

（黄浦区社建办供稿）

探索与实践社区共治

嘉定镇街道地处嘉定主城区核心位置，为全区文化、商业和居住中心，行政区域总面积 4.01 平方公里，辖 17 个社区，2000 多家单位。现有户籍人口 6.23 万余人，常住人口近 10 万人，属典型的老城厢地区，人口密集，基础设施薄弱。

多年来，街道以区域化大党建为引领，从思想、组织、载体、机制等四大路径着手，即强化社区共治理念、架构社区共治组织体系、打造社区共治服务平台、建立社区共治运行机制，勇于探索、大胆实践，基本做到了社区事务共议、社区资源共享、社区建设共促、公益事业联办、社区治安联防、文体活动联谊，形成了社区共治的良好局面。

路径探索

思想路径——树立“科学统筹、主题鲜明、共驻共建”的社区共治工作理念

积极探索社区共治新模式，构筑了以街道党工委为核心，以社区为基础，以辖区单位为依托，以提升社区工作质量为抓手的社区共治工作新格局。近年来，通过举办“筑温馨家园，建和谐社区”、孔子文化节及睦邻文化节等主题系列活动，全力宣传“同心多层，幸福家园”的社区共治主题，营造“共建共享，共驻共促”的社会氛围，不断提升街道社区共治工作水平。

组织路径——架构“多维辐射、开放动态、全面覆盖”的社区共治工作组织体系

建立“1+3”社区党建体制，夯实社区共治的政治基础。在街道层面，以街道党工委为核心，局镇挂钩单位、党建联建单位以及辖区单位为组成；在社区层面，以社区党总支为核心，辖区单位、党员代表及居民代表为组成。

载体路径——打造“集约共享、优势互补、联动发展”的社区共治工作服务平台

依托两个服务中心，即党员服务中心和生活服务中心，配备专职人员，负责社区区域化党建、社区共治工作的日常联系、活动组织等工作。建立完善信息服务平台，积极利用电子邮件、手机短信、QQ等通讯联络工具，通过短信提醒、制作手机报、电子贺卡、网络通知等形式，加强与成员单位互动。创新党员教育管理服务模式。对在职党员实行“双重管理”，建立单位党组织与党员居住区域党组织联系制度、在职党员与区域党组织联系制度，根据在职党员的职业特点和个人特长，有针对性地设置党员议事、党员帮教、就业培训、法律咨询等岗位，组织在职党员走出单位、深入基层、服务群众。

制度路径——建立“可持续发展、创先争优、支持有力”的社区共治工作运行机制

健全运行保障机制。强化街道、社区、辖区单位责任，建立多方位的党建工作责任落实机制，确保社区共治专项经费的拨付使用。强化大联勤机制。依托城市管理“大联勤”服务中心，充分发挥各职能部门优势，依靠广大辖区单位，完善“快速处置、协同作战”的联勤联动工作机制，不断提升城市综合管理水平。扶一批生活困难群众、解决一批群众实际困难、创建一批服务群众品牌、涌现一批结对共建典型、总结一批党建工作经验的“六个一”目标要求，加强社区层面结对共建的制度建设。

创新区域人才整合机制

通过对口学习培训、双向挂职锻炼等方式，实现人才资源交流共享。进一步完善柔性引才机制，采取咨询、讲学、兼职、短期聘用、技术合作、人才租赁等方式灵活引才借智，为共建魅力古城招贤纳士、聚好人才。

探索成效

“一委三室”的区域化党建工作领导体系初步构建

“一委三室”的“区域化党建”格局，即嘉定镇街道“区域党建”工作协调委员会、协调委员会下设办公室、社区党建工作指导办公室、“两新”党建工作指导办公室。

“广泛覆盖”的社区共治工作组织网络基本铺开

街道、社区层面均开展各类党建联建、结对共建活动，成员单位涵盖机关企事业、金融、高校、“两新”组织等各类辖区单位。

“共建共享”的社区共治工作有效经验普遍认可

积极建立统一领导、多元参与、共建共享的社区共治工作格局，积累了许多经实践证明卓有成效的工作经验，如世博期间社会动员机制、大联勤服务中心、党建项目化推进等工作，受到普遍认可。

实践个案

2010年上海世博会举世瞩目，盛会举办期间，嘉定镇街道承担着桃园自治家园观摩点和州桥城乡互动示范点的接待任务。由于街道地处嘉定中心城区，人流量大，情况复杂，安保任务相当繁重。面对艰巨的任务和光荣的使命，嘉定镇街道党工委迎难而上，通过精心组织开展世博先锋家园行动，充分调动区域党组织积极性，使党员先锋模范作用得到进一步凸显，区域党建和社区共治实现新的突破。

在参与驻点守护的单位中，体制内单位占比为32%，体制外单位为102家，占比68%。经过组织发动，辖区内的全部银行都积极参与，做到了全覆盖。例如，中国银行嘉定支行在接到任务后，精心组织，广泛动员，作为牵头单位，它一方面号召本单位党员积极投入到志愿活动中，另一方面主动与其他单位沟通，做好值勤排班的协调工作，确保所守护的站点到岗到位。

经过4月21日至4月28日三级安保期间的进一步磨合，各驻点守护队伍值守有力，活动开展有序，期间各单位充分发挥党员先锋模范作用，克服种种困难，并通过广泛发动团员青年和职工群众共同参与，充分做好了早晚出行高峰的志愿者服务，掀起了党员带头、在职人员齐参与的志愿服务新高潮。

在4月29日至5月4日期间的一、二级世博安保级别期间，志愿者服务运作机制经受住了考验，他们充分发挥了艰苦奋斗的精神，从春寒料峭的凌晨至万籁静寂的深夜，橘黄色的身影在各公交站点闪耀，守护着居民群众的安全，维护着世博平安的大局，确保了志愿者服务的有序开展，圆满完成了对所有公交站点从首班车至末班车的服务全覆盖。从4月15日至6月30日共77天，预计为19208人次38416小时（保守估计）。

通过组织开展“世博先锋家园行动”，街道辖区内的单位党组织在党工委的统一指挥下，劲往一处使，事往一处做，充分发挥了战斗堡垒作用，进一步促进了“以街道党工委为核心、辖区单位党组织为基础，社区全体党员为主体，各类组织共同参与”的社区共治工作格局的形成。

（嘉定区社建办供稿）

小小专委会 社区大舞台

殷行街道地处上海市东北角，辖区面积7.98平方公里，常住人口近20万，人口结构呈现“老年人多、残疾人多、低收入人员多、外来人员比重高”的特征。随着社会的转型，阶层分化明显、社会流动性加快、社会冲突加剧，致使社区管理呈现基础性、综合性、开放性、互动性的新时代特点，这对于殷行这样一个特大型社区提出了前所未有的巨大挑战，面对各类需求、各类矛盾，要如何增强社区管理服务能级、如何提升广大居民的幸福指数，如何建设“多姿多彩、其乐融融”的美丽殷行，是摆在我们面前的一道思考题，也是一道必答题。

党的十八大提出了深入推进“党委领导、政府负责、社会协同、公众参与、法治保障”的社会管理体制建设的要求，这为基层社区加快推进社会管理创新指出了明确方向，即新时期的社区管理不能光靠政府，要进一步夯实社会的协同、公众的参与。基于这样的理念，将推进社区同建共治作为2013年殷行社区的重点工作。从2006年以来的实践来看，殷行社区共治改革架构虽已初具雏形，社代会、社委员和专业委员会齐全，但由于职能过于宽泛，导致运作缺乏切入点，形成了工作内容的不确定性，加之组成人员几乎都是办事处各职能部门人员，又形成了部门的可替代性，种种原因使这些共治平台形同虚设，原本应有的“反映民意、集中民智、发挥民力”的作用发挥得不尽如人意。

为改变这种尴尬局面，殷行从专委会职能设置、人员组成、社代会运作机制等方面突破常规，结合社区实际，创新工作思路。

切入点要小

根据建设“有限政府、责任政府、服务政府”的要求，明确专委会职能，在广泛调研基础上，设立了物业管理、助老服务、文化发展等3个紧贴居民实际需求的专业委员会，以及实事项目提案、工作评议等两个反映民意的专业委员会，突破以往大而全的城区管理、社会保障、社区安全、社会发展4个专委会的常规设置，以较小的切入点来实现社区资源整合，进一步提升专业委员会的实际工作力。

参与面要广

为充分体现社会单位和社会人参与管理的普及性，殷行在配置专委会成员时减少了党政机关人员，增加了人大代表、政协委员、党代表、社会组织负责人、居民区代表等来自于社区方方面面的成员，体制外人员比例达到了86.4%。专业委员会主任均为在社区某一领域具有代表性、权威性和号召力的名人、能人，依托所具备的资源优势，推动社区管理服务多元共治。专委会副主任由街道相关科室负责人担任，为专委会开展日常工作提供必要服务。

运作重实效

在对以往经验进行总结的基础上，完善了社代会8项运行机制，其中新增了由街道职能部门负责人接受专委会成员对有关工作立项、效果、可持续性进行询问的“咨询制”、社区代表定期在各居民区设点接待居民的“社区代表接待制”、社区代表将收集到的社情民意以书面意见形式报送相关职能科室进行处理的“社区代表书面意见处理制”以及社区代表按新村片分组开展日常巡访活动的“社区代表闭会期间巡访制”，有效确保社代会协商、建议、评议、监督职责落到实处，进一步增强了社区委员会运行的规范性和有效性。

专委会自成立后实行项目化运作以来，效果如何，是不是真正发挥了共治作用，是不是真正使广大居民受益，相信可以从“适老性住房改造”这个案例中得到明确答案。家住殷行街道国和一村小区的井阿婆最近乐得合不拢嘴，因为家里马上将迎来一件大事：老房子要“免费”装修啦！装修还能免费？原来，杨浦区2013年度“适老性住房改造”项目正式启动了，井阿婆家最终入选了殷行街道18家受助家庭，于2013年7月份开工装修。“适老性住房改造项目”是由杨浦区老年志愿者协会承接、政府出资为居住条件恶劣或居住于年久失修老式住房内的困难孤寡老人、低保老人进行安全性、无障碍性、整洁性等方面的改造，每户受助老人补贴改造费用约2万元。但在前几年，该项目在推进过程中遇到过不少问题，有一些符合申请条件的老人因担心房屋装修期间要外出过渡，给生活造成不便，在确认阶段主动放弃，也有些老人由于对政策不了解，因未能入选而对程序产生质疑，种种问题一度使实事难以落到实处。助老服务委员会在了解情况后，立即将此事作为上半年的重点工作，专委会在召开专题会议，了解该实事项目的实施背景、运作程序等基本情况后，制定了详实的推进方案，专委会主任、市人大代表吴美娟还牵头组织专委会成员多次前往申请家庭走访，通过面对面交流，实地了解老人们的住房情况，耐心听取他们对改造的要求，并耐心做好思想工作，加大政策宣传力度，及时消除他们的顾虑。委员们以集体商议、举手表决的方式对社区内“适老性住房改造”申请人名单进行了筛选，从街道老龄办初步筛选出的 23 户低保、纳保、孤老和其他因病致贫老人中，最终确定相对较为困难的 18 户家庭作为今年“适老性住房改造”的首批受助家庭，使这一实事项目的运作充分体现出公开、公正、公平的特点，也赢得了社区居民的一致认可和好评。由于受助老年人经济情况较差，专委会成员主动挖掘资源，加强与助老爱心成员单位的沟通协调，为他们寻找便于出行、适宜居住、价格公益的过渡房，并组织青年志愿者帮助搬迁，确保妥善安顿。考虑到老年人对于熟人社区的偏好，在新环境中生活难免不习惯，专委会安排助老关爱员、“银龄驿站”志愿者等每日上门看望老人，了解生活情况，及时解决就医、买菜、参加文体活动等过程中遇到的难题，帮助老人尽快适应，保持良好的身心状态。

“适老性住房改造”案例虽然只是殷行社区推进同建共治的一个小片段，但在尝试改变政府部门过度依赖行政手段的惯有工作模式的进程中迈出了扎实的一步，通过搭建助老服务专委会等社区共治平台，进一步激发了社会协同和公众参与的意识，充分体现了引导群众做好群众工作的新成效。作为社区共治重要抓手的专委会的运作还刚刚起步，有许多机制还要不断完善和改进，还需继续探索更多契合实际、富有实效的社区治理新途径，为社会各方搭建更广阔的参与平台，进一步形成“美丽殷行，共治共享”的良好氛围和生动局面。

（杨浦区社建办供稿）

组团解忧 共建温馨大居

顾村镇馨佳园社区规划占地面积 1.52 平方公里，住宅建筑面积 120.6 万平方米，是本市大型保障性住房居住社区之一。截至 2012 年年底，住宅总户数达到 16277 户，人口约 4.5 万。由于社区目前仍处于边建设边入住阶段，公共配套设施尚未同步到位，造成居民生活和相关服务不够便捷，为社区管理带来诸多矛盾和困难。同时，作为全市大型保障房基地和顾村镇快速城市化的特定区域，其经济适用房和动迁配套房的住宅性质决定了大部分导入人群是对政府有着很强诉求的低收入阶层。而高度商业化的中心城区居住经历与密集型的都市里弄生活习惯，又使该地区的导入居民对城市管理和生活服务质量有着更高的期望和要求。

针对以上情况，馨佳园居民区党总支在镇党委的统一部署下，用真情走访群众，动真格化解矛盾，有效密切了党群、干群关系，提升了党组织和党员在社区群众心中的形象。近年来，党总支划分块区 20 个，成立走访团队 20 支、服务团队 26 支，组建组团服务力量 100 余人，对辖区内 3000 余户常住户进行了全覆盖走访，共收集居民群众反映的困难、问题和建议 350 余件，已解决答复 310 余件，问题解决率达 88%。

深化联系走访制度，建立群众诉求回应机制

一是依托馨佳园联合服务中心社区信息网格化管理模式，搭建从党总支到小区党员、楼组长、志愿者的金字塔式信息收集、反馈网络。党总支每周至少 2 次进居民区现场办公，对块区联系走访情况、居民诉求情况、问题解决情况等进行动态跟踪，及时回应群众诉求。二是以“联系卡”为载体，搭建直接联系群众、了解群众诉求的绿色通道。居民区党总支和下属第一、第二居民区党支部，每位支部委员直接联系 3 名社区群众，按照“三必”的要求，即联系前必了解联系对象情况、首次联系必上门走访、上门走访必送“联系卡”，向联系对象公开身份、公开办公电话、公开移动电话，随时“无障碍”倾听社区群众心声，“零距离”了解社区群众所需所盼。

完善联席会议制度，建立问题解决机制

一是按照“能解决的问题在块区和居民区层面解决、解决起来有难度的问题在联合服务中心和镇层面解决”的原则，建立块区—居民区—联合服务中心—镇四级联席会议制度，整合各方资源，由居民区党支部召集各块区负责人、社区民警、物业负责人、居民代表等有关单位开展“周一综合服务日”活动，采取现场办公的形式，当场协调解决居民反映的问题。二是建立馨佳园温馨志愿服务队，开展“周二温馨服务日”活动，为居民提供生活、文化、思想、卫生、医疗、治安、维权等方面的服务。如，社区居民普遍反映馨佳园买菜难，要求尽快建设一个集中的标准化菜场。党总支依托区、镇层面的大居工作联席会议，向区、镇有关部门反映群众诉求，提出意见建议。在区、镇两级领导的关

心和有关部门的努力和支持下，标准化菜场得以立项并于2012年10月底建成投入使用。在菜场建成前，党总支又牵头，通过多方协调选址，开设了近300平方米的临时菜场，解决了居民在过渡期内买菜难的问题，受到了社区群众广泛好评。

探索宣传反馈制度，建立互动沟通长效机制

注重探索宣传反馈机制，在“温馨佳园”社区报上开辟“组团式联系服务群众工作”专栏，将本社区组团式联系群众工作近期解决的难点问题、涌现的感人故事及时反馈给社区居民。同时，充分发挥馨佳园志愿宣讲团的作用，将组团式联系服务群众工作中的新鲜事、感人事编成宣讲案例，让社区志愿者以生动的述说、深情的歌唱、活泼的快板等群众喜闻乐见的文艺形式，向居民宣传在组团式联系服务群众工作中涌现出的身边人、身边事。党总支还定期邀请动迁户所在村和导入人口原居住地街道、居委相关负责人参加联席会议，共同分析社区情况，商讨解决问题的对策，把问题解决得更贴心、更彻底；同时，还将结合工作推进情况，适时邀请居民代表参加会议，听取居民意见，通报推进情况。党总支将通过有效的宣传、及时的反馈、扎实的工作、鲜活的事实，引导更多的力量充实到组团式联系服务群众工作中去，让更多的党员群众感受到组团式联系服务群众的实效，用群众的口碑和满意来营造和谐温馨大居。

（宝山区社建办供稿）

天平网站：共治新探索

这也许是徐汇区永嘉路492弄1号—2号内66户居民最难忘的盛夏。

他们所居住的“小梁薄板”房建于1968年，十分简陋。为了实现他们长久以来的房屋置换梦想，区政府、街道党工委和办事处、区房地局、街道派出所、居委会党支部，各级干部齐心努力，各部门紧密配合，在艰难完成征询、签约“两个100%”之后，终于使他们如愿以偿，2013年7月7日全部搬离该区域。一波三折的置换签约过程，被天平街道太原居委会用36篇“连续报道”记录在了网上，居民也在网上表达自己的心情：“我们终于迎来了自己的好日子！”对所有为置换付出辛劳的干部深表感谢。

两年前，天平街道网站开通，如今，21 个居委已全部“上线”，形成了社区网络群，天平的居民开始习惯于到社区网站查看信息，通过留言、评论参与民主议事，网站的总访问量突破了 100 万。大到旧房置换工程，小到居委会例会，网络平台公布和推动着每项社区事务的进展。

网络平台让年轻人回到了社区

社区和居民在变化，街道和居委干部越来越不好做。

“现代人生活压力大，无暇关注社区的事。年轻人讲究私密空间，他们的家门很难进。”天平街道永康居民区党总支书记周水仙感慨，居委干部虽然很忙，但居民一般也“不知道他们在忙些什么”。

2012 年 4 月起，天平街道在开通官网的基础上，试点开通了嘉善、息村两个居委的网页。向来只做“线下工作”的居委干部们转入线上空间，摸索网络社区的交流门道。如今网上社区的日均访问量从最初的 300 多人次上升到 2600 人次。

天平街道的网站有流量监控软件，不能刷点击量。街道党工委书记王纪远说：“街道网站和网上居委会不能做成‘面子工程’，而是要成为真正有人气的网络社区。”为了聚集人气，网站不断优化“用户体验”，针对不便浏览页面的老人，专门增设了语音导读，老人们只需点击鼠标就能“听”新闻；针对生活工作在社区的外国人，网站还推出了“双语新闻”。

网络社交和年轻人的习惯很对路，有了这个平台，他们又回到了社区。上班族喜欢在晚上“刷网”，街道和居委干部们便在下班后上网和他们互动。年轻人自有一套“网络语系”，街道官网和网上居委会的气氛就热了起来。

反映问题方便了，解决问题快了

社区网站已经成为天平街道加强社区管理重要而有效的手段。

永康路是一条非常热闹的酒吧街，吸引了大量外籍人士光顾。然而，酒吧的喧哗让这里的居民很头疼。3 月的一个深夜，愤怒的居民朝楼下的露天桌椅泼水抗议，正在喝酒聊天的老外被淋了一身。这件事被外媒所关注，街道没有避嫌，而是在网上转发了外媒报道，引起社区居民对酒吧管理和理性维权的思考。

“泼水事件”发生后，街道加强了对永康路酒吧的管理，和酒吧老板约定：不卖烈性酒、不跨门营业、保证居民 10 点以后能安静休息。网上居委会及时跟进管理动态，缓解了居民情绪。永康路上经营酒吧的外籍人士也到网上居委会浏览英语网帖，对他们形成了监督。

以往信息沟通的成本很高。公布一则公共信息，社区干部要么挨家挨户敲门、打电话，要么张贴公告。现在，社区干部和居民都学会了利用网络。点开嘉善居委会的“诉求建议”栏目，眼前是类似“呼叫工单”的表格。谁，什么时候，提出了什么诉求或建议，处理情况如何，全都一目了然。李先生说，永嘉路56弄的铁门坏了，请帮忙看看。居委答复“已经修复”。吴先生说，嘉善路某弄某号落水管损坏，请帮忙维修。居委答复“我们已经联系物业前往维修。”程先生说，永嘉路某号的铝合金店、盒饭店扰民，并占据人行道。居委答复：“我们已通知城管部门，他们已向两家店铺进行宣传教育，并责令其改正，两家店表示愿意配合。”居民感慨：有了网站，反映问题方便了，解决问题也快了。

公共事务讨论氛围日渐浓厚

网络公共空间培养了居民参与社区事务的热情，居民不仅上网查看信息、表达诉求，也乐于参与其他看似“事不关己”的公共事务讨论。

永康路80号门前曾有一棵大树，树干斜顶着居民住房，导致墙面开裂，经常被风、雨、小虫入侵。相关部门接到居委申请，修剪了树冠。当事居民指出，如果不对大树“截肢”，仍不免受影响。一派意见认为，对有一定树龄的大树不应随意处置。社区干部左右为难，上网发布了图文并茂的“树怨人怨何时了”一帖，热烈讨论引起有关部门重视，4天后，区绿化部门派专家到场鉴定，确定大树已经枯死，当天下午，大树就被截除。网上居委会开通后，社区干部们明显感觉到社区“民主议事”的氛围日渐浓厚，培育了社区自治的意识和能力。

在永嘉路492弄1号—2号66户“小梁薄板”房的置换工程中，居民们在网上的民主探讨，有力地推动了置换的进展。按照规定，旧房置换必须达到征询、签约“两个100%”，但有1家住户始终不愿签约。这户居民早年生活困难，获得房管部门批准“居改非”，将住房用于经营，如今已拥有高档商品房、轿车，却仍对政府提出天价补偿要求。浏览居委会的36篇“连续报道”，可以看到对这户居民的大量评论。在舆论的压力和街道社区努力之下，这户居民在最后时刻完成了签约。

（原载2013年8月6日《文汇报》，作者：钱蓓、袁夏良）

强化社会动员工作机制

志愿服务在长宁有着广泛的群众基础和独特优势，在创新社会管理综合试点过程中，其作为创新试点项目之一，不断探索实践，又逐渐形成了一批符合区域特色、反映时代特征的志愿服务工作亮点，在区域经济建设和社会发展中发挥了积极作用，志愿者的组织管理工作得到了市有关部门的高度肯定，志愿服务理念被广大长宁百姓所接受和认同。

政府推动，社会运作，形成志愿服务工作网络

为最大限度发挥社会组织在志愿服务发展中的主体作用，激发社会参与活力，调动、整合各类志愿服务资源，区委、区政府主动把政府角色调整为志愿服务的推动者和权力授予者，主要负责制定政策、提供保障、营造氛围，尽量减少和避免志愿服务中的交叉管理、服务资源浪费等现象，提高管理效率。

形成纵向管理体系

为使全区志愿服务能够有序开展，正式注册成立了长宁区志愿者协会，并配备工作人员和办公场地，确保协会的基本运作，提升其对全区志愿服务工作的统筹协调功能。区志愿者协会下设十个街镇志愿者协会分会，负责协调和指导本区域的志愿服务工作，实现对辖区内志愿服务工作的属地化管理。经过一段时间的运作，全区逐渐形成了在区文明委领导下的，由区文明办作为业务主管部门，区志愿者协会作为专业社团组织负责具体运作的全区统筹机制。

打造横向社会支持体系

在纵向管理体系形成的基础上，相关职能部门充分发挥区志愿者协会、街镇志愿者协会分会的枢纽作用，主动吸纳各政府部门、人民团体、区“凝聚力工程”学会、区属企事业单位以及社会组织联合会等作为会员单位，共同参与志愿服务项目开发、志愿者管理等重要环节。2012 年 1 月，长宁区又建立了区志愿服务工作联席会议制度，统筹、指导、协调全区的志愿服务工作，形成各方参与、共享共赢的志愿服务社会支持体系。

开放互动，人性服务，开发了一个志愿服务工作系统

为使更多有志于志愿服务的人士参与到长宁志愿服务工作之中，区文明办、团区委对志愿服务长效机制建设进行了广泛深入的调研和论证，从国际国内两个方面，对志愿服务的发源、发展、完善等方面的理论、实践问题进行了系统的分析和研究，并在全市率先利用互联网开放性、便捷性、互动性、共享性的特点，建立了以“上海虹桥志愿服务网”为核心的综合服务和管理系统，面向志愿者、项目运作方和志愿者协会三类用户群体，使志愿服务的“长宁模式”渐现雏形。

志愿者社会化招募

有志于志愿服务的长宁居民可以便捷、自主地进行网上实名注册，选择服务项目，实现志愿者数据联网管理，做到互联互通、信息共享。2011 年 10 月，长宁青年志愿者协会通过志愿者服务网发布信息，为长宁妇幼保健院、同仁医院、长宁区中心医院招募志愿者。信息发布后，共有 50 多名复旦医学院的学生踊跃响应，到各家医院参与志愿服务活动。

志愿者组织化培训

区志愿者协会和各部门、各社区志愿者服务总队，通过网上、网下和线上、线下培训相结合的方式，定期、定点组织志愿者开展以角色认知为主要内容的初任培训。各项目实施单位，根据项目要求，组织开展专业技能培训，不断强化志愿者奉献精神，提高志愿服务意识、能力和水平。在文明城区创建过程中，区文明办通过虹桥志愿服务网发布培训要点、在线知识测试、志愿者课堂等内容，并与线下培训相结合，对参与创建的志愿者开展了多方位的培训，起到了良好的效果。

志愿服务项目化运作

依托全区统一的志愿服务信息管理系统，开发、设计市民乐于参与的志愿服务品牌项目，依托交互式的网络平台，对志愿服务项目和志愿者个人意愿进行匹配，实现志愿服务资源的优化配置，从而推动志愿服务管理从队伍向项目转变。2011 年 6 月，长宁志愿者协会和长宁图书馆联合创立了国际图书馆小语种志愿服务基地，招募白领青年外籍居民和高校小语种专业学生，为图书馆开展文化志愿服务。在短短三个月内共有逾 70 位中外读者加入，有驻沪外国领馆工作人员、外文杂志的主编、外资企业的高管，还有来自复旦、东华、上外等高校的留学生，不少人被图书馆拥有如此典雅的环境和丰富的图书资源吸引，纷纷邀请自己身边的亲朋好友一起参加图书馆的志愿服务，形成了越来越显著的志愿连锁效应。2013 年，长宁区又策划了“雷锋在我身边”活动，开发了多个志愿服务项目。目前，长宁区正在推动全区具有窗口服务性质的部门开发志愿服务基地与项目，并依据志愿项目数量、参与人数、培训情况，项目运行等建立相应考评体系和通报制度。

社会支持、持续发展，设计了一套服务认证和激励机制

为保障项目运作方、志愿者组织和志愿者等各方的基本权利，保持志愿者参与志愿服务的持续动力，区文明办和团区委依托“上海虹桥志愿服务网”，设计了一套服务认证和激励机制。

形成志愿者认证、评价和激励机制

依托“上海虹桥志愿服务网”，建立了志愿者身份认证体系和星级志愿者评价体系。身份认证体系是指志愿者注册成功后自动生成电子证书，对注册志愿者身份予以确认。星级志愿者评价体系是以志愿服务时间折算积分的方式，给予一至五星级志愿者的级别认证和激励，并颁发相应电子证书，为其参与志愿服务提供有效证明。同时，借鉴虹储居民区“时间储蓄银行”的经验，开设“长宁志愿服务时间储蓄银行个人账户”，当志愿者成为五星级志愿者后，可获得他人对自己或家人提供志愿服务的机会，实现“我为人人、人人为我”的良好社会风尚。

构建志愿服务管理保障机制

在组织保障方面，成立了区志愿者协会以及街镇志愿者协会分会，并积极吸纳相关政府部门、群众团体、区域单位、公益类社会组织和志愿者骨干共同参与服务项目开发、志愿者管理等重要环节，形成“全区统筹、以块为主、各方参与”的志愿服务工作网络。在政策保障方面，由区文明办牵头，起草《长宁区关于开展志愿服务活动的实施意见》，从制度上对全区志愿服务工作提出规范要求。在经费保障方面，一次性投入30万元开发建设“上海虹桥志愿服务网”信息化平台，并每年配备一定经费用于平台维护。出台政府购买服务指导意见，为大型志愿服务项目提供必要的资金支持。积极鼓励企事业单位、公募性基金会和公民个人对志愿服务活动进行资助，形成多渠道、社会化的筹资机制。

广泛宣传，广泛认同，形成了一套志愿文化建设体系

为在全区范围内营造志愿服务“人人可为、时时可为、处处可为”的浓厚氛围，区文明办和团区委以志愿服务品牌建设为基础，充分发挥志愿文化的凝聚功能、人文教育功能和示范功能，构建了一套志愿文化体系，为志愿服务长效发展提供精神基础。

设计推广长宁志愿者标识系统

区文明办和团区委借鉴世博志愿者徽章文化的成功经验，设计了具有长宁特色的志愿者统一标志，并广泛运用于网站、证书、教材、徽章、志愿者服装等各类载体，强化长宁志愿者的身份识别和形象推广作用，并逐步形成长宁志愿服务工作的品牌效应。

打造志愿服务示范群体

在志愿服务工作中，各相关部门注重发挥党团组织骨干作用，以创先争优活动为抓手，广泛开展3.5学雷锋、12.5志愿者日等志愿服务主题宣传活动，主动关心参与志愿服务的社会群体，团结引导志愿者为推动社会建设和社会管理服

务。通过组织发动，许多居住在长宁外籍人士也加入到志愿服务行列之中。

加强志愿服务典型宣传

在志愿服务项目运作过程中，充分发挥报刊、广播、电视、互联网、户外广告、手机短信等大众传媒的作用，宣传普及志愿服务精神和理念，注重挖掘、推广志愿服务工作先进经验和志愿者感人事迹，展现志愿者的良好风貌和高尚情操，形成有利于志愿服务的良好文化环境。

完善网络宣传功能

目前“上海虹桥志愿服务网”正在进行功能升级，完善前后台管理功能，增加志愿文化展示功能和区域团队功能板块，进一步提升志愿文化的宣传效应。

推动区志愿服务中心建设

在区委、区政府的大力支持下，长宁区正在全面筹建区志愿服务中心，并计划将其建成全区志愿服务基地，发挥志愿服务的文化展示作用，扩大志愿服务的效果。

（长宁区社建办供稿）

引导居民自治 开展社区共治

目前，崇明县共有居委会 66 个，主要分布在城桥、堡镇、东平、新海、新河等 15 个乡镇。据 2012 年居委会换届选举数据统计，全县居委会管辖总户数为 73991 户，居民总数约 152959 人，居委会管辖小于 1000 户的有 27 个，大于 1000 户的有 38 个，而以 1200—2000 户左右居多。全县社区党支部和居委会基本实现全覆盖，并有一定数量、经常开展活动的社区志愿者队伍和 507 个群众活动团队，以党支部为核心的“1+3+N”(“1”是指社区党组织，“3”是指居委会、业主委员会、物业公司，“N”是指驻区单位、社会组织、社区志愿者、群众活动团队等）的社区管理和服务框架基本形成，以民主选举、民主决策、民主管理、民主监督为主要内容的基层民主实践活动得到不断深化。

逐步完善民主制度，进一步深化居民自治工作

坚持和发展民主选举制度，进一步提高居委会直选比例

在 2012 年居委会换届选举中，牢牢把握稳中求进的总基调，明确政策口径，

规范操作程序，加强分类指导，确保换届选举工作依法依规进行。65个居委会的直选率为80%，比上届提高15.4%，其中12个居委会实行无候选人选举方式进行选举。

完善民主管理制度，全面推进居民自治制度化、规范化、程序化建设

以创建上海市“示范、模范、和谐”居委会、居民自治家园为契机，制定实施《居民区听证会、协调会和评议会制度试行办法》，指导基层深入开展以居民会议、议事协商、民主听证为主要形式的民主决策实践，以自我管理、自我教育、自我服务为主要目的民主管理实践，以居务公开、民主评议为主要内容的民主监督实践，全面推进居民自治制度化、规范化、程序化建设。如有的居委会通过召开听证会，民主决策车棚改造、道路加宽、健身点路灯安装等，较好地维护了居民群众的切身利益，促进了社会和谐稳定；有的在工作实践中组织开展健康讲座、“有事聊天碰碰头”等自治活动，形成了“相约16，健康快乐”、“相约星期四，谈谈天下事”等一些“自我管理、自我教育、自我服务”品牌，受到居民群众的普遍欢迎。

健全居委会日常工作制度，确保工作有效运转

指导基层相继建立健全居委会会议制度、居委会成员分块包干责任制等一系列日常工作制度，确保居委会工作的有效运转。

发挥居民群众主体作用，扩大居民自治参与途径

坚持以居民为主体，以地域为活动范围，以满足居民的不同需求为目的，以自主成立、自愿参与为原则，指导居委会培育体现有社区自治特色的一些社会组织或群众活动团队。目前全县已经备案登记的以“文化、体育、健身、公益、休闲”等为主的群众活动团队941个，这些群众团队，活跃在居民身边，实现了活动经常化、节目多样化、组织自主化。

建立健全共治体系，不断提升运行活力

建立“1+3+N”社区共治平台

普遍建立了以社区党组织为核心，以居委会、业主委员会、物业公司为主体，以社区内各类社会组织、驻区单位为补充的联席会议、定期协商制度。通过建立健全共治平台，社区党组织核心作用得到发挥，居委会指导和监督得到落实，物业服务纠纷得到调解，服务性、公益性、社会性事业逐步向社区开放，资源共享、社区共建得到进一步推进。

健全居委会下属委员会

全县居委会普遍建立了有效承接社区管理和服务的人民调解、治安保卫、公

共卫生、计划生育等各类下属委员会，提高了社会管理和提供公共服务的能力。

加大县财政保障力度

对乡镇居委会实行平均每个居委会每年10万元的定额补助，保障居委会日常工作运行；投入934.63万元用于居委会办公、服务活动用房的建设和装修，全面推进居委会综合设施的改造；先后下拨“以奖代补”资金715万元，鼓励“示范、模范、和谐”居委会创建。

截至2012年底，全县所有居委会已100%成功创建“示范”居委会，74.6%的居委会成功创建“模范”居委会，49.3%的居委会成功创建“和谐”居委会，另有9个居委会成功创建“上海市居民自治家园”。在创建的过程中，居民们由原来的被动参与，逐步变为主动积极要求参与，自治的特色也越来越鲜明；居委会、物业、业委会和驻区单位通过联席会形成有效的协调机制，共建、共创和谐社区，社区共治的氛围越来越浓。大家在一个舞台上，发挥各自特长，同唱一台戏，共同谱写了社区管理的新篇章。

（崇明县社建办供稿）

后 记

经过近一年的努力，《走向善治——上海市社区治理实践案例选编》终于要和大家见面了。

本书所选编的案例主要来源于两方面：一是各区县社建办提供的实践案例；二是报刊网络等媒体报道过的案例，我们在每一节文稿最后都标明了出处。我们在编写过程中按照社区治理的体制机制创新、面临具体问题的解决方式等将全书分为 16 章，每章都集中某一方面的成功案例，这样显得更为清晰有层次。

本书最初收集到的案例近 200 个，经过对比筛选和不断的删减、增加，三易文稿，最终确定了 116 个案例。对于区县社建办提供的案例，我们在标题、结构、表达方式和文字上都做了修改，部分案例重新编写；为了格式体例上的一致，新闻媒体报道过的案例我们在标题、文字上也做了相应改动，在此向作者说明。

本书的出版离不开各区（县）社建办和《文汇报》等报刊媒体的大力支持，上海市社会工作党委书记、上海市社会建设委员会办公室主任陆晓春同志、上海市社会工作党委副书记袁建国同志对本书的主题确定、章节划分和案例筛选给予明确指导和大力支持，上海市社会工作党委副巡视员、协调指导处张大鸿处长、金雷副处长和杜建秀、张平、叶芸芸、孙守印、辛亮亮、赵永庆等同志，《文汇报》戴焱淼、唐玮婕以及文汇出版社的竺振榕同志为本书的出版付出了辛勤的劳作，在此一并表示感谢！

鉴于时间和能力有限，虽尽最大努力，也难免存在不足和失误，恳请广大读者批评指正！

本书编委会

2014 年 5 月

图书在版编目(CIP)数据

走向善治:上海市社区治理实践案例选编/陆晓春主编.—上海:文汇出版社,2014.5

ISBN 978-7-5496-1181-2

Ⅰ.①走… Ⅱ.①陆… Ⅲ.①社区管理-案例-上海市 Ⅳ.①D669.3

中国版本图书馆 CIP 数据核字(2014)第 092413 号

走向善治

——上海市社区治理实践案例选编

陆晓春 / 主编

责任编辑/ 竺振榕
特约编辑/ 胡敦伦
装帧设计/ 靳　伟
出版发行/ 文匯出版社
上海市威海路 755 号
(邮政编码 200041)
经　　销/ 全国新华书店
印刷装订/ 上海新文印刷厂
版　　次/ 2014 年 5 月第 1 版
印　　次/ 2014 年 5 月第 1 次印刷
开　　本/ 787×1092　1/16
字　　数/ 378 千字
印　　张/ 20.5
ISBN 978-7-5496-1181-2
定　　价/ 30.00 元